Educação baseada em
EVIDÊNCIAS

T456p   Thomas, Gary
                Educação baseada em evidências : a utilização dos achados científicos para a qualificação da prática pedagógica / Gary Thomas, Richard Pring ; tradução Roberto Cataldo Costa. – Porto Alegre : Artmed, 2007.
                256 p. : il. p&b ; 23 cm.

                ISBN 978-85-363-0887-6

                1. Educação – Pesquisa científica. I. Pring, Richard. II. Título.

                                                                          CDU 37:001.891

Catalogação na publicação: Júlia Angst Coelho – CRB 10/1712

**GARY THOMAS
RICHARD PRING
e colaboradores**

Educação baseada em EVIDÊNCIAS

a utilização dos achados científicos para a qualificação da prática pedagógica

Tradução:
Roberto Cataldo Costa

Consultoria, supervisão e revisão técnica desta edição:
Maria Clara Bueno Fischer
Doutora em Educação pela Universidade de Notttingham

2007

Obra originalmente publicada sob o título
Evidence-Based Practice in Education
© 2004 Open University Press UK Limited. All rights reserved.
Portuguese language translation of Evidence Based Practice in Education by Thomas and Pring, 1st edition © 2007 by Artmed Editora SA. All rights reserved.
ISBN 0 335 21334 0

Capa: *Tatiana Sperhacke*

Foto de capa: ©iStockphoto.com/starfotograf

Preparação do original: *Kátia Michelle Lopes Aires*

Leitura final: *Edna Calil*

Supervisão editorial: *Mônica Ballejo Canto*

Editoração eletrônica: *Formato Artes Gráficas*

Reservados todos os direitos de publicação, em língua portuguesa, à
ARTMED® EDITORA S.A.
Av. Jerônimo de Ornelas, 670 – Santana
90040-340 Porto Alegre RS
Fone (51) 3027-7000 Fax (51) 3027-7070

É proibida a duplicação ou reprodução deste volume, no todo ou em parte, sob quaisquer formas ou por quaisquer meios (eletrônico, mecânico, gravação, fotocópia, distribuição na Web e outros), sem permissão expressa da Editora.

SÃO PAULO
Av. Angélica, 1091 – Higienópolis
01227-100 São Paulo SP
Fone (11) 3665-1100 Fax (11) 3667-1333

SAC 0800 703-3444

IMPRESSO NO BRASIL
PRINTED IN BRAZIL

Autores

Gary Thomas (org.). Professor de educação na Universidade Oxford Brookes.

Richard Pring (org.). Professor de estudos de educação na Universidade de Oxford, de 1989 a 2003. Aposentou-se do cargo de diretor do Departamento de Estudos Educacionais de Oxford em maio de 2003. É membro emérito do Green College, Oxford.

David Gough. Conferencista em ciências sociais e vice-diretor da Social Science Research Unit e seu EPPI-Centre, no Institute of Education da Universidade de Londres. É editor da publicação *Child Abuse Review*.

Deborah J. Gallagher. Professora de educação na Universidade de Northern Iowa.

Ed Peile. Professor e chefe da Divisão de Educação Médica da Faculdade de Medicina da Universidade de Warwick, Inglaterra.

Harry Torrance. Professor de educação e diretor de pesquisa no Instituto de Educação, na Manchester Metropolitan University.

John Elliott. Membro e professor no Centre for Applied Research in Education, que dirigiu de 1996 a 1999, na Universidade de East Anglia. Professor-consultor do Hong Kong Institute of Education e consultor do governo de Hong Kong para o desenvolvimento estratégico das propostas de reforma de currículo.

John K. Smith. Professor de educação na Universidade de Northern Iowa.

Judy Sebba. Professora de educação na Universidade de Sussex. Foi Consultora sênior (para pesquisa) da Standards and Effectiveness Unit, do Department for Education and Skills (DfES). Apóia o National Educational Research Forum e administra o EPPI-Centre em nome do DfES.

Martyn Hammersley. Professor de pesquisa educacional e social na Open University. Grande parte de seu trabalho tem se concentrado nas questões metodológicas em torno da pesquisa social e educacional.

Michael Eraut. Professor de educação na Universidade de Sussex. É editor-chefe da publicação da editora Blackwells, o *Learning in health and social care*.

Phil Hodkinson. Professor de *Lifelong Learning* na Universidade de Leeds. Foi diretor-fundador do Lifelong Learning Institute.

Philippa Cordingley. Fundadora e diretora executiva do Centre for the Use of Research and Evidence in Education (CUREE). É membro da diretoria do The Education Network (TEN), membro do Grupo Nacional Coordenador da Networked Learning Communities Initiative.

Philip Davies. Diretor de avaliação de políticas da Unidade de Estratégia do Primeiro-Ministro, parte do Conselho de Ministros do governo. Foi diretor de ciências sociais no Departamento de Educação Continuada da Universidade de Oxford e membro do Kellogg College, Oxford. É fundador da Campbell Collaboration e membro do comitê dirigente internacional.

Richard Andrews. Professor de educação na Universidade de York. Coordenador do English Review Group no EPPI-Centre.

Sumário

1 Introdução: evidências e prática 9
  Gary Thomas

PARTE I
O que é prática baseada em evidências?

2 Revisões sistemáticas e a Campbell Collaboration 31
  Philip Davies

3 Desenvolvendo políticas e práticas informadas por evidências 45
  Judy Sebba

4 Síntese sistemática de pesquisa 57
  David Gough

PARTE II
Exemplos da prática baseada em evidências

5 Entre Cila e Caribde: a experiência de desenvolver
  uma revisão sistemática em educação 79
  Richard Andrews

6 Professores usando evidências: utilizar o que sabemos sobre ensino
  e aprendizagem para reconceituar a prática baseada em evidências 91
  Philippa Cordingley

7 Evidências baseadas na prática médica e em campos afins 103
  Michael Eraut

8 Reflexões a partir da prática médica: contrabalançando a prática baseada em evidências com evidências baseadas em prática 115
Ed Peile

9 Pesquisa educacional, ortodoxia filosófica e promessas não-cumpridas: o dilema da pesquisa tradicional em educação especial nos Estados Unidos 129
Deborah J. Gallagher

PARTE III
Questões

10 Algumas questões sobre a prática baseada em evidências na educação 143
Martyn Hammersley

11 A relação entre pesquisa, políticas e prática 161
Phil Hodkinson e John K. Smith

12 Tornando educativa a prática baseada em evidências 177
John Elliott

13 Usando a pesquisa-ação para gerar conhecimento sobre a prática educativa 201
Harry Torrance

14 Conclusão: política e prática baseadas em evidências 217
Richard Prin

Referências 231

Índice 249

1

Introdução: evidências e prática

Gary Thomas

O QUE SÃO EVIDÊNCIAS?

Nenhum dos colaboradores deste livro nega a importância das evidências para definir e aprimorar a prática. Em questão, estão não apenas a importância da evidência, mas sua natureza – e seu valor, contingente a essa natureza. Trata-se da potência e do valor atribuídos a certas formas de evidência para sustentar proposições que surgem na prática educativa. Há muitos tipos de evidência disponíveis aos profissionais, para dar sustentação a idéias e proposições que surgem como parte de seu trabalho: da observação, de documentos, das palavras de outros, da razão ou da reflexão, da pesquisa de um tipo ou de outro. Na primeira parte desta introdução, explorarei o respeito e o crédito que lhes são conferidos e devo basear essa exploração em noções de evidência dentro de diversas esferas de investigação.

As evidências podem assumir formas distintas e ser valorizadas de forma diversa, em diferentes lugares – no sistema jurídico, nas ciências naturais, na medicina, nas humanidades. Os que promovem a prática baseada em evidências na educação não estão em busca de evidências da maneira como um historiador poderia buscar evidências da existência de faccionalismo na Inglaterra durante a queda de Cromwell, em 1640. Tampouco buscam evidências da maneira como um físico poderia fazê-lo em relação ao Bóson de Higgs.[1] Da mesma forma, é improvável que fiquem satisfeitos com o tipo de coleta de evidências implícita e eclética envolvido na acumulação do conhecimento tácito de que fala Polanyi (1969). Estarão seguindo um caminho de raciocínio que estimula a busca, a reunião e a discriminação de evidências de um determinado tipo, diferente desses outros, e é principalmente o caráter e as características distintivas desse tipo específico de evidência que devo examinar neste panorama comparativo.

Para começar, eis uma história dessas outras esferas de investigação:

> Mary estava fazendo uma varredura no terreno inclinado quando, de repente, viu um dente que se projetava da terra, apenas um pedaço de esmalte cinzento, fossilizado. Ela olhou mais uma vez e gritou para que eu viesse.
> Juntos, limpamos lentamente um pouco da face da rocha com palitos de dente, que são as ferramentas ideais para uma tarefa tão delicada. Depois de remover a rocha, descobrimos que por detrás daquele dente havia outro, e mais alguma coisa atrás deste. Talvez, pensamos, cada vez mais entusiasmados, possa haver até uma mandíbula ou um crânio inteiros. (Leakey e van Lawick, 1963)

Se a descoberta de Mary Leakey já constituía evidência, evidência de um novo tipo de hominídeo, ainda é necessário verificar. A constituição potencial da descoberta como evidência reside, ela própria, em outro trabalho. O fato de que ninguém tenha sequer procurado nossos antepassados humanos aqui, nesta área, dependeu de uma casualidade da sorte e de intuição, em lugar de um pré-planejamento cuidadoso ou de fortes evidências claras. A equipe de paleoantropólogos de 1931, liderada por Louis e Mary Leakey, foi levada àquela área por trabalhos anteriores de entomologistas e geólogos que haviam, por acaso, como parte de sua caça a rochas e insetos, desenterrado um esqueleto humano. Inicialmente, pensou-se que era um fóssil antigo, mas foi só muito mais tarde que se descobriu que era um sepultamento que invadira depósitos mais antigos. Sua constituição como evidência da presença de fósseis de hominídeos, atraindo paleoantropólogos à área como um ímã, foi, portanto, equivocada. As ações subseqüentes dos Leakey na região foram determinadas tanto pelo que costuma ser chamado de "intuição" quando pelas "evidências". Nas palavras do próprio Louis Leakey, "por alguma razão, nós dois [ele e sua esposa] havíamos sido atraídos repetidas vezes a esse lugar em especial" (Leakey e van Lawick, 1963, p.134).

É "por alguma razão" que isso nos interessa muito aqui, porque nos dá uma pista do que se quer dizer com "intuição", um sentido que reside no conhecimento pessoal, tácito, construído fora da informação – dados, evidências –, acumulado tanto deliberadamente quanto de forma fortuita, sobre o mundo. As idéias muitas vezes surgem a partir de confluências de evidências circunstanciais nas mentes daqueles que estão imersos em um problema, um discurso ou uma tecnologia. Muitas vezes, esse indivíduos têm um sentimento, uma intuição de que essa ou aquela forma é a correta para proceder, sem que consigam formular sua origem em termos de evidências. Há um jogar com partes e pedaços da evidência cotidiana que, de certa forma, possibilita aos profissionais de uma área ou de outra descobrir – nas palavras que são ouvidas com freqüência hoje em dia com relação à prática baseada em evidências – "o que funciona". A descoberta, pelos irmãos Wright, de que o avião funcionava (ver Dyson, 1997, p.17) foi obtida fora dos quadros teóricos nos quais a evidência supostamente é usada e dos quais emerge. As evidências por trás do projeto do avião vieram da observação, de tentativa e erro, e de assistir às tentativas e às atribulações de outros. As evidências de seu êxito vieram do fato de que voou – nada mais, nada menos. Não foi necessário qualquer controle randomizado.

A descoberta da penicilina, a invenção do *nylon*, a descoberta da supercondutividade (ver De Bruyn Ouboter, 1997) são todos casos bem documentados de "observar de forma inteligente" as evidências que surgem fora da infra-estrutura intelectual da qual se espera que elas se materializem. Claramente, todos foram descobertos por pessoas que trabalhavam com as ferramentas de seu ofício e imersas nas idéias de sua comunidade intelectual. Todavia, suas descobertas importantes – e isso se aplica tanto a idéias cotidianas na atividade prática quanto às grandes descobertas – ocorreram a partir de evidências coletadas quase que de forma incidental e trabalhadas com conhecimento pessoal e com o conhecimento das comunidades de que essas pessoas eram parte.

Todos os cientistas – sejam físicos, químicos, biólogos, paleoantropólogos – usam tipos determinados de evidências e os fundem de formas específicas, relevantes a seus campos de trabalho e às tradições metodológicas que ali se desenvolveram. Como diz Michael Eraut no Capítulo 7 deste livro, "O processo de geração de evidências está situado no contexto, nas práticas e nos padrões de pensamento de seus criadores".

O elemento interessante, com relação ao discurso dos cientistas ao refletirem sobre essas tradições metodológicas, é que geralmente se aceita que não existe forma particular, correta ou apropriada de gerar ou reunir evidências. Como disse Einstein, o cientista criativo deve ser um "oportunista inescrupuloso". A essência da ciência, ele disse, é buscar, "de qualquer forma adequada, uma imagem simplificada e lúcida do mundo [...] Não há caminho lógico, apenas intuição" (citado em Holton, 1995, p.168). Na mesma linha, Feyerabend (1993, p.14) afirmou que o pensamento, na verdade, avança por meio de um "labirinto de interações [...] por meio de acidentes e conjecturas e justaposições curiosas de eventos".

Esse uso da palavra "intuição" por Einstein, no contexto do empreendimento científico, é interessante. É óbvio que ele não está negando a importância das evidências. Ao contrário, parece estar promovendo um tipo de uso intercalado – um jogar com quase qualquer tipo de informação aparentemente relevante – por cientistas em seu trabalho cotidiano. Neste caso, os cientistas são muito semelhantes a professores ou médicos, operando por conta própria e como parte de uma comunidade e se servindo ecleticamente de muitas e variadas fontes de informação: uma bricolagem de evidências em potencial.

Leakey, por exemplo, descreve como aquilo que poderia ter sido mero ruído de informação se tornou evidência. Em primeiro lugar, vieram as evidências de apoio para completar o quebra-cabeça:

> Depois de vários dias, tínhamos retirado todas as peças e começamos a montar nosso quebra-cabeça fóssil. Ao final, pudemos ver o que tínhamos: Mary havia descoberto um crânio quase completo de *Proconsul africanus*, uma criatura do início do Mioceno. (Leakey e van Lawick, 1963, p.135)

A seguir, vieram as evidências para corroborar a idade do fóssil, a partir de datação com potássio-argônio, e a confirmação de sua importância por outros especialistas da área. A presença de uma fossa canina, por exemplo, é aceita na comunidade científica como evidência de presença no ramo do *Hominoidea* – o canino serve como âncora para um músculo que controla o movimento do lábio superior e, portanto, provavelmente é importante para alguma forma de protofala.

O exemplo da paleoantropologia é apresentado aqui para tratar de alguns temas comuns na busca de evidências. Neste campo e em outros, para constituir evidência, a informação deve passar por uma série de testes. Em primeiro lugar, deve-se determinar sua relevância, dado que a noção de evidência parte da premissa de que alguma coisa menor do que um fato estabelecido – uma afirmação, uma proposição, uma hipótese – foi apresentada, e são necessários dados de algum tipo para sustentá-la. Os dados inscritos em meu CD *Revolver*, dos Beatles, não são, em si, evidência de coisa alguma, a menos que se façam afirmações a seu respeito (por exemplo, que os Beatles foram um grupo *pop* excelente, caso em que os dados constituiriam evidências sobre as quais teriam que ser feitos julgamentos). Sendo assim, evidência é informação que sustenta (ou refuta) uma afirmação e deve passar pelo teste da relevância se quiser ir além do ruído informacional, avançar a evidência potencial e chegar à evidência *prima facie*.

Outras informações ajudarão a determinar a relevância, e isso nos leva ao segundo teste: da suficiência – a evidência potencial deve ser analisada junto com outras informações para determinar seu lugar na sustentação da afirmação. Em outras palavras, existem evidências que corroboram uma suposição. Como diz Russell, a pessoa que afirme que corpos no ar, sem sustentação, caem, apenas generalizou a partir de evidências insuficientes "e está sujeita a ser refutada por balões, borboletas e aviões" (1956, p.91). A qualidade e a suficiência das evidências, nesse caso, começam a ser relacionadas às ambições epistemológicas da proposição.

Em terceiro lugar, e mais uma vez, ligado à suficiência, devem-se tomar decisões sobre a veracidade das evidências: elas formam, no exemplo dos Leakey, "intrusões" mais modernas? Em caso afirmativo, qual era sua situação – quem sabe foram falsificações, como foi o caso do homem de Piltdown? Ou os comprometimentos são tão intensos que a forte possibilidade de seletividade e interpretação equivocadas fazem com que a "base de evidências" não seja digna de confiança?[2] Há casos, no arquivo da educação, de comprometimentos tão poderosos, que se podem postular a manipulação e a distorção deliberadas das evidências.[3] Essas questões surgem principalmente por causa dos interesses que existem em qualquer empreendimento de pesquisa – interesses esses que geralmente giram em torno de ganhos pessoais de um ou outro tipo. Neste caso, a existência de evidências que corroborem as suposições é, mais uma vez, essencial para ajudar a determinar a veracidade.

Os vários testes para a evidência são resumidos na Tabela 1.1.

Tabela 1.1 Critérios para avaliar as evidências

Critério	Possibilitado por
1. Relevância ↕	Estabelecer que a informação constitui informação em favor (ou contra) alguma proposição
2. Suficiência ↕	Corroborar com outros exemplos do mesmo tipo de evidências ou de outros tipos de evidências
3. Veracidade	Estabelecer que o processo de coleta de evidências tenha sido livre de distorções e, até onde for possível, não-contaminado por interesses estabelecidos

Há uma segunda razão para usar a paleoantropologia como exemplo: demonstrar de que forma as noções de evidência e de prática de pesquisa podem variar nos diferentes domínios de investigação e prática. É impressionante o fato de que parece haver pouco espaço para a experimentação nessa ciência respeitada: há uma dependência da evidência idiográfica, com uma confiança no testemunho de pares e autores especializados, e grandes doses de confiança naqueles que fizeram a descoberta.[4] Não é viável replicar o trabalho, em qualquer sentido significativo.

Talvez aqui, ao se examinarem as direções tomadas por diferentes comunidades de investigação no estabelecimento da evidência, seja possível tomar emprestada a distinção que faz Lévi-Strauss entre *bricoleurs* e *engenheiros* (ver Norris, 1987, p.133-134). O *bricoleur* começa com uma proposição ampla e coleta evidências *ad hoc*, dentro dos mais amplos parâmetros, com o uso de regras menos delimitadoras possíveis, esperando descobrir informações *prima facie* úteis. Essa evidência *prima facie* é examinada para que se verifique sua veracidade, enquanto se buscam outras evidências que a corroborem. Isso parece refletir a prática no trabalho dos Leakey, em que as pistas levaram a descobertas que foram, então, conferidas por meio de evidência que as corroborassem. Supõe-se que o engenheiro, ao contrário, esteja inicialmente limitado por quadros teóricos rígidos, começando por uma clara visão do objeto a ser construído e, ao final, desenvolvendo uma planta, que será seguida à risca.

Na verdade, como observam Lévi-Strauss e Derrida (Derrida, 1978, p.285), os processos não são, nem de longe, tão claramente diferenciados como sugerem as metáforas do *bricoleur* e do engenheiro. Na vida real, engenheiros e físicos, tanto quanto os antropólogos, jogam a rede bem mais longe em busca de evidências. Wright Mills (1970) cita uma série de físicos ganhadores do Prêmio Nobel no processo de coletar evidências e as usar para estabelecer conhecimento confiável.

Bridgman, por exemplo, diz que "não existe método científico como tal, mas a característica vital do procedimento do cientista tem sido simplesmente fazer o máximo com sua mente, *sem restrições*" [itálicos no original], e Beck diz que "os mecanismos da descoberta não são conhecidos [...] acho que o processo criativo está tão ligado à estrutura emocional de um indivíduo [...] que [...] é um mau tema para a generalização" (Wright Mills, 1970, p.69).

Um problema para os cientistas na discussão das evidências e de seu uso é semelhante ao enfrentado por professores e pesquisadores da educação: o de ser visto publicamente como rigoroso, metódico e meticuloso, de criar e manter uma impressão do tipo de estudo sistemático que o público em geral supõe ser a marca da ciência. O problema foi bem expresso pelo renomado psicólogo Peter Medawar, que, ao discutir o método científico, falou sobre "as posturas que escolhemos para apresentar quando a cortina sobe e o público nos vê" (Medawar, 1982, p.88). Gough, no Capítulo 4 deste livro, apresenta o mesmo argumento sobre a educação: o fato de a legitimação pública vir da percepção de que as evidências de pesquisa se alimentam de processos racionais de tomada de decisões. O risco, é claro, está em a comunidade acreditar em sua própria retórica. Como aponta Medawar, os matemáticos evitam – de forma não muito inteligente – o papel da descoberta fortuita que surge da intuição, do jogar com fragmentos de evidência aleatória: "a maioria [da descobertas] entra na mente por meio de processos do tipo vagamente chamado de 'intuitivo' [...] isso raramente fica visível a partir dos trabalhos matemáticos, porque os matemáticos se esforçam para garantir que não fique" (1982, p.87-88).

Este breve panorama de domínios de estudo explorou, até agora, alguns tipos diferentes de evidências que são buscados e empregados em certos campos acadêmicos. Tentou-se chamar a atenção particularmente para a natureza idiográfica e implícita das evidências em muitas áreas de investigação. Enfatizou-se, também, a importância da suficiência – a relevância do *peso* das evidências. É essa consideração do peso – a quantidade acumulada de evidências confiáveis – que motiva os proponentes da prática baseada em evidências (ver, principalmente, os Capítulos 2 e 4, de Davies e Gough). Em outras palavras, buscam uma síntese feita de uma quantidade suficiente de evidências de alta qualidade.

Vale a pena fazer uma pausa para dar uma olhada na visão dos filósofos sobre as evidências, já que eles talvez tenham por elas, em si, mais consideração do que os cientistas ou os educadores. Para eles, evidências são quaisquer informações que sejam portadoras da verdade ou da falsidade de uma proposição. Deve-se observar, mais uma vez, que a *suficiência* também é importante para o filósofo, na determinação do *status* das evidências que se têm para ir além da informação e, em particular, para fazer distinções entre o *status* das crenças que se têm. Muitos debates filosóficos de longa data, como aqueles sobre o conhecimento de nosso mundo exterior ou as bases para julgamentos morais, referem-se, em grande parte, das evidências que temos nessas áreas à suficiência ou não para a produção de conhecimento – ou simplesmente opinião racional. A evidência é frágil, forte... conclusiva?

Talvez a crença racional seja tudo o que se pode esperar em circunstâncias práticas, e é improvável que um profissional venha a encontrar evidências conclusivas para uma proposição, dado que esse tipo de evidência é forte a ponto de afastar qualquer possibilidade de erro. Ela sempre faltará no caso de crenças sobre o mundo externo, sejam essas crenças relacionadas ao passado, a outras mentes ou à eficácia do programa Reading Recovery, voltado a crianças com dificuldades de leitura no Reino Unido.

Além da importância da suficiência, outra linha deve ser traçada a partir deste panorama: o *contexto social e interpretativo das evidências*. Em qualquer comunidade de investigação – científica, jurídica, artística – tanto a coleta de evidências quanto sua avaliação são parte de um processo social. Na área do direito, por exemplo, assim como na ciência, dá-se muito valor ao processo de corroboração para estabelecer a relevância e a validade das evidências. Para os advogados, as evidências constituem os meios pelos quais fatos em disputa provam-se verdadeiros ou não. No sistema judicial inglês, o principal critério para determinar a aceitabilidade ou a admissibilidade das evidências é quando elas são relevantes, ou seja, quando têm uma tendência "com base na razão" a provar ou refutar os fatos em discussão. O emprego da "razão" para determinar a relevância, o valor ou a eficácia das evidências necessariamente faz do processo de aceitação das evidências potenciais um processo social, dependendo de quão persuasiva elas parecerem, por exemplo, a um júri. Nada há de inerentemente objetivo ou aceitável em uma determinada evidência: nada garante sua verossimilhança. Pode ser uma testemunha ocular, um

DNA ou um documento, mas seu valor não depende tanto de sua posição no cânone das boas fontes, e sim de sua posição na gama de fatores – tipos de evidência – que cercam sua descoberta. O processo pelo qual se avalia essa evidência contextual e corroborativa é social. Quem diz e quem está preparado para aceitar que tal evidência é sólida?

Sendo assim, há uma semelhança nas formas como as comunidades jurídica e científica abordam a noção de evidência. Em cada uma delas, a determinação última de seu valor estará baseada no julgamento de pares – os quais são 12 pessoas comuns, no caso de um júri, e a comunidade especializada (que irá replicar, reunir-se, consultar, realizar "revisão pelos pares" e julgar) no caso da ciência.[5] Tanto no direito quanto na ciência, esse processo social determinará a qualidade e a suficiência das evidências corroborativas; confirmou-se, por meio de evidências suficientemente independentes e admissíveis que, por exemplo, o acusado cometeu o crime? Ou uma evidência muito forte tinha mais valor do que várias evidências aparentemente mais frágeis? Esse "aparentemente" é o que interessa aqui. A questão fundamental é como a evidência *parece* a uma comunidade de avaliadores. O processo de avaliação é social.

Assim que o processo se torna social, surgem questões sobre a interpenetração de noções que percorreram diferentes caminhos à mesma questão. Mesmo para as ciências naturais, o político se mistura ao empírico para algumas das questões relacionadas às evidências enfrentadas pelos cientistas. Como apontam os biólogos Levins e Lewontin (1985, p.4), "a negação da interpenetração do científico e do social é, em si, um ato político, sustentando estruturas sociais que se escondem detrás da objetividade científica" (Hodkinson e Smith, e Elliott apresentam o mesmo argumento nos Capítulo 11 e 12 deste livro, em relação à educação). Levins e Lewontin vão além, observando que "é claro que a velocidade da luz é a mesma no capitalismo ou no socialismo", mas as questões *sociais* – as que surgem com relação *à forma como as pessoas vivem* – não podem ser respondidas sem referência a uma gama inter-relacionada de questões. Dessa forma, as evidências experimentais irão sugerir que a causa da tuberculose é uma bactéria, mas, ainda assim, as evidências dos epidemiologistas nos dizem que a doença raramente se estabelece onde as condições de vida das pessoas são adequadas. Na educação, as questões não são menos complexas: a negação da interpretação do social e do científico (ou, pelo menos, do que se supõe científico) em considerações de ensino e aprendizagem nos levou, às vezes, a formas de organização escolar que discriminam determinadas crianças e as segregam. O pano de fundo desse debate é apresentado por Gallagher no Capítulo 9.

Esse contexto social das evidências é crucial para determinar sua validade, e os colaboradores da Parte II deste livro dispensam algum tempo discutindo-o. Entretanto, quero voltar agora à noção de suficiência, pois é em torno da necessidade de suficiência – da necessidade de coleta e comparação de evidências confiáveis e de boa qualidade – que os argumentos para o emprego de prática baseada em evidências na educação geralmente giram. Se algum tema pode ser destilado a partir da discussão feita até agora sobre suficiência é o de que, ao fortalecer uma crença, deve haver um movimento para além das primeiras evidências, em direção a outras evidências corroborativas (ver Figura 1.1).

Todavia, surgem questões sobre a importância dessa tipologia quando se fala de evidências para a atividade prática e as crenças inerentes, dado que o movimento ao longo do contínuo da Figura 1.1 parece ser um processo deliberado e calculado. Mesmo assim, Polanyi (1969) nos lembra de que o cientista, por exemplo, não pode especificar a forma como os fatos se tornam evidência.

Tipos de evidência	Observações isoladas	Evidências *prima facie* ou	Evidências corroborativas	Evidências conclusivas
Levando a	Inspiração	Intuição	Opinião racional	Conhecimento

Figura 1.1 Um contínuo de suficiência.

Tampouco, ao lidar com o mundo de forma mais geral, o processo de coletar evidências e as inserir em um quadro teórico ou heurístico para propósitos práticos é consciente. Polanyi (1969, p.144) observa:

> Não podemos aprender a manter o equilíbrio sobre uma bicicleta levando ao pé da letra a idéia de que, para compensar um determinado ângulo de desequilíbrio α, devemos fazer a curva no lado do desequilíbrio, do qual o raio (r) deve ser proporcional ao quadrado da quinta potência da velocidade (v) sobre o desequilíbrio: $r - v^2/α$. Esse conhecimento é inútil, a menos que seja conhecido tacitamente.

O mesmo se poderia dizer de muitos conhecimentos profissionais (por vezes chamados de *craft knowledge*, ou conhecimentos práticos, no ensino). Esse tipo de conhecimento, na sala de aula – seja estabelecer contato visual, como responder a uma interrupção, seja que tipo de pergunta fazer, que tipo de palavras empregar ao discorrer sobre um tema – costuma ser inútil, a menos que seja conhecido tacitamente.

A questão, contudo, para alguns proponentes da prática baseada em evidências, não reside em reconhecer a importância desse tipo de conhecimento tácito, e sim em entender a capacidade do profissional de conciliá-la e fundi-la com o conhecimento de pesquisa: evidências de pesquisa. Hargreaves (1996), por exemplo, sugere que, enquanto os médicos atingem um bom equilíbrio entre conhecimento prático e conhecimento de pesquisa declarativo, os professores têm tido menos êxito no emprego de evidências de pesquisa – em parte por causa de sua natureza e sua apresentação – junto a conhecimento prático de que dispõem: menos exitosos no emprego dessa evidência corroborativa.

O que Hargreaves parece estar sugerindo é apresentado na Figura 1.2, uma incorporação mais sistemática da evidência de pesquisa ao conhecimento tácito/conhecimento profissional ao ciclo da prática. Essa é, essencialmente, a posição de muitos daqueles que promovem a prática baseada em evidências na educação.

Entretanto, devem-se fazer perguntas sobre o *status* do conhecimento declarativo e do tipo de evidência necessário para atingi-lo em diferentes domínios da prática. Eraut, Peile e Hammersley examinam essa questão em relação à medicina e à educação em seus Capítulos 7, 8 e 10. Qual é a validade de se fazer uma afirmação de que essas evidências, nas circunstâncias práticas do professor – diferentemente do médico –, são corroborativas?

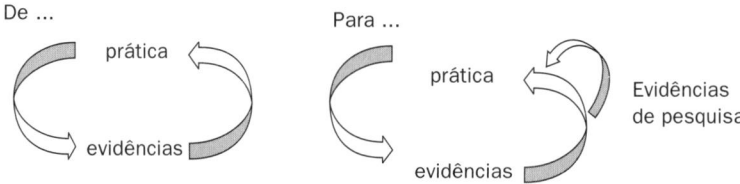

Figura 1.2 Ciclos de evidências-prática.

Em particular, é necessário que se examine o significado da prática baseada em evidências entre seus proponentes na educação, pois é aí, especialmente, que surgem questões sobre o que provavelmente se ganha em circunstâncias práticas a partir de determinados tipos de evidência.[6]

Caso se atravessem várias etapas no emprego de evidências ao se avançar rumo ao conhecimento – uma etapa de bricolagem/intuição, uma etapa de inspiração, uma etapa de descoberta e uma etapa de corroboração/confirmação – a noção de prática baseada em evidências se concentra nas evidências em sua etapa *confirmatória*, na comparação sistemática de estudos de pesquisa para uso por parte de profissionais e formuladores de políticas.

Oakley (2000) fala especificamente sobre essa comparação sistemática. Servindo-se de uma definição de educação baseada em evidências, que sugere que o estabelecimento de evidências de pesquisa sólidas deve seguir os critérios da validade científica, alta qualidade e relevância prática, a autora sugere que a sistematicidade está no centro de qualquer coleta desse tipo de evidência:

As revisões sistemáticas são o método básico para gerenciar o conhecimento na abordagem do movimento pelas evidências. Isso porque elas sintetizam as conclusões de muitas pesquisas diferentes, de uma forma que é explicita, transparente, replicável, responsável e (potencialmente) atualizável. (Oakley, 2000, p.3)

Muitos proponentes vão além, sugerindo que os testes controlados randomizados (TCRs) estão no centro do arsenal das evidências, e que a sistematicidade deve-se concentrar na coleta desse tipo de estudo. Para eles, as "evidências", na prática baseada em evidências, significam um determinado tipo – um tipo superior – de evidência de pesquisa. Tomemos o que Robert E. Slavin disse na Distinguished Lecture da American Educational Research Association, em sua reunião anual de 2002:

A razão mais importante para os extraordinários avanços na medicina, na agricultura e em outros campos, é a aceitação, por parte dos profissionais, das evidências como base para a prática. Especificamente, foi o teste clínico randomizado – mais do que qualquer outro importante momento médico – que transformou a medicina. (Slavin 2002, p.16)

A Figura 1.3 resume a posição "robusta" de proponentes da prática baseada em evidências[7] e a que parece ser assumida por Slavin, fazendo uma distinção central entre evidências de pesquisa e aquela oriunda da experiência pessoal ou profissional. As primeiras são, em si, delineadas: nomotéticas, idiográficas; bem desenhada; mal desenhada. Certamente, pode haver vários tipos de evidência, e todos têm um grau de validade, admite Slavin, mas a evidência *fidedigna*, ele parece sugerir, é obtida seguindo-se a linha grossa desenhada na Figura 1.3. Pesquisadores e profissionais em outras áreas bem-sucedidas da investigação profissional, especialmente a medicina, têm seguido essa linha, e o mesmo deveria ser feito por pesquisadores e profissionais da educação.

Slavin observa, ainda, que esses experimentos, na verdade, são raros na educação, concluindo que " o experimento é o desenho predileto para estudos que buscam estabelecer conexões causais e especialmente para avaliações de inovações educacionais" (2002, p.18). Goldstein (2002) concorda que o teste controlado randomizado (TCR) geralmente é aceito como padrão-ouro, a referência, no trabalho com estatística aplicada, mas acaba concluindo que seu uso não permite o estabelecimento de conexões causais, tampouco seu uso é necessário para a inferência dessas conexões.

Também se deve dizer, em relação à afirmação de Slavin de que, embora tenha havido claramente "avanços extraordinários" na medicina e na agricultura nos últimos anos, não está claro (pelo menos para mim) de que forma

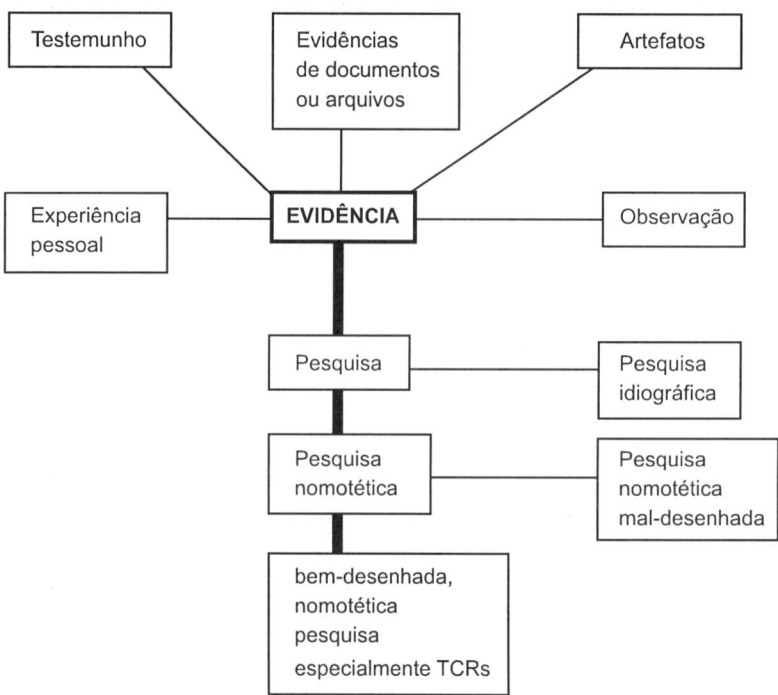

Figura 1.3 A evidência na prática baseada em evidências.

esses avanços podem ser atribuídos aos benefícios dos TCRs. O TCR cumpre um papel importante, mas comum, confirmatório, não podendo proporcionar o trabalho de pesquisa que leva ao avanço. A recente e importante descoberta, por exemplo, de que a bactéria *helicobacter pylori* causa mais de 90% de todas as úlceras pépticas não veio de TCRs, e sim de (como teria predito Medawar, 1982) um misto de pensamento baseado em inspiração e eventos casuais (Blaser, 1996). Os TCRs simplesmente confirmaram a eficácia da terapia com antibióticos para matar as bactérias. Quando se descobriu que as bactérias eram as culpadas (descoberta feita pelo "eureca" de um especialista com capacidade de observação, e não por um TCR), não foi necessário um grande salto cognitivo para saber que as bactérias precisavam ser mortas no estômago dos pacientes. Os TCRs cumpriram um papel menor, mas importante, na confirmação da eficácia dos antibióticos para matar as bactérias. A questão, ao contrário do que sugere Slavin, é que os experimentos e os TCRs não *levam a* "avanços extraordinários".

Na verdade, mesmo quando os TCRs funcionam como agentes confirmatórios, isso pode criar expectativas falsamente altas ou baixas sobre os benefícios esperados da mudança e, como Matthews (1998, p.17) apresenta a questão, "pode facilmente duplicar a eficácia real de uma droga inútil" (ver também, Matthews, 2001). Esse fenômeno, gerado pelo fracasso dos métodos comuns de levar em conta evidências anteriores, tem feito com que recentemente se exijam métodos que contextualizem *novas evidências* no contexto das *evidências existentes* (ver, por exemplo, Spiegelhalter, 1999, Howards et al., 2000).

Malgrado as advertências, esses experimentos e suas análises são considerados centrais na construção de uma base de evidências para a prática. Algum tempo atrás, Parlett e Hamilton (1987) descreveram esse tipo de trabalho como algo que surge de um paradigma *agrícola-botânico*[8] e apontaram algumas das fragilidades para sua adoção em educação, e houve muitas críticas a essa estrutura e aos métodos freqüentes por trás dela nas ciências sociais (por exemplo, Cohen, 1994; Howard et al., 2000). As críticas específicas a seu uso em educação feitas por Parlett e Hamilton centraram-se nos pressupostos sobre a estabilidade de "antes" e "depois" no que diz respeito aos desenhos de pesquisa que usavam essas categorias e sobre pressupostos com relação à consistência, por exemplo, de resultados de provas e classificações de atitudes (muitas vezes usados para indicar a "eficácia" de um tipo ou de outro) – que se supõem serem da mesma ordem de consistência das medições feitas, por exemplo, acerca de crescimento das plantas. Resumindo, afirmam os autores, os estudos feitos sobre educação dentro dessa tradição ficam aquém de suas próprias pretensões de controle, exatidão e clareza.

O diálogo continua, é claro, em relação à necessidade e ao valor desse tipo de pesquisa, com questões sobre sua capacidade técnica de cumprir o que promete (questões que podem ser enfrentadas com a resposta de que serão feitas melhorias técnicas nos instrumentos[9]) e sobre a natureza das evidências apresentadas: esse tipo de evidência melhora ou é capaz de melhorar a prática? A natureza da prática e das crenças dos profissionais que a exercem com relação a essa prática é central aqui e constitui o tema tratado por vários dos colaboradores deste livro. Os professores chegam ao ensino com um conjunto de crenças e visões, e elas, por vezes, parecem ser impermeáveis (ou, pelo menos, apenas semipermeáveis) aos tipos de evidências gerados por certos tipos de pesquisa em educação. Um dos aspectos interessantes da prática dos professores, examinado neste volume por Gallagher e Hammersley, é sua resistência a evidências de determinados tipos e sua solidariedade em um certo propósito comum, que pode, talvez, ser situado no que Oakesshott (1967, p.157) chamou de "uma herança de sentimentos, emoções, imagens, visões, pensamentos, crenças, idéias e entendimentos". Pode ser o caso de que certos tipos de evidências de pesquisa – particularmente se forem percebidos de qualquer maneira como impostos por alguma autoridade – não se entrosem facilmente com esse tipo de herança, um problema que Peile observou existir também entre médicos, no Capítulo 8 deste livro. Como apontou Onora

O'Neill, em sua Reith Lectures de 2002 (O'Neill, 2002, p.46), "o planejamento centralizado pode ter fracassado na ex-União Soviética, mas permanece vivo e bem na Grã-Bretanha de hoje", e, se professores e outros servidores públicos percebem a evidência do tipo "que funciona" como sendo uma forma clandestina de impor a agenda do governo e novas formas de fiscalizar o desempenho e o cumprimento dessa agenda, eles a rejeitarão.

Os profissionais acumulam evidências na prática e as destilam na heurística, na aptidão e nas regras práticas do dia-a-dia. Envolvem-se e confiam em um tipo de acumulação cotidiana de evidências que possibilita o que Schatzman (1991, p.304) chama de "atos interpretativos comuns". Como Schatzman sugere, todos estamos – como profissionais e leigos – usando esses atos interpretativos o tempo todo e os empregando de forma não-autoconsciente para nos ajudar a ordenar e compreender o mundo. Todos encontramos evidências, estabelecemos conexões entre elas, descobrimos padrões, fazemos generalizações, criamos proposições explicativas o tempo todo, que surgem a partir de nossa experiência, e tudo isso é "empírico". Mais do que isso, pode ser sistematizado no tipo de pesquisa-ação descrito por Elliot e Torrance nos Capítulos 12 e 13 deste livro.

Todos os profissionais coletam evidências de forma deliberada e tácita, de maneiras descritas eloqüentemente por Schön (1991) e outros, que enfatizam a natureza interconectada do conhecimento profissional. As evidências serão revisadas e discutidas com colegas; coisas novas serão experimentadas como conseqüência e avaliadas informalmente. A confiança dos profissionais na idéia de que esses processos funcionam está, talvez, na raiz de sua resistência à imposição de outros tipos de evidência. A questão fundamental pode estar relacionada a perguntas que Sebba, Hammersley, Hodikson e Smith levantam em seus capítulos: as evidências de pesquisa são *disponibilizadas* para contribuir com o estoque de evidências do professor, ou são vistas como um meio de impor o que é supostamente "eficaz"?

O QUE HÁ NESTE LIVRO?

No final da década de 1990, teve início um debate político e acadêmico sobre prática baseada em evidências na educação, que levou à abertura de algumas questões discutidas na primeira parte deste capítulo. O debate é examinado e refletido mais profundamente neste livro. Nossos colaboradores percorrem temas fundamentais e levam o debate além deles, com comentários e análises informados.

Este livro se divide em três partes. Na primeira, os colaboradores explicam detalhadamente o que quer dizer a prática baseada em evidências, servindo-se de suas experiências em diversos contextos. Na segunda, comparam o desenvolvimento desse tipo de prática na educação com seu desenvolvimento na medicina e em campos afins, e apresentam um comentário penetrante sobre esse desenvolvimento. Na terceira parte, são apresentadas algumas questões fundamentais sobre a noção de prática baseada em evidências na educação.

Phil Davies abre a primeira parte examinando revisões sistemáticas e, em particular, a fundamentação e o trabalho da Campbell Collaboration. Davies, que é diretor de avaliação de políticas na Unidade de Estratégia do Primeiro Ministro, destaca a importância de os profissionais e formuladores de políticas serem capazes de aproveitar com eficiência o que já se conhece sobre um tópico e identificar lacunas no conhecimento existente. A Campbell Collaboration cumpre um papel específico nesse processo para os cientistas sociais, semelhante ao da Cochrane Collaboration para os profissionais da saúde. A Campbell Collaboration foi estabelecida para proporcionar revisões sistemáticas de boa qualidade sobre a eficácia de intervenções em educação, criminalidade e justiça e bem-estar social.

Judy Sebba dá continuidade à primeira parte, enfatizando a importância do entendimento e do diálogo entre pesquisadores e profissionais em educação. Servindo-se de sua experiência como assessora sênior para pesquisa no Departamento de Educação e Habilidades, ela aponta algumas das iniciativas do governo destinadas a promover as políticas e a prática baseadas em evidências, enfatizando o direito de acesso à pesquisa para os profissionais.

A primeira parte do livro é concluída por David Gough, que garante haver um desafio crucial para os pesquisadores da educação, de aumentar a relevância da pesquisa na área. O desafio pode ser cumprido, afirma o autor, com o estabelecimento de métodos de síntese sistemática de pesquisa. Esse processo, diz ele, deve utilizar métodos explícitos, passíveis de responsabilização e atualizáveis para avaliar e sintetizar de forma crítica diferentes estudos com seus diferentes desenhos. Resgatando sua experiência como vice-diretor do Evidence for Policy and Practice Information and Co-ordinating Centre (EPPI-Centre), ele expõe a base para essa síntese e as formas como o opera essa instituição.

A segunda parte do livro trata da prática baseada em evidências em operação. Ela começa com Richard Andrews (coordenador de uma das equipes de revisão do EPPI), que descreve sua navegação entre Cila e Caribde – Cila sendo a metodologia do EPPI, informada, como é, por seus modelos de ciências sociais e médicas de revisão sistemática, e Caribde, a pesquisa em educação. Em uma visão geral autocrítica e reflexiva do processo, ele descreve os desafios conceituais e técnicos de sua equipe no desenvolvimento deste trabalho. Embora Andrews use Cila e Caribde como uma alegoria para a jornada realizada na confrontação das questões enfrentadas por seu próprio grupo, esta é, na verdade, uma boa metáfora também para as dificuldades mais amplas de manter um curso racional entre diferentes noções de evidência e diferentes visões sobre investigação.

Assim como Sebba na Parte I, Philippa Cordingley, no Capítulo 6, destaca a necessidade de que o profissional esteja intimamente envolvido no processo de desenvolvimento de uma base de evidências. Observando as diferentes formas que as evidências podem assumir para os professores, a autora discute que tipos de evidências eles precisam em seu trabalho e identifica uma ampla gama de iniciativas em que eles estão envolvidos para produzir suas próprias evidências baseadas em pesquisa e melhor empregar aquelas produzidas por pesquisadores na academia.

Muito da discussão, tanto neste volume quanto em outros lugares, baseia-se nas semelhanças ou descontinuidades entre a pesquisa médica, por um lado, e a pesquisa e a prática educacionais, por outro. Esse tema é aprofundado aqui por Michael Eraut e Ed Peile. Eraut trata da natureza das evidências em medicina e dos processos de tomada de decisões nos quais elas são usadas, fazendo uma distinção especial entre o conhecimento cultural que é socialmente situado (incluindo o conhecimento "científico") e o conhecimento pessoal derivado da experiência de um indivíduo. O autor argumenta que a medicina baseada em evidências se concentra em comparações que utilizam estimativas de probabilidade fundamentadas em pesquisa acerca da eficácia de respectivos resultados. As decisões sobre diagnóstico, contudo, baseiam-se principalmente em uma combinação de conhecimento pessoal agregado a partir da experiência de um grande número de casos. Grande parte desse conhecimento pessoal é tácita, adquirida implicitamente e muito difícil de incorporar em um conjunto de evidências acessível a todos.

Tanto Eraut quanto Peile estabelecem a distinção entre a) prática baseada em evidências e b) evidências baseadas na prática. Peile, na condição de clínico geral e educador médico, aprofunda essa distinção, afirmando que atualmente o desafio à prática baseada em evidências é encontrar formas de incorporar não o tipo de estudos que surgem a partir de grandes TCRs, e sim evidências cotidianas acumuladas por profissionais individuais. Contra algum comentário otimista sobre as conquistas da prática baseada em evidências na medicina, Peile sugere que, na verdade, os esforços para compilar e promover uma base de evidências para médicos não estão atingindo o impacto esperado sobre a prática.

Deborah Gallagher conclui essa parte do livro com um exame minucioso do uso das evidências de pesquisa em um campo: a educação especial. De uma perspectiva norte-americana, analisando o diálogo sobre a questão nos Estados Unidos, ela observa que muitos pesquisadores lamentam o fato de que tratamentos supostamente eficazes, "que funcionam", não estão sendo implementados por professores. O problema não é a distribuição das evidências de pesquisa aos profissionais (eles parecem conhecê-la, em uma comunidade de profissionais razoavelmente sofisticada), e sim fazer com que a aceitem e usem. A pesquisa, mesmo que supostamente mostre "o que funciona", diz respeito a métodos que os professores muitas vezes evitam, talvez por não acreditarem nas evidências, talvez porque uma conseqüência de se usarem esses métodos seja uma tendência a segregar e excluir, talvez por que esses métodos pareçam enfatizar o conhecimento técnico à custa da abrangência (ver também, Thomas e Loxley, 2001). Seja qual for a razão, os professores, e seus mentores, por vezes – em função de suas próprias visões e crenças pessoais sobre educação – rejeitam os métodos que parecem funcionar.

Na parte final do livro, são apresentadas algumas questões fundamentais sobre a prática baseada em evidências. Martyn Hammersley, em seu capítulo, afirma que, embora alguns aspectos do movimento pela prática baseada em evidências devam ser apoiados, outros não devem – na verdade, são oferecidas "falsas promessas perigosas". Uma questão importante levantada pelo autor é o fato de que o movimento pela prática baseada em evidências privilegia um determinado tipo de evidência – aquela oriunda de pesquisa (e de um *determinado tipo* de pesquisa) – contra as de todas as outras fontes, inclusive as experiências pessoais do indivíduo, um tema já levantado por Eraut e Peile. Outro grande problema, segundo Hammersley, está relacionado à idéia de que a pesquisa pode "garantir" que se esteja fazendo o melhor: os fatos da pesquisa são apresentados, fornecem-se informações sobre "o que funciona", e os profissionais podem ser fiscalizados para ver se estão seguindo a "melhor prática". Esse tipo de modelo é perigoso, afirma Hammersley, porque simplifica muito a relação entre pesquisa e prática.

Phil Hodkinson e John Smith apresentam alguns argumentos semelhantes em seu capítulo. Começam examinando o *status* de determinados tipos de evidência, observando que a visão de conhecimento que está no centro do movimento pela prática baseada em evidências tem sido alvo de muitas críticas nas últimas três ou quatro décadas. Após apresentar essas críticas, os autores analisam algumas políticas introduzidas recentemente e afirmam que a pesquisa nas ciências humanas muitas vezes surge com mensagens contraditórias. Ela é confusa, e o trabalho do pesquisador não é o de fornecer simplificações do tipo "o que funciona", e sim "apresentar críticas externas independentes, bem como, onde for o caso, contribuir com a implementação das políticas e melhorar sua eficácia." Utilizando como base a aprendizagem baseada no trabalho, propõem um modelo alternativo à prática baseada em evidências, no qual pesquisadores, formuladores de políticas e profissionais trabalham juntos para construir entendimentos melhores dos problemas que enfrentam.

Uma postura semelhante é assumida por John Elliott, que toma como ponto de partida uma crítica da promoção da prática baseada em evidências por parte de Hargreaves (1996). Ao fazê-lo, Elliott se baseia muito na avaliação crítica de Alasdair MacIntyre (1981) sobre o valor das generalizações nas ciências sociais. Sugere que a concepção de Hargreaves de conhecimento para a ação na educação e sua crença no valor das generalizações apresentadas como probabilidades estatísticas estão equivocadas. Mais do que isso, sugere que essas crenças se fundem facilmente com a ideologia da educação baseada em resultados e provocam estagnação no desenvolvimento dos currículos. O autor faz um chamado por uma teoria da educação revigorada, que tome como alicerce a centralidade da reflexão sobre metas e processos educativos. Como parte disso, vê uma necessidade de restabelecer a visão de Stenhouse sobre pesquisa em educação como ensino baseado em pesquisa.

A seguir, Harry Torrance fornece um exemplo prático exatamente desse ensino baseado em pesquisa. Tomando a batuta de Elliott, defende a aplicação de *métodos* de pesquisa, em lugar de *conclusões* de pesquisa, a empreendimentos e problemas educacionais. Clamando por formas de pesquisa e desenvolvimento realizadas em nível local, que respondam mais às especificidades, relata um projeto de pesquisa que utiliza uma abordagem de pesquisa-ação para testar e desenvolver conhecimento sobre avaliação formativa em salas de aulas do ensino fundamental. Torrance discute argumentos sobre a natureza e o propósito da prática baseada em evidências à luz do projeto. Por fim, Richard Pring reúne temas que surgiram neste livro. Delineando os muitos tipos diferentes de evidências que existem e distintas formas de discurso – todos válidos em seus próprios contextos –, avança para sugerir que não deve haver imperialismo de um tipo favorecido de discurso e suas evidências associadas. O autor observa três questões filosóficas que confrontam a abordagem corporificada no movimento pela prática baseada em evidências. Em primeiro lugar, existem os problemas – dada a natureza multifatorial da vida social – de se tentar predizer todas as muitas e variadas conseqüências de um determinado curso de ação. Em segundo, há as dificuldades de conciliar os métodos de um discurso científico com um que seja relacionado a pessoas. Em terceiro lugar, a abordagem pode levar a uma separação de fins e meios na educação. Esse divórcio de fins e meios gera" uma forma um tanto empobrecida de falar e entender a educação, já que os 'fins' estão muitas vezes embutidos nos 'meios'".

Pring conclui com um apelo à reflexão sobre noções de evidência fora da pesquisa experimental – por exemplo, nas habilidades e no conhecimento pessoal – e na consideração de como essa evidência pode ser sistematicamente reunida e utilizada. A esperança, afirma ele, deve ser de que a comparação e a síntese de conclusões que a abordagem baseada em evidências promete pode ocorrer mais amplamente entre diferentes tipos de evidência.

NOTAS

1. O bóson de Higgs é uma partícula – postulada, mas nunca observada – a qual os físicos crêem amplamente que dê massa a outras partículas.
2. O papel das revisões pelos pares é importante para determinar as evidências neste caso (Grayson, 2002). É interessante observar que Hargreaves (1996) destaca o sucesso diferenciado do processo de revisão pelos pares em educação e em medicina para explicar o sucesso diferenciado dessas disciplinas em filtrar e possibilitar a produção de boas evidências. Ele sugere que, "em um campo de pesquisa que seja bem-sucedido e saudável, a revisão pelos pares em educação funciona bem" (p.5), afirmando que a pesquisa em educação não é saudável, e que a revisão pelos pares em educação, neste caso, perpetua um "*status quo* muito insatisfatório". Na verdade, a discussão de revisão pelos pares na medicina (ver, por exemplo, Garfunkel et al., 1990; McNutt et al., 1990; Flanagin et al., 1998; Godlee et al., 1998; Misakian e Bero, 1998; Rennie, 1998), ou mesmo nas ciências (por exemplo, Wennerås e Wold, 1997; Relyea, 1999; Savage, 1999), pouco revela, se é que revela algo, das evidências ou comentários de observadores informados de que "a revisão pelos pares em educação funciona bem" nesses outros domínios – na verdade, longe disso. A afirmação está, neste caso, ocupando o lugar das evidências.
3. Sobre mentiras contadas na construção da "base de evidências" sobre como ensinar crianças a ler, consulte Coles (2002) em relação à avaliação do National Institute of Child and Human Development de abordagens do ensino de leitura. Em outro exemplo, foi demonstrado que um psicopedagogo altamente respeitado falsificou evidências (ver Kamin, 1977; Hearnshaw, 1979).
4. Coady (1992) e Shapin (1994) discutem o testemunho no direito e na investigação científica.
5. Foi Kuhn (1970), é claro, que chamou atenção para a natureza social do processo científico: "'ciência normal' significa pesquisa firmemente baseada em uma ou mais realizações científicas do passado, realizações que *alguma comunidade científica específica reconhece durante um tempo* como a que fornece o alicerce para sua prática posterior" (Kuhn, 1970, p.10, grifos nossos).
6. Buntic (2000) indica que a exortação para tornar o ensino uma profissão baseada em evidências depende de definições particulares de *pesquisa em ensino* e *profissão*. Pode-se também dizer que os chamamentos por prática mais baseada em evidências geralmente dependem de compreensões particulares de *evidência* e *prática*.
7. A posição menos robusta prefere o termo "prática informada por evidências" e possibilita a inclusão de uma ampla gama de evidências, inclusive a incorporação da pesquisa-ação desenvolvida por professores – ver Capítulos 3 e 6 neste livro.

8 Tiveram origem na agricultura, no início do século XX, e não são complexas em sua essência. Geralmente, o conjunto A é comparado ao conjunto B (e, possivelmente, ao conjunto C, e assim por diante), sendo que os conjuntos são campos de grãos ou legumes, ou o que seja. As variáveis (como os níveis e tipos de fertilizantes) serão modificadas de forma diferenciada entre os grupos, e os efeitos dessas mudanças diferenciais serão observados em outra variável (como crescimento). A estatística inferencial de um tipo ou outro será usada para avaliar a importância dessas mudanças que foram observadas.
9 ... como a introdução dos métodos bayesianos.

PARTE I
O que é prática baseada em evidências

2

Revisões sistemáticas e a Campbell Collaboration

Philip Davies

INTRODUÇÃO

A idéia de que as políticas e as práticas profissionais podem fundamentar-se em evidências geradas por pesquisas e procedimentos científicos sólidos não é nova e pouco ou nada tem a ver com a medicina baseada em evidências. Ela é, pelo menos, tão antiga quanto o Iluminismo e enfatiza a substituição da teologia e da metafísica por *le concept positiv* como base do conhecimento e da ação social. As ciências sociais e políticas gastaram os cerca de dois séculos desde o trabalho de Comte e *les philosophes* debatendo se o programa positivista poderia cumprir algum papel na explicação do mundo social. Esses argumentos certamente serão apresentados de novo em outras partes deste livro. Este capítulo está menos preocupado com tais argumentos bem-ensaiados e mais centrado em como a ciência social e política pode aproveitar o que já se conhece sobre as questões sociais e públicas a partir do volume considerável de pesquisa que tem sido desenvolvido nos últimos anos, décadas e séculos.

A Campbell Collaboration é uma organização internacional, inspirada no trabalho da Cochrane Collaboration, que busca auxiliar os formuladores de políticas, os profissionais e o público a tomar decisões bem informadas sobre a aplicação de políticas, preparando, mantendo e disseminando revisões sistemáticas da eficácia de intervenções sociais e comportamentais na educação, em criminalidade e justiça e em bem-estar social. Este capítulo irá delinear a contribuição das revisões sistemáticas a políticas e práticas baseadas em evidências e irá situar o trabalho da Campbell Collaboration nos escritos de Donald T. Campbell. A seguir, discutirá algumas tensões com relação à natureza das evidências e o papel da pesquisa social nas políticas e práticas públicas. O capítulo concluirá sugerindo que os tipos de perguntas feitas por formuladores de políticas e pelas pessoas que ensinam, aprendem e gerenciam em ambientes educacionais exigem uma amplitude e uma profundidade de evidências que vai além de qualquer metodologia específica.

REVISÕES SISTEMÁTICAS E POLÍTICAS E PRÁTICAS BASEADAS EM EVIDÊNCIAS[1]

As revisões sistemáticas são uma forma de síntese de pesquisa que contribui para as políticas e práticas baseadas em evidências ao identificar as evidências de pesquisa acumuladas sobre um tópico ou uma questão, avaliando-as criticamente em relação a sua metodologia e suas conclusões e determinando as mensagens coerentes e variáveis que são geradas por esse *corpus* de trabalho. As revisões sistemáticas das evidências de pesquisa existentes também ajudam a identificar o que se conhece sobre um tópico ou questão e, assim, direcionar novas pesquisas primárias nas áreas em que haja uma lacuna na base de evidências.

As revisões sistemáticas diferem de outros tipos de sínteses de pesquisa, como revisões narrativas tradicionais e revisões por contagem de votos, em virtude da forma como formulam uma pergunta de pesquisa, sua abordagem abrangente de investigação, sua estratégia de diagnóstico crítico e a transparência dos critérios para incluir ou excluir estudos primários.

FORMULANDO UMA PERGUNTA

A clareza das perguntas feitas a uma revisão sistemática é fundamental. As perguntas devem ter uma especificação clara de *intervenções, fatores* e *processos* em questão, da população e/ou dos subgrupos envolvidos, dos *resultados* que são de interesse do usuário, da revisão e dos *contextos* em que a pergunta está colocada. Por exemplo, uma revisão sistemática da eficácia do grupo tutorial pode apresentar a pergunta central da seguinte forma: qual é o efeito do grupo tutorial *(intervenção)* na participação dos alunos na aprendizagem *(resultado* 1) e quais seus resultados de aprendizagem *(resultado* 2) entre alunos do "Key Stage 3" – os três primeiros anos do ensino médio *(população)* em escolas públicas do Reino Unido *(contexto)*? Esse tipo de pergunta é muito mais útil e possível de ser respondido do que a pergunta crua "o grupo tutorial funciona?", que demanda as questões adicionais "no quê?", "para quem?" e "em que circunstâncias?"

Uma pergunta de revisão sistemática apresentada da forma referida, contudo, pode ser específica demais para os propósitos de identificar estudos primários potencialmente relevantes sobre um tópico ou uma questão e pode não render nada em buscas feitas em material impresso ou eletrônico. Nesse caso, pode ser necessário relaxar uma ou mais das características constitutivas da pergunta para estabelecer o quanto as evidências existentes se aproximam desses requisitos de precisão. Entretanto, a menos que a pergunta seja apresentada exatamente dessa forma, será difícil saber o que o pesquisador está tentando fazer, e difícil construir uma estratégia de busca adequada.

BUSCA SISTEMÁTICA

Uma das coisas que distinguem uma revisão sistemática de uma revisão narrativa é o grau de abrangência que se dá à busca de estudos primários potencialmente relevantes. As revisões sistemáticas evitam a seletividade e a leitura oportunista que muitas vezes se encontram com revisões narrativas ao se fazerem buscas e se avaliar criticamente *toda* a literatura de pesquisa disponível sobre a questão, publicada ou não. Isso envolve busca manual detalhada em publicações, livros-texto e anais de conferências, bem como buscas eletrônicas exaustivas da literatura de pesquisa existente.

As avaliações sistemáticas também explicitam os procedimentos de pesquisa para identificar a literatura disponível e os procedimentos pelos quais essa literatura é criticamente avaliada e interpretada. Isso permite um grau de transparência pelo qual outros pesquisadores, leitores e usuários de revisões sistemáticas podem determinar quais evidências foram avaliadas, como foram diagnosticadas criticamente e como foram interpretadas e apresentadas. Isso, por sua vez, possibilita outras interpretações da evidência a ser gerada e mais estudos de qualidade comparável a ser acrescentados à revisão, se e quando eles estejam disponíveis. Dessa forma, pode-se desenvolver um *corpus* interativo e cumulativo de evidências sólidas.

AVALIAÇÃO CRÍTICA

As revisões sistemáticas reconhecem que nem todos os estudos publicados (ou não) são de qualidade igual em termos de metodologia utilizada, da execução do desenho de pesquisa, do rigor na análise e do relato das conclusões. Isso contrasta as revisões sistemáticas com as revisões por contagem de votos,[2] as quais nem sempre levam em conta o fato de que alguns estudos são metodologicamente superiores a outros e, conseqüentemente, merecem atenção especial. Nas revisões sistemáticas, são usados critérios explícitos e transparentes para determinar a qualidade e a força de estudos que tenham sido identificados pela busca sistemática. Estudos que sejam de qualidade suficientemente alta são incluídos na avaliação, ao passo que os que não correspondam a esse critério não o são. Sempre existe um risco de que os critérios usados para avaliação crítica e seleção de estudos existentes possam ser rígidos demais, e que estudos potencialmente úteis e importantes sejam excluídos prematura e indevidamente. É por isso que os critérios do pesquisador para incluir e excluir estudos devem ser explicitados, de forma que as decisões possam ser revisitadas pelo mesmo pesquisador ou por outros.

Os critérios usados para avaliar criticamente os estudos diferem segundo as metodologias dos estudos primários. Algumas metodologias e desenhos de pesquisa (por exemplo, métodos experimentais e quase-experimentais) têm critérios de diagnóstico crítico mais desenvolvidos e explícitos do que outras (por exemplo, os métodos de pesquisa qualitativa). Isso pode ser uma fonte de tensão com relação ao que constitui estudos aceitáveis ou não para inclusão em revisões sistemáticas, o que será discutido mais detalhadamente a seguir.

ESTRUTURA ANALÍTICA

As revisões sistemáticas variam em sua análise dos estudos primários, e diferentes metodologias requerem abordagens analíticas distintas. Entretanto, uma estrutura analítica para uma revisão sistemática deveria tratar do tipo, da qualidade e da quantidade dos dados apresentados nos estudos primários, da adequação de quaisquer comparações, estatísticas e dados qualitativos que tenham sido usados, da qualidade da apresentação e do relato de dados, e se as descobertas e conclusões são sustentadas pelas evidências apresentadas.

METANÁLISE

A metanálise é um tipo específico de revisão sistemática que busca agregar as conclusões de estudos comparáveis e "combina os efeitos dos tratamentos nos estudos individuais em um efeito de tratamento 'de conjunto' para todos os estudos combinados, e/ou para subgrupos específicos de estudos ou pacientes, e faz inferências estatísticas" (Morton, 1999). Gene Glass (1976) usou o termo para se referir à "análise estatística de um grande conjunto de resultados de análise de estudos individuais, com o propósito de integrar as conclusões". Nas duas décadas ou mais que se passaram desde o trabalho metanalítico de Glass sobre tamanho de turmas (Glass e Smith, 1979; Smith e Glass, 1980; Glass, Cahen,

Smith e Filby, 1982) e sobre psicoterapia (Smith, Glass e Miller, 1980), a metanálise se desenvolveu muito em termos da abrangência e da sofisticação da combinação do conjunto de dados e da análise estatística de estudos independentes (ver Kulik e Kulik, 1989; Cook et al., 1992; Cooper e Hedges, 1994; Egger, Davey Smith e Altman, 2001, para descrições mais detalhadas dessas evoluções).

A metanálise é difícil, se não for impossível, de realizar com certos tipos de dados, sendo que a dificuldade mais óbvia é o problema dos "alhos e bugalhos", isto é, de se compararem elementos que não são comparáveis entre si. Existem testes de heterogeneidade e homogeneidade de estudos primários que usam métodos experimentais, quase-experimentais e quantitativos (Cooper e Hedges, 1994; Deeks, Altman e Bradburn, 2001).

As tentativas de desenvolver metanálise de estudos qualitativos e etnográficos (Wax, 1979; Noblit e Hare, 1988) não têm tido sucesso, principalmente porque as tentativas de agregar estudos qualitativos não possibilitam "uma exploração integral do contexto", ou que a "singularidade etnográfica" dos estudos primários seja preservada (ver Davies, 2000, para uma discussão mais completa dos problemas da metaetnografia). Mais recentemente, têm sido desenvolvidos métodos para se revisarem e sintetizarem sistematicamente os estudos qualitativos sem tentar combinar ou agregar estudos primários em amostras compostas (Nutley, Davies e Walters, 2002; Oakley, Gough e Harden, 2002; Pawson, 2002; Popay et al., 2002).

O TRABALHO DE DONALD T. CAMPBELL

Donald T. Campbell foi um destacado cientista social norte-americano, talvez seja mais conhecido por seu interesse na "sociedade que experimenta". Com essa expressão, ele quer dizer uma sociedade que usaria métodos de ciências sociais e técnicas de avaliação para "fazer, com vigor, experimentos com soluções para problemas recorrentes, e que faria avaliações multidimensionais e práticas dos resultados, e quando a avaliação de uma reforma demonstrasse que ela foi ineficaz ou danosa, avançaria e experimentaria outras alternativas" (Campbell, 1999a, p.9). Campbell foi um forte defensor de testes controlados randomizados com base em que "a consideração detalhada de casos específicos repetidas vezes reforça [sua] crença na superioridade científica dos experimentos de atribuição randomizada" (Campbell, 1999, p.24). Especificamente, Campbell considerava que os testes controlados randomizados (ou experimentos de atribuição randomizada) proporcionavam os melhores meios disponíveis de lidar com ameaças à validade interna em estudos quase-experimentais e outros tipos de pesquisa em ciências sociais (ver Campbell, 1999b, p.80).

Apesar desse comprometimento com os testes controlados randomizados e de seu reconhecimento de que a sociedade que experimenta era um tanto utópica, Campbell também era eclético e pragmático com relação à contribuição que a pesquisa nas ciências sociais poderia dar às políticas e práticas públicas. Reconhecendo alguns problemas que podem surgir ao se fazerem testes controlados randomizados em alguns contextos sociais e políticos, Campbell sugeriu que "devemos elaborar abordagens quase-experimentais de alta qualidade que, embora mais ambíguas em termos de clareza de inferência científica, são geralmente mais aceitáveis como processo que estaremos dispostos a incluir permanentemente em nosso sistema político" (1999b, p.26). Não obstante a preocupação de toda sua vida com a validade interna, Campbell também estava preocupado com a validade externa do uso das conclusões de pesquisa em diferentes contextos. Foi causa de repetidas preocupações o fato de que "não temos quaisquer teorias elegantemente bem-sucedidas que façam previsões precisas em cenários amplamente distintos[...] Nossas habilidades devem ser reservadas para a avaliação de políticas e programas que possam ser aplicados a mais de um cenário" (1999b, p.20 e 22).

Com isso em mente, Campbell reconheceu a importância da pesquisa qualitativa sugerindo que:

> Há uma crença equivocada em que medidas quantitativas substituem o conhecimento qualitativo. Em lugar disso, o saber qualitativo é absolutamente essencial como pré-requisito para quantificação em qualquer ciência. Sem competência no nível qualitativo, o que sai da impressora é enganador ou insignificante. (Campbell, 1999c, p.141).

Em outro momento, Campbell observou:

> O saber qualitativo é o teste e o tijolo para construir o saber quantitativo[...] Isso não significa dizer que esse tipo de observação naturalista de senso comum seja objetivo, confiável ou imparcial. Mas é tudo o que temos. É a única via para o conhecimento – por mais ruidosa, falível e tendenciosa que possa ser. (Campbell, 1979, p.186).

Campbell tinha um grande interesse na etnografia comparada, especialmente como meio de determinar a validade externa de programas, projetos e políticas. Sugeria que:

> Para descartar hipóteses antagônicas plausíveis, precisamos de conhecimento específico de cada situação. A falta desse conhecimento (seja chamado de etnografia, histórico de programas ou fofoca), faz com que sejamos incompetentes para estimar os impactos dos programas, gerando conclusões que não apenas estão erradas, mas, muitas vezes, estão erradas de maneiras socialmente destrutivas. (Campbell, 1984, p.142).

A pesquisa qualitativa também foi considerada por Campbell como necessária para lidar com os problemas que surgem na execução de testes controlados randomizados e outras formas de experimento social. Ele estava totalmente ciente dos problemas de viés de desempenho e de que os processos de medição dos testes muitas vezes dão errado. Propôs que uma forma de lidar com isso era "que todos os membros de equipes de aplicação de tratamentos e coleta de dados deveriam ter anotações de laboratório" (Campbell, 1999c, p.230), e que os "observadores bem-situados" fossem "reunidos em pequenos grupos quando os principais resultados tivessem chegado, e que se lhes pedisse para que especulassem sobre o que gerou esses resultados".

Não está claro se Campbell apreciava o valor da pesquisa qualitativa em si, e não apenas como auxiliar dos estudos quantitativos e experimentais. Entretanto, sua referência constante à importância da pesquisa qualitativa é difícil de negar. Isso levanta uma questão mais ampla sobre os tipos de evidências que deveriam ser incluídos nas revisões sistemáticas e que tipo de revisões sistemáticas deveriam ser geradas pela Campbell Collaboration.

A CAMPBELL COLLABORATION

Como já mencionado, a Campbell Collaboration é uma rede internacional de cientistas sociais e analistas de políticas que prepara, mantém e dissemina avaliações sistemáticas da eficácia de intervenções sociais e comportamentais em educação, criminalidade, justiça e bem-estar social. A Collaboration foi estabelecida em julho de 1999, após uma reunião exploratória realizada no University College, em Londres. Seus membros são atualmente oriundos de 15 países, e outros países devem passar a integrá-la a cada ano, com um interesse crescente sendo demonstrado nos países em desenvolvimento.

Um diagrama organizacional da Campbell Collaboration é apresentado na Figura 2.1, indicando que atualmente existem três importantes grupos de coordenação – em educação, criminalidade, justiça e bem-estar social – um grupo de coordenação de métodos e um grupo de comunicação e disseminação. Dentro de cada grupo coordenador substantivo, há grupos de revisão que desenvolvem revisões sistemáticas de tópicos ou áreas específicas (por exemplo, falta a aulas, aprendizagem assistida por pares, formação em segunda língua, ensino e aprendizagem baseados em problemas). O grupo coordenador de métodos é composto por um grupo quase-experimental, um grupo de estatística, um grupo de processo e implementação, e um grupo de recuperação de informações. Está sendo desenvolvido atualmente um grupo de métodos em economia.

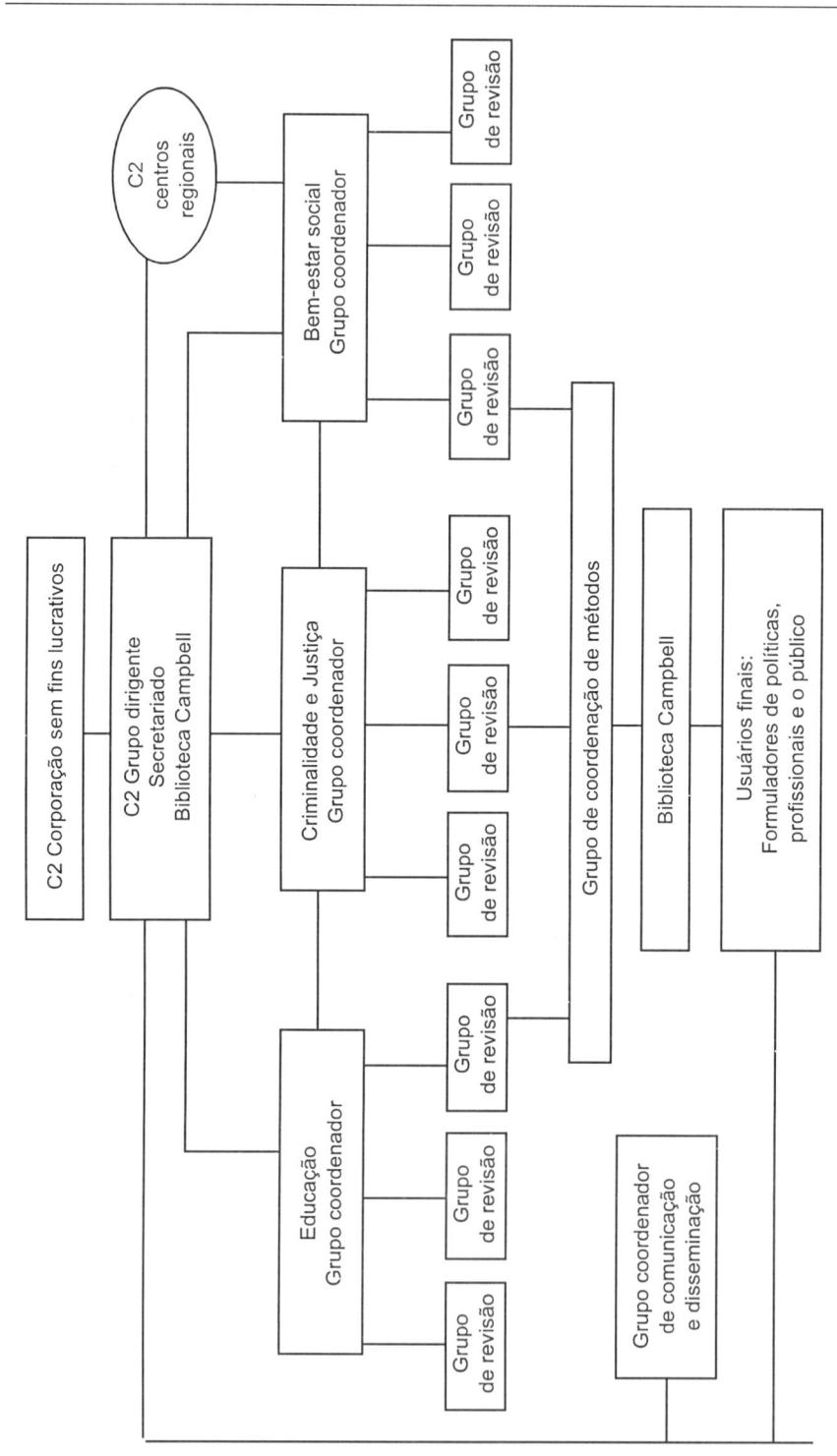

Figura 2.1 Campbell Collaboration – estrutura organizacional

Atualmente, existem dois centros regionais da Campbell, um em Copenhague, na Dinamarca (o Nordic Campbell Centre), e ou outro em Toronto, no Canadá. O papel desses grupos é promover e disseminar revisões sistemáticas segundo os padrões e princípios da Campbell Collaboration e oferecer formação em metodologia de avaliação sistemática. A Collaboration é dirigida por um comitê internacional de 12 membros. Uma característica importante da instituição é o "usuário final" de revisões sistemáticas e evidências de alta qualidade, o que inclui formuladores de políticas, profissionais (como professores, diretores e administradores de escolas) e o público (incluindo alunos e pais). Um desafio constante são as formas de envolver mais os usuários finais no trabalho da Collaboration (especialmente no lado da "demanda" por boas evidências e análises).

O financiamento da Campbell Collaboration é, em sua maior parte, descentralizado no sentido de que cada grupo de revisão deve encontrar recursos para as revisões que realiza. Algum financiamento de peso já foi fornecido por instituições beneficentes de pesquisa dos Estados Unidos e por governos de províncias dinamarquesas e canadenses (para os centros nórdico e canadense da Campbell, respectivamente).

O Ministério do Interior britânico também deu uma modesta quantia anual ao grupo coordenador de criminalidade e justiça, que lhe permitiu empregar uma pessoa para realizar avaliações e tarefas administrativas para o grupo. Em agosto de 2002, o Departamento de Educação dos Estados Unidos concedeu um contrato de cinco anos no valor de 18,5 milhões de dólares a um empreendimento conjunto entre a Campbell Collaboration e o American Institutes for Research, em Washington, para desenvolver uma *what works clearing-house* em nível nacional (uma "câmara de compensação" sobre "o que funciona"). A câmara ajudará a proporcionar aos tomadores de decisões em educação informações de que precisam para fazer escolhas orientadas pela "melhor pesquisa científica disponível" (US Department of Education, 2002).

A Figura 2.2 apresenta uma lista dos nove princípios centrais da Campbell Collaboration, os quais têm um baixo grau de formalidade e um alto grau de voluntariado. Não há procedimentos formais para fazer parte da instituição, como formulários de inscrição, aceitação ou procedimentos de rejeição, nem certificados de participação.

As pessoas passam a participar da instituição por vontade própria, para trabalhar nos grupos de revisão existentes ou para estabelecer novos grupos, onde houver uma lacuna. A única formalidade no trabalho é que os protocolos para realizar revisões sistemáticas a serem publicadas na Biblioteca Campbell devem cumprir os requisitos das Campbell Collaboration's Protocol Guidelines (as diretrizes de protocolo da Campbell Collaboration, que podem ser encontradas em www.campbellcollaboration.org).

> Os nove princípios centrais em que o trabalho da Campbell Collaboration e da Cochrane Collaboration se fundamenta são:
> 1. Colaborar, estimulando interna e externamente as boas comunicações, a tomada de decisões aberta e o trabalho em equipe.
> 2. Trabalhar a partir do entusiasmo dos indivíduos, envolvendo e apoiando pessoas de diferentes habilidades e formações.
> 3. Evitar a duplicação desnecessária, por meio de boa gestão e coordenação para garantir a economia da iniciativa.
> 4. Minimizar o viés, por meio de uma série de abordagens, como o cumprimento de padrões elevados de evidência científica, garantindo participação ampla e evitando conflitos de interesse.
> 5. Manter-se atualizado, por meio de um compromisso para garantir que as revisões da Campbell sejam mantidas por meio da identificação e incorporação de novas evidências.
> 6. Lutar pela relevância, promovendo a avaliação de políticas e práticas que usem resultados que sejam importantes para as pessoas.
> 7. Promover o acesso, por meio de disseminação ampla da produção da Collaboration, aproveitando as alianças estratégicas e promovendo preços, conteúdo e meios adequados, para atender às necessidades dos usuários em todo o mundo.
> 8. Garantir qualidade, sendo abertos e levando em conta as críticas, aplicando os avanços em metodologia e desenvolvendo sistemas de melhoria de qualidade.
> 9. Continuar garantindo que a responsabilidade por avaliações, processos editoriais e funções importantes seja mantida e renovada.

Figura 2.2 Princípios da Campbell Collaboration e da Cochrane Collaboration.

Atualmente, as diretrizes refletem as prioridades estratégicas da Campbell Collaboration para realizar avaliações sistemáticas de a) testes controlados randomizados, b) desenhos de pesquisa quase-experimentais e c) desenhos de pesquisa qualitativa que façam parte de avaliações controladas. Dessa forma, a Campbell busca estabelecer evidências *aditivas* sobre "o que funciona" e evidências *formativas* de como, por que e em que condições as políticas e práticas funcionam ou deixam de funcionar. Este aspecto é especialmente importante para os responsáveis pela apresentação e implementação efetiva de políticas, programas e práticas.

A Campbell Collaboration hospeda o Social, Psychological and Educational Controlled Trials Register (SPECTR). Esse arquivo foi desenvolvido originalmente no Centro Cochrane do Reino Unido e transferido à Campbell Collaboration em dezembro de 2000 (e rebatizado *C2SPECTR*). Ele contém mais de 10 mil testes randomizados e "possivelmente randomizados" em educação, criminalidade, justiça e bem-estar social. O *C2-SPECTR* está sendo atualizado regularmente pela Campbell Collaboration e servirá como importante meio para identificar estudos experimentais para inclusão nas revisões sistemáticas da Campbell. Cada registro no arquivo contém informações sobre referências e disponibilidade e, geralmente, um resumo. Um propósito básico para a manutenção do *C2-SPECTR* é dar apoio a indivíduos que estejam realizando revisões sistemáticas da Campbell.

A inclusão de desenhos de pesquisa qualitativa apenas se forem *parte* de avaliações controladas pode ser restritivo demais para alguns pesquisadores sociais e alguns formuladores de políticas que encomendam e usam revisões sistemáticas. Eles necessitam de sínteses de pesquisa de alta qualidade sobre todos os tipos de pesquisa social e política, *independentemente* de serem parte ou não dessas avaliações controladas. Até o momento, a metodologia para sintetizar sistematicamente a gama completa de estudos de pesquisa qualitativa tem sido subdesenvolvida. Atualmente, contudo, há trabalhos em andamento para desenvolver "síntese conceitual" (Nutley et al., 2002), "síntese realista" (Pawson, 2002), e a síntese sistemática de pesquisa qualitativa (Oakley et al., 2002) e evidências de distintos desenhos de pesquisa (Popay et al., 2002). Além disso, está sendo desenvolvida uma estrutura de qualidade para a pesquisa qualitativa (Cabinet Office, 2003b), que irá proporcionar algum consenso sobre o que constitui pesquisa qualitativa e avaliação de alta qualidade. Essas evoluções colocarão a pesquisa qualitativa em pé de igualdade com os métodos experimentais e quase-experimentais em termos de terem estruturas de qualidade explícitas e aumentarão a pressão por uma concepção mais ampla de pesquisa qualitativa a ser incluída nas avaliações sistemáticas da Biblioteca Campbell.

OUTRAS FONTES DE EVIDÊNCIAS DE AVALIAÇÃO SISTEMÁTICA

A Campbell Collaboration não tem monopólio do fornecimento de evidências de revisão sistemática em educação, criminalidade, justiça e bem-estar social. Outras organizações sintetizam estudos usando uma ampla gama de métodos de pesquisa. O EPPI-Centre 3, no Institute of Education da University of London (www.eppi.ioe.ac.uk), oferece ferramentas e procedimentos para ajudar grupos a realizar e disseminar revisões sistemáticas com garantia de qualidade em educação e promoção de saúde. A Research Evidence in Education Library (REEL) do EPPI-Centre é o principal meio de disseminação de revisões sistemáticas geradas por seus grupos de revisão. O centro também desenvolve metodologia de revisão sistemática, particularmente na área de pesquisa de não-intervenção. Trabalho semelhante está sendo desenvolvido pelo Centre for Research and Dissemination da University of York (www.york.ac.uk/inst/crd), pelo ESRC Evidence Network (www.evidencenetwork.org) e pelo Social Care Institute of Excellence (www.scie.org.uk). Todo esse trabalho é importante para formuladores de políticas e profissionais como professores, equipes de administração escolar e administradores, que, muitas vezes, querem evidências sólidas sobre questões de *implementação* – por exemplo, *como* o ensino de uma segunda língua pode ser implementado efetivamente em escolas fundamentais públicas e *como* a aprendizagem assistida por pares pode ser introduzida na educação para a saúde e nos currículos de promoção de saúde? As evidências de avaliação sistemática sobre as barreiras para a implementação bem-sucedida e como superá-las também são necessárias para os formuladores de políticas, profissionais e consumidores de serviços públicos.

Os usuários finais também têm necessidade de evidências sintetizadas sobre as percepções e experiências das pessoas com políticas e práticas, e sobre as conseqüências das inovações educacionais para as interações e os comportamentos. Também é necessário trabalho sobre os *tipos* de contexto nos quais as políticas e práticas provavelmente funcionam com eficácia. Muito se afirma sobre a variabilidade contextual de escolas, salas de aula e subgrupos de aprendizes. Entretanto, não está claro o quanto essa variabilidade é infinita, ou se pode haver padrões de contextos ou estruturas de variabilidade que ajudariam os educadores (e os aprendizes) a serem mais eficazes em seu trabalho e sua prática cotidianos. Também se faz necessário desenvolver trabalho sobre o custo, a compensação financeira e a relação custo-benefício de diferentes políticas e práticas de educação, particularmente de professores, equipes de administração escolar e administradores que devem atingir cada vez mais metas com orçamentos e outros recursos limitados.

À medida que o trabalho nessa área de síntese de pesquisa se desenvolve e se acumula, é provável que surja uma série de instituições, centros e entidades no mundo todo. Mecanismos estão sendo desenvolvidos dentro da Campbell Collaboration para reconhecer grupos afiliados que forneçam evidências de revisões sólidas nessas áreas. Isso, junto com o relacionamento íntimo entre a Campbell Collaboration e a Cochrane Collaboration, deve gerar um entendimento amplo e profundo sobre o que constitui evidências de revisão sólidas, que irão aprimorar o trabalho sistemático e rigoroso desenvolvido atualmente pela Campbell Collaboration.

CONCLUSÕES

As revisões sistemáticas dão uma contribuição importante às políticas e às práticas baseadas em evidências ao fornecer meios de se aproveitar o que já se sabe sobre um tópico ou questão e identificar lacunas no conhecimento e na base de evidências existente. A Campbell Collaboration foi estabelecida para fornecer avaliações sistemáticas de alta qualidade sobre a eficácia de intervenções em educação, criminalidade, justiça e bem-estar social. Ela também proporciona desenvolvimento, formação e apoio em metodologia de avaliação sistemática. É uma rede internacional de cientistas sociais e analistas de políticas movida pelos princípios de colaboração, do voluntariado e da mínima formalidade. A Campbell Collaboration tomou uma decisão estratégica de se concentrar mais em estudos de intervenção do que em outros tipos de pesquisa e em desenhos de pesquisa experimentais ou quase-experimentais. Ao mesmo tempo, há um grupo de processo e métodos de implementação dentro da Collaboratione e demandas crescentes por sínteses de pesquisa qualitativa fora dos limites das avaliações controladas. Essas abordagens mais amplas à síntese de pesquisa estão sendo desenvolvidas agora por organizações fora da Campbell Collaboration, e há uma oportunidade, por meio da condição de afiliada, de que a Campbell Collaboration esteja associada intimamente a esses acontecimentos. Essa abordagem mais ampla à síntese de pesquisa será bem recebida por formuladores de políticas, prestadores e consumidores de serviços públicos cujas demandas por evidências sólidas vão além de qualquer metodologia ou desenho de pesquisa específico.

NOTAS

1 Para uma discussão mais detalhada das questões tratadas nesta seção, ver Davies (2000, 2003) e Cabinet Office (2003a).
2 As revisões por contagem de votos tentam acumular os resultados de estudos relevantes, contando os que têm conclusões positivas, os que têm conclusões negativas e os que têm conclusões neutras. A categoria que tenha a maior contagem, ou mais votos, é tomada como representante da conclusão modal ou típica, indicando assim o meio mais eficaz de intervenção.
3 O trabalho do EPPI-Centre é discutido em mais detalhe por David Gough no Capítulo 4 deste livro.

3

Desenvolvendo políticas e práticas informadas por evidência

Judy Sebba

Sir Derek Raynor, um importante funcionário dos governos Heath e Thatcher, considerava a atitude de evitar o fracasso o traço dominante da cultura de Whitehall: "o funcionário público tende a ser julgado pelo fracasso. Isso [...] leva à criação de um número desnecessário de grandes comitês, todos os quais atrasam a tomada de decisões e obscurecem as responsabilidades". O resultado inevitável é que as informações são distorcidas em todos os níveis, porque ninguém quer comunicar "más notícias" ou se expor à possibilidade de ser responsabilizado. (Chapman, 2002, p.59)

INTRODUÇÃO

O impulso pela formulação de políticas baseadas em evidências está tentando minimizar a distorção de informações por meio de maior transparência e melhor apoio aos formuladores de políticas e aqueles que os julgam, no sentido de considerar as "más notícias" como formativas e geradoras de desenvolvimento. Após a publicação da revisão de pesquisa em educação de Hillage e colaboradores (1998), que concluiu que o impacto da pesquisa em políticas e práticas era mínimo, o Departamento de Educação e Emprego (atualmente chamado de Departamento de Educação e Habilidades, DfES) estabeleceu seu plano de ação (Budge, 1998) para tratar das recomendações. Elas se concentraram em duas metas subjacentes: fazer um melhor uso das evidências existentes e investir em uma melhor base de evidências para o futuro. Sem levantar novamente o debate sobre as conclusões a que chegou o relatório de Hillage e colaboradores, ou as evidências em que se baseou (ver, por exemplo, Goldstein, 2000), este capítulo tenta examinar o progresso desenvolvido até o momento e as questões fundamentais ainda a serem tratadas.

Outros capítulos deste volume (de Davies, Gough e Andrews) discutem em mais detalhe as revisões sistemáticas em geral e o trabalho do EPPI-Centre em particular, que é um elemento crucial para o DfES em seu investimento em uma futura base de evidências. Além disso, já se apresentou um panorama dos elementos da estratégia em outros lugares (Sebba, 2003), de forma que, em vez disso, tratarei dos argumentos levantados pelos autores na Parte I deste livro, sobre a natureza das políticas e práticas baseadas em evidências. A ênfase deste capítulo será nas políticas, dado que os exemplos que mais conheço vêm do atual processo de políticas, e não dos serviços educacionais, mas são feitas comparações onde for o caso. Além disso, os processos pelos quais a pesquisa informa as políticas e as práticas diferem significativamente, e Philippa Cordingley trata do relacionamento entre pesquisa e prática em seu capítulo. Por exemplo, os formuladores de políticas não geram novos conhecimentos por meio de sua própria atividade, da forma como tem sido afirmado que os professores teorizam a prática (Furlong, 1998). Outra diferença importante deriva da influência do contexto político na tomada de decisões do formulador de políticas, ao passo que o professor tem mais probabilidades de levar em conta as características dos alunos e o contexto escolar específico ao mediar as evidências de pesquisa.

O QUE SE QUER DIZER COM EVIDÊNCIAS?

Há muitos tipos diferentes de evidência. Davies e colaboradores (2000) afirmam que incluem os meios de provar um fato desconhecido, a sustentação de uma opinião, o uso de testemunhos e testemunhas. Observam que, seja como for que se construam, as evidências podem ser observadas e verificadas de forma independente, e há um consenso amplo em relação a seus conteúdos, mesmo que a interpretação seja contestada. A visão que apresentam de evidências, inclusive os resultados de investigação sistemática em direção a uma soma cada vez maior de conhecimento, não coincidem com a visão de outros. Por exemplo, Martyn Hammersley, no Capítulo 10, afirma que outros tipos de evidências, que não necessariamente surgem da investigação sistemática, podem ser mais importantes. Hodkinson e Smith (Capítulo 11) sugerem que os contextos em que trabalham os profissionais e os políticos são mais influentes do que as próprias evidências. Pawson (2001), adotando uma abordagem de síntese mais realista, observa que são as razões subjacentes ou os recursos oferecidos em lugar das evidências da própria política que influenciam seu impacto. Sendo assim, como sugere Hodkinson, as evidências e os meios de as validar são contestados e problemáticos.

No contexto da atual formulação de políticas, há três tipos de evidências que os formuladores usam predominantemente, e às vezes elas são tratadas, de forma inadequada, como equivalentes. Departamentos de governo empregam estatísticos e economistas que realizam análises de monitoramento, avaliação e previsão usando dados coletados por meio de pesquisas nacionais ou outros meios. Esses dados são principalmente qualitativos e estão sujeitos a diferentes formas de procedimentos estatísticos, em lugar de distintas interpretações possíveis de seu significado. Em segundo lugar, há dados de inspeção, que, no caso da educação, são gerados por meio de inspeções do Ofsted (Office for Standards in Education). A validade e a confiabilidade desses dados são discutidas em detalhe em outros trabalhos (ver, por exemplo, Earley, 1998). Enquanto os formuladores de políticas buscam dados de inspeções para compreender opções ou avaliar suas políticas, as pessoas que trabalham em serviços de educação, onde esses dados são coletados, os questionam mais.

Por fim, existem as evidências de pesquisa, que mais comumente são coletadas por meio de projetos contratados externamente ou programas financiados pelo próprio departamento do governo ou por organismos externos, inclusive conselhos de pesquisa ou fundações beneficentes independentes. Poucos departamentos, como o Ministério do Interior, além de contratar pesquisas externamente, empregam seus próprios pesquisadores para desenvolver projetos. O restante deste capítulo trata principalmente de evidências de pesquisa, ao mesmo tempo em que reconhece que a confusão com relação aos tipos de evidência e sua adequação aos propósitos são alguns dos principais fatores que limitam seu uso.

CONSTRUINDO UMA BASE DE EVIDÊNCIAS CUMULATIVA

A revisão de Hillage e colaboradores e outros estudos, como, por exemplo, o do DETYA (Department of Education, Training and Youth Affairs, 2001), identificaram a necessidade de uma base de evidências mais cumulativa. Há vários aspectos em relação a isso. Em primeiro lugar, é essencial para pesquisadores, financiadores e usuários que eles sejam capazes de verificar não apenas qual pesquisa já foi publicada, mas as pesquisas em andamento que serão publicadas no futuro. Os financiadores, particularmente, também necessitam de informações em áreas ausentes ou sub-representadas na presente atividade de pesquisa. O atual banco de dados CERUK (Current Educational Research in the Uk) foi estabelecido para fornecer informações sobre projetos em andamento, mas, para ser abrangente em cobertura, é preciso que os pesquisadores submetam as informações de trabalhos em andamento, e alguns não o fazem atualmente. Alguns financiadores estabeleceram como requisito para seus financiamentos que os pesquisadores se registrem nesse banco de dados e querem garantias de que eles o tenham consultado antes de começar sua pesquisa. Somente com informações quase completas é que o sistema pode possibilitar que as evidências cumulativas sejam construídas e se evitem sobreposições involuntárias.

Segundo, como concluiu o estudo DETYA (2001), estudos individuais deveriam ter menos impacto do que revisões de literatura e artigos que sintetizem a pesquisa em uma forma acessível aos profissionais. A contribuição das revisões à base de evidências cumulativa é, portanto, central, e as perspectivas dos usuários do EPPI, que são sumários preparados por usuários para os grupos que o constituem, são um passo importante nesse sentido. Embora as revisões sistemáticas possam ser desejáveis onde for possível, deve-se reconhecer a contribuição dada por outros tipos de revisões, especialmente onde a literatura é muito limitada.

Em terceiro lugar, a construção de uma base de evidências cumulativa é prejudicada pela falta de replicações e de relatórios de resultados negativos de pesquisa, em que a metodologia não atingiu as expectativas originais. Cooper e colaboradores (1997) concluíram que, de todos os estudos aprovados por um comitê de revisão de temas das áreas humanas, os pesquisadores submeteram à publicação 74% dos que tiveram conclusões significativas, mas apenas 4% dos que apresentaram resultados não-significativos. Os autores observaram que os editores têm mais probabilidades de aceitar manuscritos que relatem resultados significativos, e que é mais provável que os pesquisadores retenham resultados quando identificarem falhas no desenho de pesquisa. Esse caráter tendencioso das publicações é exacerbado pelo fato de que quaisquer replicações que sejam financiadas são baseadas em estudos anteriores publicados. Esses problemas emergiram muito claramente no trabalho de revisão sistemática em que, como relatado em outros capítulos deste livro, certos tipos de estudos têm muito mais probabilidades de ser publicados. O uso do CERUK possibilita que se acompanhem as pesquisas iniciadas e que se identifiquem esses problemas mais prontamente.

Em quarto lugar, a necessidade de investir na base de evidências futura fornece os argumentos para que se façam previsões na área da educação ou para aquilo que o National Educational Research Forum chama atualmente de Education Observatory. O processo de previsão é justificado pelo Departamento de Comércio e Indústria (Department of Trade and Industry, DTI) como:

> [...] estar pronto para o futuro. Ninguém pode prever o futuro. O que se pode fazer é olhar para a frente e pensar sobre o que pode acontecer, de forma que possamos nos preparar.
> O futuro é moldado pelas decisões que tomamos hoje. Se esperarmos que o futuro aconteça, o Reino Unido perderá oportunidades para a criação de riqueza e uma melhor qualidade de vida. (Foresight, DTI, 2000, capa interna)

Sendo assim, é um meio de avançar de uma postura reativa para uma que seja pró-ativa. O presente perfil de pesquisa em educação deve ser avaliado em relação às necessidades futuras identificadas por meio de previsões, de forma que planejamentos futuros possam ser mais bem informados, substantiva e teoricamente.

TORNANDO AS EVIDÊNCIAS DE PESQUISA MAIS ACESSÍVEIS

Em outra parte deste volume, David Gough descreve o desenvolvimento e o suporte para revisar o trabalho do EPPI-Centre. Nos Estados Unidos (Viadero, 2002) e no relatório da revisão de pesquisa educacional na Inglaterra pela Organização para a Cooperação e o Desenvolvimento Econômico (OECD, 2002), esses acontecimentos são tidos como de ponta em termos mundiais, os primeiros a fornecer métodos de integrar estudos quantitativos e qualitativos em revisões sistemáticas e envolver de forma importante os usuários durante o processo. Todavia, na Inglaterra, os críticos têm mais destaque. Hammersley (Capítulo 10) descreve o processo de revisão sistemática como sendo linear, baseado em uma visão positivista da prática e priorizando testes controlados de forma randomizada. Mesmo assim, a análise das primeiras quatro revisões publicadas em 2002 no *site* do EPPI (http://eppi.ioe.ac.uk) mostra que 24% dos estudos incluídos eram avaliações de processos e 37%, estudos descritivos. Há muitas questões teóricas destacadas pela revisão, tais como a natureza do conhecimento, a natureza das evidências usadas na síntese e como a teoria é apresentada nas revisões. As revisões proporcionaram uma transparência que anteriormente não era visível, envolvendo formuladores de políticas e profissionais que trabalharam em conjunto com pesquisadores no estabelecimento das perguntas da revisão, no mapeamento da pesquisa e no relato de resultados. Ainda hoje, o estudos não são suficientemente entendidos, e supõe-se que estejam muito mais próximos do modelo médico do que realmente estão. Como sugere Oakley (2000, p.323), "a guerra dos paradigmas nos colocou uns contra os outros de modo improdutivo para responder a algumas das questões sociais mais urgentes que enfrentamos hoje em dia".

A Commission on the Social Sciences (2003) recomendou que os pesquisadores sejam apoiados para que adquiram "habilidades de utilização da mídia". Isso pressupõe que todos os pesquisadores sejam capazes de escrever como jornalistas bem-sucedidos, desde que recebam formação adequada e que isso seja desejável. Nossa postura tem sido a de reconhecer as habilidades distintas dos pesquisadores e usar os jornalistas para apoiá-los, midiatizando a pesquisa, em lugar de substituí-los. Para isso, os jornalistas trabalham em equipes com pesquisadores, ou ao seu lado. Entre os exemplos estão a iniciativa *Research of the Month*, do General Teaching Council, que resume uma pesquisa que seja de interesse particular à profissão do ensino (http://www.gtce.org.uk/research/romhome.asp), e a iniciativa *Research into Practice*, do DfES (http://ww.standards.dfes.gov.uk/research/), que proporciona artigos acadêmicos reescritos e resumidos, preparados por jornalistas para uso leigo, mas revisados em conjunto com os pesquisadores para certificar sua autenticidade. Abordagens mais inovadoras em relação à comunicação da pesquisa por meio de vídeo ou televisão também estão sendo exploradas pelo DfES e pelo Teaching and Learning Research Programme do ESRC (http://www.tlrp.org).

CONSTRUINDO A CAPACIDADE DE PESQUISA PARA TRATAR DE QUESTÕES COMPLEXAS

Algumas preocupações têm sido expressas em relação ao fato de que o "sistema" de pesquisa carece de recursos humanos, intelectuais e materiais para garantir que se produza pesquisa de escala e qualidade suficientes voltada a questões prioritárias, e ela possa ser usada para informar as políticas e as práticas. A Commission on the Social Sciences (2003) dá forte apoio para a contribuição de pesquisas multidisciplinares/interinstitucionais, mas observa que não há muitas evidências disso atualmente. Também se observam que a necessidade de que algumas pesquisas integrem técnicas quantitativas e qualitativas, para tratar de questões de pesquisas fundamentais, é prejudicada pela falta de conhecimento sobre como fazê-lo.

Dyson e Desforges (2002) revisam a evidência de falta de capacidade para entender e usar as pesquisas. Os autores observam que pode ser mais útil pensar em termos de capacidade de pesquisa no plural do que como uma capacidade única. Essas, sugerem, incluem a capacidade de produzir pesquisas acadêmicas para construir conhecimento, a capacidade de os formuladores de políticas utilizarem essas pesquisas e a capacidade de os profissionais produzirem ou utilizarem pesquisas para informar sua prática. Essa visão multidimensional sugere que não existe resposta única para aumentar a capacidade do sistema.

Os autores vão mais além. Observam que a capacidade deve ser vista não apenas em termos de o que o sistema *pode* fazer, mas também em termos de o que ele *deveria* fazer. Isso implica uma necessidade de estratégias que estejam mais relacionadas com a alavancagem da capacidade em novas formas, bem como a manutenção e o desenvolvimento da atual capacidade. Eles fazem ainda uma distinção entre estratégias que ampliam a capacidade (é isso que possibilita que o sistema faça "mais da mesma coisa") e aquelas que a *aprofundam* (é isso que possibilita que o sistema faça coisas novas ou faça as coisas de maneira melhor). Como as estratégias para aumentar a capacidade raramente são avaliadas, não há indicações de quais são as abordagens mais eficazes.

O artigo de Dyson e Desforges identifica três temas em torno dos quais se pode construir capacidade de pesquisa. O primeiro são as oportunidades de desenvolvimento para que os pesquisadores se atualizem, renovem sua formação ou suas habilidades por meio de cursos, instrução, cedências temporárias a outros órgãos e outros meios. O segundo é o desenvolvimento de infra-estrutura para alavancar a capacidade por meio de centros de pesquisa específicos, redes de pesquisa, financiamento para tecnologia de informação e outros tipos de apoio. Isso inclui maior desenvolvimento de pesquisa em interdisciplinaridade, que dá a oportunidade de se tratarem de questões de pesquisa complexas a partir de vários ângulos diferentes, com benefícios mútuos para cada disciplina envolvida.

A terceira área que eles identificam é a crescente capacidade para que os profissionais e formuladores de políticas produzam e utilizem a pesquisa. Muitas das iniciativas nessa área são discutidas em outros momentos deste capítulo, como as evoluções relacionadas à internet descritas anteriormente, que visam a tornar a pesquisa relevante mais acessível. As iniciativas descritas para desenvolver melhor entendimento entre formuladores de políticas e pesquisadores também são relevantes para aumentar a capacidade de usar a pesquisa. As oportunidades para os profissionais realizarem pesquisa por meio de bolsas e cursos certificados aumentaram, mas ainda atingem apenas uma porção mínima da profissão. O estabelecimento de cedências temporárias de professores profissionais para organizações de pesquisa e de pesquisadores profissionais para faculdades, universidades e organizações formuladoras de políticas estão todos dando uma contribuição ao desenvolvimento de capacidades relacionadas à pesquisa. As comunidades de aprendizes em rede, estabelecidas pelo National College of School Leadership (2002), são um processo inovador para construir aptidão para a pesquisa nas faculdades.

USANDO AS EVIDÊNCIAS DE PESQUISA NO PROCESSO DAS POLÍTICAS

Em 2000, o National Educational Research Forum publicou o relatório de seu subgrupo sobre o impacto da pesquisa educacional nas políticas e nas práticas. Fez-se a distinção entre disseminação e impacto, afirmando-se que, seja qual for o termo utilizado, o processo descrito geralmente é disseminação, ou seja, a difusão de informações sobre a pesquisa e seus resultados para pessoas de fora da equipe de pesquisa. Isso, observa-se, costuma ser feito depois que a pesquisa é concluída; é possível de ser observado publicamente e pode envolver conferências e publicações. Dessa forma, a disseminação pode ser eficaz sem ter um impacto. Walter e colaboradores (2003) afirmam que são necessárias estratégias explícitas e ativas para garantir que a pesquisa realmente tenha um impacto. Eles descrevem uma taxonomia de intervenções para garantir o impacto da pesquisa sobre as políticas e as práticas do setor público desenvolvidas na Unit for Research Utilisation da Universidade de St. Andrews. Ela é intersetorial e inclui formas de estimular usos mais conceituais da pesquisa, a fim de contribuir para mudar o conhecimento, as crenças e as atitudes, em lugar de se limitar a intervenções comportamentais, que Hammersley (Capítulo 10) e outros (por exemplo, Bates, 2002) têm criticado como demasiadamente racionais.

Hodkinson (Capítulo 11) também afirma que aqueles que promovem políticas informadas por evidências supõem uma relação linear entre pesquisa e seus usuários, mas o relatório do subgrupo do fórum deixou claro que os modelos lineares representam de forma equivocada o processo de pesquisa. Eles e outros (por exemplo, DETYA, 2001) sugerem que o processo é mais bem descrito por uma abordagem interativa de produzir, disseminar e usar novos conhecimentos, que requer um processo transformador para superar os riscos de transferência e aplicação. O conhecimento pode não ser transferido devido à forma como é expresso ou à receptividade do recipiente. A transferência bem-sucedida de conhecimento não garante a aplicação eficaz de-vido, por exemplo, à falta de oportunidade ou recursos, à manutenção de crenças arraigadas ou à dificuldade de traduzir conhecimento teórico em aplicações práticas.

Hargreaves (2003) sugere que algumas pesquisas tiveram um impacto no envolvimento de pesquisadores e profissionais como co-criadores de novos conhecimentos que possam ser validados e transferidos. Ele cita como exemplo o trabalho sobre avaliação para aprendizagem de Paul Black, Dylan Wiliam e outros (ver, por exemplo, Wiliam e Lee, 2001), que envolveu uma forte parceria entre pesquisadores e professores, proporcionando um modelo de "desenvolvimento e pesquisa" em lugar de "pesquisa e desenvolvimento". Hargreaves sugere que a formulação "desenvolvimento e pesquisa" coloca a prática inovadora na frente e, portanto, é potencialmente transformadora.

O desenvolvimento profissional de professores envolvidos nesse processo se baseia em capital intelectual para gerar novos conhecimentos, capital social para dar sustentação a aprendizado profissional profundo por meio de experimentação em um contexto de confiança e capital organizacional para garantir a disseminação de novos conhecimentos. Enquanto a pesquisa sobre avaliação para aprendizagem é apenas uma das muitas áreas de pesquisa educacional que influenciaram as políticas e as práticas, a análise de como isso pode ter ocorrido possibilita que se compreenda melhor o processo de impacto.

O uso da pesquisa pode ser indireto, por exemplo, via educadores que formam professores, em lugar de direto, e os formuladores de políticas podem ser informados pela pesquisa sem que mudem de direção, ou seja, a pesquisa pode sugerir que eles não deveriam adotar uma determinada política ou ação. Eles podem não estar cientes da fonte de informação que usaram, e pode haver múltiplas fontes sendo usadas simultaneamente. Dessa forma, as políticas que não tenham sido explicitamente informadas pela pesquisa podem, ainda assim, ter sido influenciadas por ela. Mais além, pressões de natureza política, econômica e outras entrarão em jogo quando os formuladores de políticas tomarem decisões que resultem em dificuldades de identificar a contribuição precisa dada pela pesquisa. Os pesquisadores, em geral, não estão familiarizados com o processo de formulação de políticas e podem interpretar equivocadamente o resultado como se ele tivesse ignorado a pesquisa. Como a metodologia para avaliar impacto é subdesenvolvida, é difícil estabelecer precisamente como esses processos ocorrem no presente.

ESTIMULANDO OS FORMULADORES DE POLÍTICAS E OS PROFISSIONAIS A UTILIZAR A PESQUISA

Os formuladores de políticas e os profissionais trabalham em contextos e culturas que podem não conduzir ao uso da pesquisa. A citação no início deste capítulo era sobre as dificuldades experimentadas pelos primeiros para reconhecer erros e os utilizar de forma construtiva. O desenvolvimento de um diálogo aberto entre eles e os pesquisadores pode lhes proporcionar experiências positivas no potencial do uso de pesquisa e ajudar os pesquisadores a melhor entender o processo das políticas. A Commission on the Social Sciences reconheceu o crescente envolvimento de acadêmicos nos grupos coordenadores de pesquisas, grupos consultivos e outras atividades de governo. Mais além, recomendou aumentar o programa de cedências temporárias em ambas as direções, entre os funcionários que estão na academia e os que estão no governo, como forma de criar mais compreensão mútua e transferência de conhecimento.

Dentro do DfES, fez-se muito mais investimento em projetos de pesquisa maiores e de mais longo prazo e em conjuntos de dados longitudinais e nas análises desses dados. Como as decisões sobre políticas em qualquer área com freqüência precisam ser tomadas durante os períodos de quatro ou cinco anos nos quais essas análises são completadas, é importante que os pesquisadores estejam dispostos e sejam capazes de dar seu melhor "palpite", em um determinado momento, sobre o que acham que as evidências podem significar. Para isso, é necessário haver confiança em ambos os lados, o que não pressupõe, como sugerem os críticos neste livro, que a hipótese seja sempre pesquisável, que as evidências sejam infalíveis ou que os trabalhos estejam disponíveis. O fato de que nem todas as políticas podem ser informadas por evidências não deve nos impedir de tentar estimular o uso de pesquisa quando a alternativa for tomar decisões que não sejam informadas por qualquer evidência.

Uma análise semelhante pode ser aplicada aos profissionais da educação. Os professores têm trabalhado tradicionalmente em isolamento. Assim como os funcionários públicos, o reconhecimento de um erro é considerado fraqueza. Hargreaves (1996, com base no trabalho de William Taylor, 1993) observou que os que citam a pesquisa em uma discussão de sala de professores seriam tomados como alguém que estuda para um curso mais elevado, ensaia para uma inspeção Ofsted ou, mais geralmente, "exibe-se". A falta de uma expectativa sobre o uso de evidências de pesquisa no ensino ou no serviço público está profundamente arraigada na cultura, e, apesar do discurso de se desenvolverem políticas e práticas informadas por evidências e de se "modernizar o governo", muitos continuarão a ser resistentes à mudança. O trabalho do National Teacher Research Panel (www.standards.dfes.gov.uk/ntrp) e as iniciativas voltadas a estimular as escolas a se engajar mais no uso e, em alguns casos, na geração de pesquisa (por exemplo, Essex County Council, 2003) estão contribuindo para tratar dessa questão. A experiência de maior abertura e mais debate sobre quais evidências existem e o que elas significam deveria certamente ser bem-recebida.

CONCLUSÃO

Do que precisamos, no processo de formulação de políticas, para melhorar o uso da pesquisa? É necessária uma maior ênfase na melhoria impulsionada pelos usuários, em lugar dos fornecedores (pesquisadores e financiadores) da pesquisa. Isso significa identificar necessidades percebidas para tratar de um problema real e proporcionar apoio adequado aos formuladores de políticas a fim de ajudá-los a expressar suas necessidades na forma de questões pesquisáveis. Para tratar de muitas das questões complexas enfrentadas por formuladores e profissionais, os dados quantitativos e qualitativos podem ter de ser integrados para fornecer informações sobe o que fazer e como fazê-lo. As evidências existentes devem ser resumidas claramente e apresentadas de forma acessível, e se devem adotar abordagens flexíveis para tratar de inadequações de momento entre decisões tomadas em termos de políticas e os resultados de pesquisa disponibilizados.

Chapman (2002) afirma que precisamos de intervenções que introduzam processo de aprendizagem e apoio, em lugar de especificar metas. A atual iniciativa sobre comunidades aprendizes em rede (National College of School Leadership, 2002) proporciona um meio de envolver os profissionais fundamentado em escutar e co-pesquisar em lugar de dizer e dirigir. O diálogo entre formuladores de políticas, profissionais e pesquisadores deve estar embutido no processo de pesquisa desde o início, para garantir que as hipóteses da pesquisa, o desenho, a coleta de dados, a interpretação e a disseminação sejam todos influenciados por múltiplas perspectivas. Iniciativas como o National Teacher Research Panel estão ajudando. Muitos projetos de pesquisa têm agora professores em tempo parcial em suas equipes, mas poucos são capazes de envolver também os formuladores, de forma que é necessário encontrar outros meios de estabelecer diálogo permanente.

Por mais que os procedimentos e processos sejam alterados para aumentar a capacidade de formuladores de políticas e profissionais de utilizar a pesquisa, a sustentabilidade de longo prazo de seu uso só se produzirá se estiver embutida em suas crenças e seus valores: "o impacto da pesquisa nas escolas e na formulação de políticas depende em muito da valorização da pesquisa por parte dos educadores e de sua capacidade de aplicá-la e criticá-la" (DETYA, 2001, sumário, p.8).

Assim como em outras áreas de educação, o valor da pesquisa será aumentado por meio de experiências positivas. O que os pesquisadores, os políticos, os formuladores de políticas estão fazendo para garantir que essas experiências positivas aconteçam?

4

Síntese sistemática de pesquisa

David Gough

OBJETIVOS, USUÁRIOS E QUALIDADE DA PESQUISA PRIMÁRIA

Este capítulo apresenta uma defesa do uso da síntese sistemática de pesquisa. Como essa síntese tenta fazer uso produtivo da pesquisa primária, deve-se dar atenção inicialmente aos objetivos dessa pesquisa, para quem ela é produzida, de que forma pode ser acessada e como se pode avaliar se ela é confiável.

A pesquisa educacional é realizada por muitas razões distintas, desde avançar a compreensão filosófica e teórica da natureza da aprendizagem até a questão não menos fundamental de proporcionar emprego produtivo a funcionários acadêmicos das universidades. Entre esses extremos de necessidades idealizadas e pessoais está o uso prático das evidências de pesquisa para informar as políticas e a prática, o fornecimento de compreensões conceituais, teorias de previsão e evidências empíricas articuladas com diferentes estruturas conceituais para influenciar a tomada de decisões. A natureza dessa influência pode ser complexa. As evidências de pesquisa podem ser usadas de forma instrumental para sustentar decisões tomadas segundo outras agendas, em lugar de uma contribuição racional, mais direta ou desavisada à tomada de decisões (Gough e Elbourne, 2002). As evidências de pesquisa dependerão, é claro, de visões de mundo específicas que são parte de debates ideológicos mais amplos e disputas em muitas arenas, incluindo tanto o fornecimento de pesquisa quanto seu uso. Embora as pesquisas possam derivar de muitas bases conceituais e ideológicas diferentes, ter legitimidades diferenciadas com distintos produtores e usuários da pesquisa e ser usadas de muitas formas racionais e não-racionais, elas perdem muito de sua legitimidade pública se não se considerar que contribuem pelo menos parcialmente para o processo de tomada de decisões.

USOS DA PESQUISA

A pesquisa é realizada com diferentes propósitos, para diferentes tipos de usuários, inclusive formuladores de políticas, profissionais, usuários de serviços e outros membros da sociedade. Esses usuários têm uma série de papéis, responsabilidades, interesses e agendas e, mais importante, poder e recursos, sobrepostos, de forma que não surpreende que o papel e a importância das evidências de pesquisa varie entre e dentre grupos pequenos. Os que acreditam que as evidências de pesquisa devam ter uma influência crescente e racional estão, na verdade, defendendo uma mudança no equilíbrio nos atuais poderes e processos de tomada de decisões e, assim, defendendo transformações de caráter político. Atualmente, pouco se sabe sobre os detalhes de como as evidências de pesquisa são usadas, de modo que isso é, em si, uma importante prioridade de pesquisa (Newman et al., 2001; Nutley et al., 2003).

A importância da pesquisa para a formulação de políticas tem se tornado cada vez mais manifesta, sendo o conhecimento visto como algo que atribui um perfil mais elevado no governo. Na Grã-Bretanha, o relatório de 1999 sobre modernização do governo (Cabinet Office, 1999) atribuiu um papel central ao Cabinet Office para pesquisa em ciências sociais, e a Treasury Spending Review de 2002 exigiu evidências da eficácia dos programas financiados. Membros importantes do governo declararam publicamente a importância da pesquisa em ciências sociais para as políticas (por exemplo, Blunkett, 2000), embora políticos e outros formuladores de políticas ainda possam não estar dispostos a aceitar as evidências de pesquisa quando elas entram em conflito com visões políticas muito arraigadas. Os formuladores de políticas têm muitas outras questões a levar em consideração além das evidências de pesquisa, e são relativamente poderosos para decidir o papel que a pesquisa irá cumprir e qual pesquisa será financiada. Um exemplo é o orçamento de pesquisa de 14 milhões de libras para avaliar a eficácia da iniciativa Sure Start, um programa para dar apoio a famílias de crianças pequenas em áreas desfavorecidas socioeconomicamente na Inglaterra. Funcionários do governo deixaram claro que apenas desenhos de pesquisa não-experimentais seriam financiados. Os desenhos experimentais podem ser eficazes para avaliar o impacto de novos programas, mas eram politicamente inaceitáveis, como se o auxílio a famílias necessitadas dependesse de um cara-ou-coroa. Na pesquisa em saúde, há preocupações semelhantes com relação a privar de novas intervenções aqueles quem têm necessidades de saúde, mas o argumento científico e o equilíbrio de poder entre pesquisa e políticas são apresentados de formas distintas. Novas terapias medicamentosas, por exemplo, devem ser avaliadas com o uso de testes controlados randomizados.

Outra questão para as políticas é até onde a pesquisa consegue dar respostas relevantes e oportunas a um ambiente de políticas em rápida mudança. Isso é, em parte, um problema relativo ao tempo necessário para encomendar e completar pesquisas, mas também pode ser uma questão de enquadramento de questões de pesquisa por acadêmicos, em lugar de formuladores de políticas, e a comunicação dos resultados de atividades e evidências de pesquisa anteriores a estes. Estes últimos problemas poderiam ser reduzidos por meio de um maior envolvimento dos formuladores de políticas no processo de pesquisa, mais esforço para prever questões que venham a surgir em termos de políticas e métodos melhores para sintetizar e comunicar atividades e conclusões de pesquisas anteriores. Quanto mais essa pesquisa social puder ser considerada relevante para as políticas, mais poder ela terá, em comparação com outras influências na tomada de decisões sobre políticas.

Outro grupo central de usuários potenciais de pesquisa é o dos profissionais. Hargreaves (1996) afirma que os professores fazem uso insuficiente do conhecimento de pesquisa declarativo, tal como evidências de pesquisa comparadas com o conhecimento prático de saber como ser professor, aprendendo a partir de outros e da experiência individual. Ele afirma que outras profissões, como a medicina, têm mais equilíbrio entre conhecimento declarativo e prático. As idéias sutis dos profissionais podem ser perdidas na pesquisa, e eles estão envolvidos em uma quantidade enorme de atividade inovadora que pode desenvolver pensamento profissional (Foray e Hargreaves, 2002). Onde a codificação é possível, esse conhecimento tácito pode ser mais facilmente compartilhado, e sua possibilidade de generalização, mais facilmente avaliada por meio de pesquisa. Por mais sutis e inovadoras que possam ser, a sensibilidade humana e as habilidades profissionais também são falíveis (assim como a própria pesquisa, é claro). Os profissionais, individualmente, podem ser levados, por equivoco, a crer que uma determinada forma de educação fornecida é responsável por alguns sucessos educacionais, ao passo que os fracassos são percebidos como resultados de falhas nos receptores dos serviços. Esse tipo de percepção equivocada tem sido encontrada com muita freqüência na saúde, na qual, por exemplo, os clínicos pensaram durante anos que a albumina era o melhor tratamento para crianças que sofriam de choque resultante de grandes áreas queimadas, embora agora se saiba que o tratamento aumenta o risco de morte, se comparado com outros (Bunn et al., 2000). Da mesma forma, muitos pais aceitaram os conselhos do Dr. Benjamin Spock, segundo o qual os bebês deveriam dormir de bruços, mas a mudança de orientação, para que eles dormissem de costas, diminuiu quase à metade a incidência da síndrome de morte súbita do lactente na Inglaterra e no País de Gales em dois anos (Chalmers, 2001). Também há exemplos, de intervenções semelhantes, bem intencionadas, mas problemáticas, nas vidas das pessoas, em educação e na justiça criminal, tais como a moda contra o ensino de fonética nas décadas de 1970 e 1980 (Chalmers, 2003; National Institute of Child Health and Human Development, 2000) e a idéia de que assustar as crianças mostrando-lhes prisões como conseqüência do crime reduziria as taxas de delinqüência (Petrosino et al., 2003).

Os usuários de pesquisa também incluem usuários reais e potenciais de serviços, como alunos de escolas e seus pais. Na medida que aumentou nosso entendimento das perspectivas dos usuários na escolha e organização dos serviços, o mesmo aconteceu com a importância da pesquisa para informar a tomada de decisões dos usuários dos serviços e os efeitos das tomadas de decisões dos profissionais e formuladores de políticas. Essas questões são importantes em termos de direitos democráticos de escolha e participação, mas também têm um impacto na eficácia dos serviços. A pesquisa experimental muitas vezes examina serviços em cenários ideais, criados para a pesquisa, mas a implementação no campo depende da aceitabilidade do usuário, de forma que as perspectivas dos usuários, bem como as pesquisas definidas por eles, precisam ser examinadas ao se revisarem as evidências de pesquisa sobre eficácia (ver, por exemplo, Harden et al., 2003). Da mesma forma, membros da sociedade em geral precisam ter uma compreensão da pesquisa para participar adequadamente de discussões públicas em uma sociedade de tomada de decisões baseada em conhecimento e informada por evidências. A pesquisa se torna, assim, uma questão de responsabilidade pública em relação às decisões tomadas pelos formuladores de políticas e profissionais em nome dos cidadãos. Smith afirma que:

> Como cidadãos comuns, diariamente nos deparamos, através da mídia, com polêmicas e debates acerca de um amplo espectro de questões de políticas públicas. No entanto, geralmente, não temos acesso a qualquer forma de "base de evidências" sistemática – e, assim, não temos como participar do debate de uma maneira madura e informada. (Smith, 1996, p.369-370)

Por fim, os próprios pesquisadores são usuários da pesquisa, utilizando conclusões para tratar de questões empíricas e teóricas, e planejar pesquisas futuras. Como responsáveis pela formulação, realização e disseminação de pesquisas, eles muitas vezes têm um papel central no planejamento da pesquisa e no uso feito de suas conclusões.

CRITICAS À PESQUISA EDUCACIONAL

Não obstante a visão em relação ao papel que as evidências de pesquisa podem cumprir, pode haver variações na eficiência com a qual essas evidências são produzidas e implementadas. Recentemente, uma série de críticas de pesquisa educacional, nos Estados Unidos e na Grã-Bretanha, tem afirmado que o campo contém muitos trabalhos inadequados em termos de qualidade de pesquisa, relevância prática, ou inacessíveis àqueles que poderiam aplicar tais evidências (Gage, 1972; Hargreaves, 1996; Hillage et al., 1998; McIntyre, 1997; Tooley e Darby, 1998; McIntyre e McIntyre, 1999; Lagemann, 2000; Feuer et al., 2002; Shavelson e Towne, 2002).

Algumas dessas críticas vêm do governo e levaram a novas políticas de pesquisa educacional. Nos Estados Unidos, o National Research Council da National Academies (Shavelson e Towne, 2002) afirma que toda a pesquisa educacional poderia ou deveria ser pelo menos parcialmente científica, caso em que os empreendimentos científicos requerem (Feuer et al., 2002):

- Investigação empírica.
- Ligação da pesquisa à teoria.
- Métodos que permitam direcionar a investigação das questões de pesquisa.
- Conclusões que são replicadas e generalizadas entre os estudos.
- Divulgação de dados e métodos para permitir verificação e crítica.

O relatório do National Research Council declara que o governo federal não busca pesquisa científica para decisões sobre políticas e práticas, e a nova lei conhecida como *No Child Left Behind Act*, de 2001, requer que quem recebe financiamentos federais os use em estratégias baseadas em evidências (Feuer et al., 2002), mas a atual pesquisa educacional é considerada carente em termos de qualidade.

Na Inglaterra, um relatório encomendado pelo governo sobre o estado das evidências de pesquisa educacional concluiu que é necessária maior coordenação ao se estabelecerem agendas de prioridades de pesquisa e na síntese e na disseminação dos produtos da mesma (Hillage et al., 1998). As recomendações levaram à criação do National Forum for Educational Research (www.nerf.org) e do centro para políticas e práticas informadas por evidências no EPPI-Centre (http://eppi.ioe.ac.uk). Conclusões semelhantes foram alcançadas por uma revisão de pesquisa educacional encomendada pelo Teaching and Learning Research Programme (TLRP) do Economic and Social Research Concil (ESRC). O relatório afirmou que a complexidade das questões de pesquisa, políticas e práticas em educação dificultou a produção de uma agenda de prioridades de pesquisa que tivesse limites definidos, mas havia uma necessidade de melhorar a comparação e a disseminação das pesquisas quantitativas e qualitativas (McIntyre e McIntyre, 1999).

As críticas da pesquisa educacional nos Estados Unidos e na Grã-Bretanha defendiam a importância de todas as formas de pesquisa adequadas a responder diferentes tipos de perguntas. Muitas das críticas se concentravam nas inadequações da pesquisa qualitativa (Tooley e Darby, 1998), ou defendiam um maior uso de métodos experimentais aleatórios em educação e nas ciências sociais em termos mais gerais (Gage, 1972; Oakley, 1998, 2001; Fitzgibbon, 1999). A promoção de visões específicas sobre ciência, o envolvimento do governo nesses acontecimentos e a natureza de algumas das estratégias iniciadas para avançar a pesquisa em educação levaram algumas pessoas a se contrapor aos pressupostos políticos e às agendas que acreditam estar implícitas nessas mudanças (Erikson e Gutierrez, 2002; Hammersley, neste livro).

AVALIANDO AS EVIDÊNCIAS DA PESQUISA EDUCACIONAL

Antes de desenvolver qualquer política, prática ou pesquisa nova, é sensato examinar o que outras pessoas já descobriram sobre o assunto. A pesquisa, sejam quais forem suas limitações, é uma forma de atividade que pode ter descoberto essas evidências anteriores.

Um método tradicional para assegurar-se do que já se conhece em um campo de pesquisa é fazer uma revisão de literatura. Essa é uma tarefa acadêmica comum, realizada por estudantes, em relatórios e dissertações, e por acadêmicos já treinados, em publicações acadêmicas e públicas. Considerando-se a grande quantidade de pesquisas e publicações produzidas a cada ano, uma revisão de literatura pode ser um empreendimento difícil, mas, até recentemente, a formação acadêmica dava pouca orientação sobre como fazer essas revisões. Simplesmente partia-se do pressuposto de que as pessoas sabiam, e talvez os alunos ficassem constrangidos de perguntar mais. Na prática, isso provavelmente significava que os estudantes catavam o que podiam de listas de consulta e davam uma olhada nas bibliotecas das universidades. Os profissionais da academia tinham experiência e habilidade em uma área de pesquisa e poderiam utilizar isso como ponto de partida para reunir a literatura sobre um tópico.

Essas abordagens informais e implícitas à revisão têm sido criticadas por não terem um método explícito para realizar e, portanto, interpretar a revisão (Jackson, 1980). Como comentaram Glass, McGraw e Smith (1981), é curiosamente inconsistente que as revisões de literatura muitas vezes não tenham procedimentos científicos explícitos. Sem esses procedimentos, é impossível saber o que foi revisado e de que forma. Mesmo mudanças pequenas no tópico de uma revisão podem ter grandes implicações para a estratégia usada para buscar estudos e critérios para incluí-los. Por exemplo, uma comparação de seis revisões de literatura sobre pessoas de mais idade e acidentes de carro (que tinham metodologias de revisão explícitas) concluiu que 137 estudos foram revisados no total, mas apenas 33 deles eram comuns a pelo menos duas das seis revisões, e apenas dois estudos foram incluídos em todas as seis (Oliver et al., 1999). Se as revisões que aparentemente tratam do mesmo tópico têm diferentes focos e assim examinam estudos diferentes, então não seria de surpreender se elas chegassem a conclusões diferentes. O essencial é explicitar o foco da revisão e os critérios associados para inclusão de estudos.

A opinião de especialistas é outro método comum para certificar-se do que se conhece em um campo de pesquisa, com vistas a informar os formuladores de políticas, os profissionais e o público. É também o principal método usado pelos tribunais na forma de testemunhas especializadas. As avaliações feitas por parte de especialistas podem ter muitas qualidades úteis em termos de conhecimento das evidências acadêmicas, avaliação de qualidade de seu valor relativo, conhecimento acerca do conhecimento profissional tácito, incluindo aspectos contextuais de qualquer evidência. O problema com os especialistas, assim como com revisões de literatura tradicionais, é que, sem detalhes explícitos sobre quais dessas tantas qualidades positivas são aplicáveis, se é que o são, que evidências foram consideradas e como foram acessadas e sintetizadas para se chegar a uma conclusão, não é possível avaliar a qualidade dessas conclusões. O principal método de avaliação é a reputação da pessoa que fornece a revisão ou a opinião especializada. Uma conseqüência para a formulação de políticas é que os especialistas podem ser escolhidos em razão da aceitabilidade de suas visões. Além disso, os formuladores de políticas podem se decepcionar com as evidências acadêmicas quando diferentes especialistas fornecem opiniões tão distintas. O efeito pode ser o de reduzir, em lugar de aumentar, o poder das evidências de pesquisa dentro de um modelo racional de contribuição para o processo de formulação de políticas.

Outra conseqüência de sínteses de evidência acadêmica derivadas de forma não-explícita é que as conclusões dessas revisões podem estar erradas. No exemplo mencionado anteriormente, do tratamento com albumina para as crianças com choque por queimaduras em grandes áreas, havia razões teóricas pelas quais a albumina pode ser um tratamento eficaz e mais alguns estudos experimentais que mostravam resultados positivos dos tratamentos. Foi apenas quando se fizeram uma busca e uma síntese mais minuciosas de estudos publicados e não-publicados que se entendeu que ela causava mais mortes do que os tratamentos anteriores (Bunn et al., 2000). Problemas semelhantes podem ocorrer com o testemunho especializado. Em um caso recente na Inglaterra, uma advogada recebeu uma sentença de prisão perpétua pelo assassinato de seu filho em função de evidências de especialistas de que as chances de duas crianças na mesma família morrerem de morte súbita inexplicada eram de apenas uma em 70 milhões, mas agora se pensa que as chances são no máximo uma em 8 mil, provavelmente maiores (Watkins, 2000). A testemunha especialista tinha alta credibilidade no tribunal, como professor e clínico respeitado e famoso, mas o tribunal não teve como avaliar a base para suas conclusões incorretas. Essa síntese imprecisa tem conseqüências práticas sérias; a mulher passou três anos na prisão antes de ser liberada em função de um recurso. Pode-se afirmar que a educação tem aspectos menos dramáticos nas vidas das pessoas, mas que evidências temos para dizer quando estamos fazendo mais bem do que mal ou mais mal do que bem (Chalmers, 2003)?

Uma última questão é que a síntese não-explícita da evidência de pesquisa reduz a probabilidade de ser capaz de sistematicamente construir a partir do que já sabemos. Isso não resulta apenas em ineficiência de esforços e sustentabilidade, também pode aumentar as chances de erro.

A CONFIABILIDADE DA PESQUISA

O acesso ao que se conhece de evidências de pesquisa deve incluir alguma avaliação sobre a credibilidade e a relevância das evidências consideradas. Isso inclui os pressupostos teóricos e ideológicos implícitos nas questões de pesquisa tratadas, o foco de cada um dos estudos de pesquisa primária, a amostragem de pesquisa e o contexto em estudo, e o desenho de pesquisa usado para abordar as questões de pesquisa. Inclui também a qualidade em termos de como os objetivos e o desenho da pesquisa foram operacionalizados na prática.

Essas questões de pressupostos, foco, método e qualidade de execução da pesquisa são áreas altamente polêmicas. Por exemplo, alguns desenhos são mais capazes de tratar de certas questões de pesquisa, de forma que seus defensores podem ser vistos, corretamente ou não, como defensores de determinadas questões, tendo determinadas posições ideológicas e teóricas (Oakley, 2000). Mesmo dentro de determinadas tradições de pesquisa há diferenças sobre como os pesquisadores avaliam a qualidade da execução. Na pesquisa experimental randomizada, uma série de sistemas de verificação de critérios de qualidade tem sido desenvolvida (por exemplo, Valentine e Cooper, 2003; ver, também, o sistema da Campbell Collaboration descrito por Davies no Capítulo 2). Mesmo que a pesquisa tenha sido desenvolvida segundo os mais elevados padrões, sempre haverá limitações a partir do fato de que um estudo é apenas um estudo. A pesquisa baseada em amostragem supõe uma população hipotética da qual a amostra é tirada, de forma que esses estudos estão sujeitos a erros de amostragem; outros que repliquem o estudo com precisão provavelmente não obterão os mesmo resultados. Além disso, a pesquisa é relatada de forma agregada, o que muitas vezes oculta a variabilidade dos dados (Ridgeway et al., 2000). Os dados também costumam ocultar aspectos contextuais, que podem ser fator crucial a afetar os resultados e sua interpretação (Hammersley, Capítulo 10).

Na pesquisa qualitativa foram desenvolvidas poucas listas de itens a ser verificados, e elas contêm poucas categorias, mas que são muito semelhantes aos componentes básicos das listas quantitativas, muitos mais longas, incluindo critérios como (Oakley, 2000; Harden, 2002; Spencer et al., 2003):

- descrição explícita da estrutura teórica e/ou inclusão de revisão de literatura;
- metas e objetivos explicitados;
- descrição clara do contexto;
- descrição clara da amostra;
- descrição clara dos métodos de trabalho de campo, incluindo coleta de dados sistemática;
- análise de dados por mais de um pesquisador;
- dados originais suficientes para fazer uma mediação entre evidência e interpretação.

A confiabilidade da pesquisa também é afetada por questões de relatório. Nem todos os estudos de pesquisa são relatados, e os que têm conclusões positivas ou novas e interessantes têm mais chances de sê-lo, o que leva a vieses de percepção e relatório (Boston Medical and Surgical Journal, 1909; Hedges, 1984). Estudos que não encontram qualquer efeito estatístico podem ser considerados como menos informativos do que os que identificam tais efeitos, mas políticas de publicação e o interesse de usuários de pesquisa em favor dos estudos "positivos" têm o efeito negativo de atribuir viés ao campo de estudos como um todo. Um exemplo é o estudo mencionado anteriormente sobre a albumina, que concluiu que práticas clínicas que provavelmente levam à maior mortalidade estavam sendo informadas por alguns estudos não-representativos (Bunn et al., 2000). Também pode haver pressões comerciais em que os fornecedores de uma intervenção têm mais probabilidades de querer divulgar estudos que sustentem seu produto do que talvez um número maior de estudos que relatam nenhum efeito ou um efeito negativo.

Outra questão é que os estudos variam na maneira e no grau como relatam seus métodos e conclusões, de modo que podem ser mal-interpretados ou avaliados equivocadamente como de qualidade relativamente alta ou baixa, com base em informações incompletas. Isso pode incluir falta de dados contextuais, o que pode fazer com que algumas pessoas tenham uma postura cética em relação à validade das conclusões da pesquisa e, assim, de todo o processo de pesquisa.

ABORDAGENS À SÍNTESE SISTEMÁTICA

Da mesma forma que as conclusões da pesquisa primária dependem das metas e dos métodos de um estudo, as conclusões de qualquer pesquisa secundária dependem dos métodos de revisão. Em outras palavras, qualquer síntese de pesquisa feita por outros (pesquisa secundária) precisa ser tão explícita em seus métodos quanto a pesquisa primária. Essa abordagem é descrita como uma revisão ou síntese sistemática de pesquisa e tem sido aplicada mais amplamente a perguntas de pesquisa relacionadas à eficácia de intervenções, embora seja aplicável a praticamente todas as perguntas.

O conceito de revisão e síntese é essencialmente tão velho quanto a idéia de ciência, já que envolve o desenvolvimento de idéias e teorias anteriores a partir de novo trabalho empírico e conceitual. Apesar disso, muitos já comentaram a falta de consideração de pesquisas preciosas por parte de cientistas. Um exemplo é oferecido pela declaração de um professor de física de Cambridge de 1885, da James Lind Library:

> O trabalho que merece, mas receio que nem sempre receba, o maior crédito é aquele em que descoberta e explicação andam de mãos dadas, no qual não apenas há fatos novos apresentados, mas onde os antigos são apontados. (Rayleigh, 1885, p.20, apud Chalmers et al., 2002).

Os últimos 30 anos têm assistido a um reconhecimento crescente da necessidade de uma abordagem sistemática de revisão e síntese (Jackson, 1980; Cooper, 1982), e muito do trabalho até agora tem se preocupado com os métodos para redução de viés em métodos de síntese e métodos de metanálise estatística de pesquisas experimentais para avaliar o efeito de intervenções (Chalmers et al., 2002). Isso é bem-ilustrado pelo trabalho da Cochrane Collaboration, que faz revisões sistemáticas da eficácia das intervenções de saúde. A instituição tem grupos de revisão internacionais que usam métodos explícitos rigorosos para revisão e análise estatística com vistas a combinar magnitude de efeito de estudos individuais a fim de criar uma magnitude de efeito combinada. O impacto dessa abordagem na promoção do uso racional de evidências de pesquisa em saúde é ilustrado pelo estabelecimento do National Institute of Clinical Excellence, pelo governo britânico, para encomendar revisões sistemáticas e avaliar os efeitos econômicos, clínicos e sociais de se recomendarem diferentes intervenções de saúde. Essa abordagem começa a ter uma influência em outras áreas, como demonstrado pela publicação deste volume de artigos, por financiamento governamental a um centro para educação informada por evidências no EPPI-Centre, pelo financiamento, por parte do ESRC, de um centro e uma rede de evidências e pelo estabelecimento da Campbell Collaboration para realizar trabalho semelhante ao da Cochrane Collaboration, mas fazendo revisões sistemáticas de intervenções sociais (ver Capítulo 2, de Davies).

O trabalho de metanálise estatística da Cochrane Collaboration e da Campbell Collaboration está tratando basicamente de questões da eficácia das intervenções; em outras palavras, "do que funciona". Em muitos casos, pode não haver pesquisa em quantidade ou qualidade suficientes sobre um tópico para possibilitar uma metanálise sistemática, então são desenvolvidos métodos sistemáticos para avaliar dados narrativos. Como tais abordagens narrativas sistemáticas não se limitam a dados estatísticos, também não se limitam a perguntas de pesquisa que usam desenhos com dados qualitativos que podem ser metanalisados estatisticamente. Se há necessidade de metodologias sistemáticas explícitas para sintetizar dados de pesquisa para questões de eficácia, então há uma necessidade semelhante de métodos explícitos de síntese para todas as questões de pesquisa, embora possa haver diferenças no detalhe dos métodos de síntese utilizados (Gough e Elbourne, 2002).

Essa lógica também se aplica a questões de pesquisa que usam metodologias qualitativas. Em alguns casos, os dados de pesquisa qualitativa podem ser empíricos e combinados em síntese narrativa. Por exemplo, Harden e colaboradores (2003) compararam sínteses de dados experimentais sobre a eficácia de intervenções para jovens com dados sobre as visões dos jovens acerca de intervenções relevantes a suas necessidades.

Em outros casos, os dados são conceitos, sintetizados em conceitos de caráter mais abrangente. Exemplos disso são encontrados na metaetnografia, em que diferentes compreensões conceituais deduzidas por estudos individuais são reunidas em uma nova compreensão macroconceitual (Noblit e Hare, 1988; Britten et al., 2002; Campbell et al., 2002). A síntese conceitual também pode ser usada para examinar constructos teóricos dentro de um tópico de pesquisa (Paterson et al., 2001). Outros misturam abordagens conceituais e empíricas, utilizando métodos sistemáticos para testar se há evidências em diferentes domínios que sustentem teorias específicas por meio de princípios da avaliação realista (Pawson, 2002b). Embora a maior parte da pesquisa possa ser submetida à síntese sistemática, pode haver algumas questões ou abordagens à ciência e à pesquisa tão relativas que o conceito de síntese é intrinsecamente alheio e seu trabalho não pode ser facilmente submetido à mesma lógica ou processo de síntese.

ETAPAS DA REVISÃO

Com exceção da tradição altamente relativista e talvez da síntese realista, todas as abordagens à síntese sistemática de pesquisa têm algumas etapas básicas em comum, embora os dados usados em cada etapa e em seu tratamento possam diferir.

1 Pergunta da pesquisa

Assim como acontece com a pesquisa primária, é necessário ter uma questão de pesquisa. Se não houver um questionamento, fica difícil desenvolver um foco de método para a revisão ou desenvolver um processo para encontrar algum tipo de resposta clara. Além disso, se diferentes usuários de evidências de pesquisa estão envolvidos na definição de questões, esses grupos provavelmente terão um impacto maior no desenvolvimento de agendas de pesquisa primária e maior participação e compreensão da pesquisa.

2 Quadro conceitual

A pergunta de pesquisa deve conter algum tipo de pressuposto teórico ou ideológico que precise ser esclarecido. Se não, será difícil operacionalizá-la em um estudo significativo de revisão sistemática.

3 Protocolo de revisão

Mais uma vez, como acontece com a pesquisa primária, há uma necessidade de metodologia (ou protocolo) explícita para que a revisão possa ser desenvolvida. Em qualquer abordagem à síntese sistemática de pesquisa, provavelmente haverá processos sobre os quais há acordo geral, mas sempre haverá outros detalhes que precisam ser especificados. Para alguns, essa metodologia precisa ser completamente declarada antes de realizar a revisão sistemática, a fim de minimizar vieses da revisão com base em dados. Essa geralmente é a abordagem da metanálise estatística para questões de eficácia, embora, às vezes, possa-se observar um grau de processo iterativo. Para outros, é necessário um processo mais repetitivo. Por exemplo, em metaetnografia, como mencionado por Noblit e Hare (1988), a qualidade dos estudos de pesquisa primária se torna evidente durante o processo de revisão, ao passo que, para Britten, Campbell e colaboradores, a avaliação de qualidade é feita em uma seleção inicial de estudos que entrarão na revisão (Britten et al., 2002; Campbell et al., 2002).

4 Critérios para inclusão

Parte do protocolo deve especificar o que são considerados dados para a revisão – em outras palavras, os critérios para decidir quais estudos devem ser incluídos. Nas revisões de literatura tradicionais, esta informação costuma faltar, de forma que é difícil identificar parâmetros para a revisão e por que alguns estudos são incluídos e outros não.

5 Estratégia de busca

O protocolo também precisa especificar os detalhes da estratégia para buscar pesquisas que atendam aos critérios de inclusão. A estratégia precisa ser exaustiva dentro de limites específicos dos critérios de inclusão. Um risco é que os métodos de busca possam ter, eles mesmos, vieses ocultos. Por exemplo, os critérios de inclusão podem não especificar estudos em língua inglesa, mas comporiam grande parte dos estudos listados em muitos bancos de dados eletrônicos.

6 Extração de dados

É necessário algum método para extrair dados relevantes para síntese, como as conclusões do estudo. Além disso, certa forma de processo pode ser necessária para se fazerem julgamentos sobre qualidade ou relevância a fim de qualificar os resultados de um estudo. Em algumas revisões, isso não é necessário, dado que essas medidas estão nos critérios de inclusão, de forma que apenas estudos que atendam esses critérios de qualidade e relevância são incluídos.

7 Síntese

A síntese é o processo pelo qual os resultados são reunidos para responder à questão apresentada pela revisão. O método de síntese irá variar consideravelmente entre metanálise estatística, narrativa sistemática e síntese empírica e conceitual, mas sempre dependerá da estrutura conceitual da revisão. Em alguns casos, pode não haver estudos de boa qualidade que tratem da questão da revisão, de forma que ela nos terá informado sobre o que não se sabe, e não o que se sabe, e isso ainda é uma conclusão importante. Ela informa estratégias para pesquisas futuras com vistas a informar as políticas e as práticas. Em algumas áreas de pesquisa, pode haver muitos estudos com desenho e execução feitos por acadêmicos, mas poucos que tratem das questões relevantes a usuários específicos de pesquisa, como formuladores de políticas ou profissionais.

AMPLIAÇÃO DE QUESTÕES E DESENHOS

Uma questão que se coloca para a metanálise estatística é o quão restritos devem ser os critérios de inclusão para o desenho de pesquisa de estudos primários. Para quem realiza essas revisões, os testes controlados randomizados costumam ser considerados o desenho mais forte para estabelecer eficácia, mas alguns desenhos quase-experimentais ou estudos não-controlados também podem conter evidências úteis. Essa é, em parte, uma questão empírica que continua a ser um ponto central de estudo e debate, mas as primeiras metanálises estatísticas foram criticadas por Slavin por serem rígidas em relação ao desenho de pesquisa, mas não em relação à qualidade dos estudos controlados randomizados (Slavin, 1984, 1995). Slavin afirmou que pode haver evidências mais úteis disponíveis a partir de um desenho quase-experimental muito bem desenvolvido do que de um desenho experimental randômico. O mesmo pensamento ficou visível nos grupos de revisão patrocinados pelo EPPI-Centre em Londres. Esses 13 grupos realizaram, até hoje, revisões sobre questões de eficácia, mas se preocuparam em ter amplos critérios de inclusão em termos de desenho de pesquisa, de forma a não excluir estudos que possam conter informações úteis para a questão de pesquisa. Essa abordagem ampla levou o EPPI-Centre a desenvolver dois aspectos do processo de pesquisa: mapeamento e peso das evidências.

Mapeamento

O mapeamento é um processo que mapeia a atividade de pesquisa, envolvendo a codificação de cada estudo incluído em uma revisão a partir de uma série de palavras-chave. Cerca de 10 desses conjuntos de palavras-chave são genéricos a todas as revisões relacionadas à educação e descrevem aspectos básicos do desenho e do tópico de pesquisa, bem como a população do estudo. O restante são outras palavras-chave desenvolvidas especificamente para uma revisão individual e se concentra em áreas de interesse dessa revisão, por exemplo, informações contextuais, aspectos teóricos ou aspectos de políticas de cada estudo. Essas palavras-chave de mapeamento possibilitam que os estudos de pesquisa que tenham sido identificados (pelos critérios de inclusão e pela estratégia de busca) sejam mapeados com o uso de palavras-chave. Um exemplo é mostrado na Figura 4.1 da revisão Personal Development Plan (PDP) (Gough et al., 2003), ilustrando que houve muitos estudos descritivos e alguns estudos experimentais na Grã-Bretanha, ao passo que o oposto se aplica aos Estados Unidos.

Esse mapeamento de atividade de pesquisa gera um produto útil, em si, para descrever que pesquisa foi realizada em um campo (como definido pelos critérios de inclusão) e assim pode informar políticas para pesquisas futuras. Por exemplo, a Figura 4.1 mostra que houve muitos estudos descritivos do PDP no Reino Unido que fornecem uma descrição da natureza do mesmo PDP, sugerindo hipóteses pelas quais isso pode afetar a aprendizagem dos alunos. Entretanto, há poucos estudos experimentais para testar qualquer impacto que seja levantado como hipótese. Nos Estados Unidos, em comparação, há uma série de estudos experimentais de impacto, mas poucos que descrevam os contextos e os processos pelos quais esses impactos podem ter sido gerados. Os mapas sistemáticos também podem ser usados para descrever quaisquer outras características de estudos, como perspectivas teóricas, amostras ou contextos nos quais foram realizados.

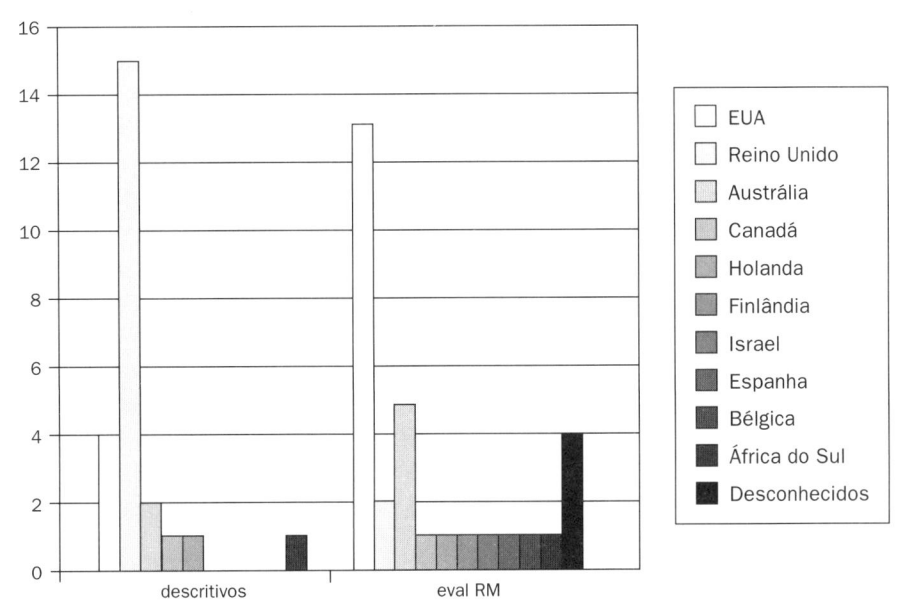

Figura 4.1 Tipo de estudo por país, a partir de mapa sistemático de pesquisa sobre planos de desenvolvimento pessoal (Gough et al., 2003).
(N = 53 estudos; codificações mutuamente excludentes)

Além de descrever o campo de pesquisa como produto em si, um mapa sistemático também pode oferecer a base para uma decisão informada sobre fazer ou não revisão e síntese em profundidade em todos os estudos ou apenas em um subconjunto. O mapa pode demonstrar se a população total de estudos é suficientemente homogênea para uma síntese coerente, se ajudará a responder à pergunta da revisão, bem como a considerações pragmáticas sobre os recursos disponíveis para completar a revisão. Se apenas um subconjunto de estudos for incluído na revisão em profundidade, será necessário aplicar outro conjunto de critérios de inclusão para definir esse subconjunto de estudos. Na revisão PDP, por exemplo, apenas 25 estudos que utilizam desenhos experimentais com dados brutos sobre resultados dos 157 estudos no mapa passaram por síntese, mas outras sínteses sobre diferentes subperguntas ainda podem ser realizadas em diferentes subgrupos de estudos no mapa.

Peso das evidências

O segundo passo para dar conta do uso de perguntas de revisão amplas e, portanto, estudos heterogêneos na revisão, foi desenvolver um processo para considerar o peso das evidências com que cada estudo contribui para responder à pergunta da revisão. Em perguntas de revisão especificadas de forma muito rígida, os critérios de inclusão limitam os desenhos de pesquisa e o tópico em que os estudos incluídos se concentram. Como indicou Slavin (1985, 1995), isso pode ter excluído dados úteis da revisão. Alguns critérios de exclusão também aplicam controles de qualidade rígidos, mas as revisões com perguntas amplas, possibilitando estudos heterogêneos com diferentes desenhos de pesquisa e fazendo controles apenas limitados sobre a qualidade, precisam lidar com a heterogeneidade resultante dos estudos em uma etapa posterior da revisão. Essas questões se aplicam não apenas a revisões que tratam da eficácia de intervenções, mas a todas as perguntas de revisão que buscam diferentes tipos de evidência para tratar de suas perguntas de revisão. A abordagem do EPPI-Centre em relação a isso é a de diferenciar claramente três aspectos das pesquisas primárias que precisam ser tratados para considerar até onde as conclusões de um estudo individual contribuem para responder à pergunta da revisão. São a qualidade da execução do desenho da pesquisa, a adequação desse desenho à pergunta da revisão e o foco da pesquisa primária. A seguir, elas podem informar o julgamento geral da contribuição para responder à pergunta da revisão.

A. *Qualidade de execução do estudo*. É a qualidade do estudo em termos de padrões aceitos para desenvolver uma pesquisa com esse desenho. Esse não é um julgamento sobre o desenho de pesquisa em si, e sim sobre como ele foi realizado na prática, de forma que um estudo de caso de boa qualidade, uma avaliação de resultados antes e depois e um teste controlado randomizado devem ter, todos, o mesmo resultado.

B. *Adequação do desenho de pesquisa para responder à pergunta da revisão*. Na visão de Slavin, um desenho controlado randomizado era o mais forte para tratar de questões de eficácia, mas, se as melhores evidências disponíveis eram de um desenho quase-experimental, ele deveria ser usado. Da mesma forma, os estudos qualitativos costumam ser melhores para tratar de questões de processo, mas alguns dados relevantes podem ser identificados a partir de um desenho quantitativo experimental. Dessa forma, a dimensão A, sobre qualidade de execução, é diferenciada da força do desenho para tratar de questões diferentes.

C. *Adequação do foco do estudo*. Os autores dos estudos primários podem não ter tido os objetivos da revisão sistemática em mente quando realizaram seu estudo, e não se deve pressupor que os focos dos estudos primários e secundários sejam os mesmos. Se uma ampla pergunta de pesquisa for usada com critérios de inclusão amplos, então os estudos heterogêneos podem ser incluídos na revisão, com o resultado de que os estudos provavelmente variem a ponto de que o foco específico do estudo primário seja adequado ao foco da pergunta da revisão. A dimensão C permite que os estudos sejam considerados relativamente centrais ou não à pergunta da revisão. Essa pode se basear em tópico, perspectiva teórica, amostra, contexto ou outras características do estudo. O que importa é que a base do julgamento seja explicitada.

D. *Peso geral das evidências*. Todas as três dimensões, A, B e C, podem então ser combinadas para fazer um julgamento geral D do peso das evidências que os resultados de um estudo têm ao responder à pergunta da revisão.

O sistema de peso das evidências é simplesmente um processo. O EPPI-Centre não estipula de que forma cada julgamento A a C deve ser feito, mas ajuda a identificar questões que possam ser levadas em conta para cada julgamento. O centro também não estipula a ênfase relativa que dá a cada dimensão A a C para fazer o julgamento D. Alguns grupos de revisão dão ênfases iguais a cada um deles, outros enfatizam o tópico C, enquanto outros enfatizam o rigor de pesquisa A, dado que, se a qualidade do estudo for baixa, então todas as outras questões não deverão ser consideradas. Com o tempo, pode-se desenvolver um consenso na pesquisa e nas comunidades de usuários, sobre como esses julgamentos devem ser feitos; um processo flexível que requer que a base dos julgamentos se torne explícita pode permitir que isso ocorra. A seguir, é necessário trabalho empírico para avaliar como esses julgamentos estão sendo feitos na prática e o impacto que têm nas conclusões das revisões.

DESAFIOS À SÍNTESE SISTEMÁTICA

Críticas à síntese sistemática

Uma série de críticas à síntese sistemática de pesquisa se devem a diferentes visões sobre a natureza da ciência, das evidências e do desenvolvimento científico. Algumas das críticas, contudo, podem ser devidas a simples mal-entendidos. Cinco questões desse tipo são listadas aqui (Gough e Elbourne, 2002).

Em primeiro lugar está a visão de que os métodos de síntese de pesquisa envolvem uma concepção ingênua sobre o desenvolvimento do conhecimento de pesquisa e seu uso (Hammersley, 2001). Essa crítica cria um espantalho, ao exagerar o argumento em favor da síntese sistemática. Não se está propondo que essa síntese substitua todas as formas de debate e progresso científico, e sim que as políticas, as práticas e as decisões de pesquisa devem ser realizadas com conhecimento de qual pesquisa foi desenvolvida e um entendimento de seus resultados. Essa abordagem pode ser considerada ingênua ao acreditar que o papel racional das evidências de pesquisa na tomada de decisões pode ser ampliado. Também pode ser ingênua por crer que o esforço de pesquisa possa fazer com que os pesquisadores se tornem mais bem informados sobre o trabalho de outros e, assim, façam uso mais eficiente do esforço coletivo. Isso não é um argumento para que todas as pesquisas se tornem a mesma coisa ou que a síntese deva ditar todas as agendas de pesquisa.

Outra área de ingenuidade potencial é o argumento proposto neste capítulo de que os usuários de pesquisa se envolvam mais na definição de agendas de questões de revisão sistemática e, assim, também na avaliação da relevância da pesquisa para responder a suas necessidades. Isso deveria permitir mais participação democrática na pesquisa e também aumentar o entendimento geral sobre ela para permitir mais participação. O envolvimento na síntese sistemática de pesquisa é um excelente método para desenvolver o entendimento acerca de como os diferentes tipos de pesquisa ajudam a tratar de distintas perguntas e, portanto, a entender a metodologia.

Uma segunda crítica é a de que a síntese de pesquisa é positivista nos tipos de pesquisa que sintetiza e também em seus próprios processos. Esta crítica depende de se ver o positivismo como um atributo negativo e da amplitude da definição do termo. A síntese sistemática pode incluir pesquisa qualitativa primária e usar métodos qualitativos no processo de revisão. É claro que o uso de critérios de qualidade e visões de viés pode ser diferente da síntese de pesquisa qualitativa, mas muitos dos princípios centrais são os mesmos. A única pesquisa não aberta a essa forma de síntese é aquela que é tão relativista que o conceito de síntese como um todo é insustentável.

Em terceiro, está a acusação de que a agenda da síntese de pesquisa é promovida e controlada pelo governo, o qual possui uma agenda de gestão de caráter tecnocrático, que irá controlar a pesquisa crítica e criativa. É bem possível que o governo não tenha essa agenda, mas o aumento da metodologia aberta de síntese e o afastamento de revisões tradicionais e opiniões especializadas sem qualquer consideração da fonte das conclusões deve tornar mais difícil para qualquer grupo de interesse, incluindo o governo, seqüestrar ou utilizar de forma equivocada a agenda de pesquisa para propósitos não-racionais. Além disso, há o efeito democratizante de um processo de revisão que envolve os usuários de pesquisa para ajudar a definir a agenda de síntese.

Uma quarta crítica, semelhante, é que a síntese de pesquisa controlará a prática profissional (Elliott, 2001, e o Capítulo 12 deste livro). Acredito que o envolvimento dos usuários de pesquisa, como o dos professores, no processo de revisão, venha a garantir que as questões que lhes são relevantes sejam tratadas como tem acontecido na enfermagem, em que os profissionais têm-se tornado capazes de ser mais ativos em sua própria aprendizagem e prática (Evans e Benefield, 2001).

Em quinto lugar, e talvez mais prejudicial, está a sugestão de que a síntese sistemática de pesquisa é tediosa e não pode competir com o entusiasmo da síntese interpretativa (Schwandt, 1998) ou com novas pesquisas primárias. Isso pode ajudar a explicar a situação identificada pelo professor Rayleigh em 1885 (Rayleigh, 1885, p.20, citada por Chalmers et al., 2002). Talvez seja simplesmente muito esforço e pouco gratificante revisar de forma sistemática qual pesquisa já foi feita.

Outros problemas e perigos

Um problema mais fundamental para a síntese sistemática de pesquisa é a síntese de sínteses. Cada síntese individual existe dentro de um quadro conceitual específico, e, por causa dos limites desse quadro e da estreiteza das revisões em profundidade individuais, há o risco de haver muitos pedacinhos de conhecimento não-conectados. Para que esses pedaços sejam colocados juntos e para que a síntese sistemática lide com sínteses de diferentes tipos de evidências de pesquisa, diferentes contextos de pesquisa, influências de curto e longo prazo, e com questões de pesquisa complexas, é necessária uma ênfase muito maior na construção de teoria. Essa não é tanto uma crítica da síntese sistemática, e sim mais um reconhecimento do perigo de que uma ênfase no processo possa levar a um descuido com o desenvolvimento de teoria. A falta de processo explícito em pesquisa secundária pode responder pela recente energia direcionada para o desenvolvimento desses sistemas, mas o problema subjacente de foco em método, e não em teoria, é também um problema para a pesquisa primária. A crítica vazia não é um risco apenas para a síntese de pesquisa.

Uma questão relacionada é a natureza inerentemente conservadora da síntese (Ridgeway et al., 2000). O professor Rayleigh chamou a atenção sobre a importância de olharmos para trás, não esquecendo de que devemos continuar olhando para frente (1885, p.20, citado por Chalmers et al., 2002), mas isso não é argumento para não continuarmos a olhar para frente. Novas pesquisas devem ser movidas em parte pelo que aconteceu antes, mas a construção de teoria e as novas visões criativas também são uma parte essencial deste programa.

Toda a pesquisa primária e secundária deve ser adequada aos propósitos, e precisamos nos proteger da má pesquisa e dos guardiões mal-informados do processo de pesquisa. Isso se aplica à síntese assim como a qualquer forma de pesquisa. A síntese de pesquisa não é o caminho para a salvação ou para todas as formas de desenvolvimento de conhecimento; é apenas uma ferramenta importante e anteriormente subutilizada para tornar a pesquisa mais relevante e útil aos seus muitos usuários. Sendo um método relativamente novo, está em suas etapas iniciais de desenvolvimento e não deve ser vista como um método fixo para o qual todos os problemas foram resolvidos.

Uma síntese de pesquisa sobre metodologia relativamente nova enfrenta de fato uma série de desafios. Há desafios conceituais levantados neste capítulo e por outros autores deste livro, relacionados à síntese de pesos de evidências oriundas de dados interpretativos, quantitativos e qualitativos, bem como à operacionalização do envolvimento do usuário no processo de pesquisa.

Também há desafios técnicos, estruturais e financeiros que surgem de uma falta de infra-estrutura para sustentar esse trabalho, uma falta de entendimento dos recursos necessários para esses tipos de revisão, de capacidade de pesquisa e de um entendimento mais amplo dos princípios da revisão sistemática e de financiamento para trabalho metodológico puro, em lugar de produção de revisões.

Por último, mas não menos importante, há desafios ideológicos e políticos. Há o medo de controle político central da pesquisa em lugar do potencial de democratização do processo. Há uma confusão entre metodologias experimentais e síntese sistemática de pesquisa relacionada à polarização entre paradigmas "quantitativos" e "qualitativos", o que é uma compreensão equivocada da metodologia e dos propósitos das revisões sistemáticas. Poucos dos aspectos da vida humana, infinitos e em constante transformação, foram estudados, de forma que não é surpreendente que a síntese de pesquisa não seja capaz de responder a todas essas questões desconhecidas, mas, se os que decidem definirem que o uso racional do conhecimento de pesquisa não vale a pena, voltaremos ao uso não-racional da pesquisa no processo de tomada de decisões sobre políticas e práticas. Os usuários dos serviços e outros membros da sociedade não terão alternativas a esses processos e agendas políticos. A síntese sistemática de pesquisa que dá aos usuários um papel direto da definição da agenda de pesquisa pode levar a menos controle por parte de políticos, profissionais e pesquisadores, e pode ter um impacto maior na capacidade da pesquisa de prestar contas e em outras formas de tomada de decisões.

PARTE II
Exemplos da prática baseada em evidências

5

Entre Cila e Caribde: a experiência de desenvolver uma revisão sistemática em educação

Richard Andrews

INTRODUÇÃO

Como coordenador do English Review Group para o projeto do EPPI, grande parte do meu papel é o de navegador do trabalho da equipe de pesquisa (capitaneado pelo grupo consultivo) entre a Cila da metodologia EPPI, informada, como é, pelos modelos das ciências sociais e médico de revisão sistemática, e o Caribde da pesquisa educacional (ver Nicoll, 2000). Nosso primeiro tópico para revisão, desenvolvido entre fevereiro de 2001 e janeiro de 2003, foi o impacto das tecnologias de informação e comunicação na alfabetização em inglês dos 5 aos 16 anos. O relatório do trabalho do primeiro ano, que resultou em um exercício de mapeamento do tópico como um todo e em uma revisão em profundidade do impacto das *TICs* em rede* sobre a alfabetização, está publicado pela Research Evidence in Education Library (www.eppi.ioe.ac.uk/reel) como Andrews e colaboradores (2002). Vários outros artigos que surgiram do projeto também foram publicados, alguns relacionados a conteúdo e alguns a processo (Andrews, 2002a; Andrews, 2002b; Andrews, no prelo; Elbourne et al., 2002; Oakley et al., 2002).

O English Review Group tem uma função consultiva é composta por membros de escolas fundamental e de nível médio, do serviço consultivo da Autoridade Educacional Local e da Open University, do Institute of Education e das universidades de York e Durham. Inclui também um pai-dirigente de uma escola fundamental e de nível médio e representantes do EPPI-Centre. A função deste grupo é comandar o grupo de revisão, ler e comentar esse relatório e ajudar a

---

* Tenologia de Informação e Comunicação.

disseminar suas conclusões. Para dar dois exemplos específicos de como o grupo consultivo contribuiu: foi útil na escolha do tópico a revisar sistematicamente nos dois primeiros anos de operação e forneceu sumários para usuários do primeiro relatório, escrito por e para formuladores de políticas, pais-dirigentes, professores e alunos de 5 a 16 anos. Este último escrito por alguém de 16 anos e extraído do *site* do Research Evidence in Education Library (REEL), dará uma imagem sucinta do que o grupo de revisão obteve no primeiro ano:

Relatório de um aluno do 2° ano do ensino médio

Os computadores nos ajudam a ler e escrever?

Durante a ano de 2001 e o início de 2002, um grupo de pesquisadores tem investigado o impacto das TICs sobre a alfabetização.

O que, exatamente, eles estão tentando investigar?

Este estudo é voltado a investigar como as TICs (Tecnologias de Comunicação e Informação, ou seja, o uso de computadores) podem nos ajudar a aprender... especialmente na alfabetização (ou seja, ler e escrever em inglês). O estudo se concentra em como as TICs podem ajudar os alunos que ainda estão nos níveis de ensino compulsório (entre 5 e 16).

Os pesquisadores estão fazendo a seguinte pergunta:

"Qual é o impacto das TICs em rede sobre a alfabetização em inglês, entre os 5 e os 16 anos?"

Ou, em outras palavras:

"Como o uso das TICs (especialmente Internet e correio eletrônico) em nossas aulas de inglês e línguas nos afeta?"

Por que eles precisam investigar isso?

Muitos alunos usam computadores para ajudá-los com o trabalho, e saber como as TICs podem nos ajudar será útil para todos os tipos de pessoas.

- ☑ Os *professores* serão estimulados a envolver mais TICs em seu ensino, o que tornará as aulas mais divertidas e interessantes. A partir deste estudo, os professores também podem aprender outras formas de usar TICs em suas aulas de inglês e línguas e avaliar seu uso atual de TICs.
- ☑ O *governo* (especialmente as pessoas que decidem o que aprendemos) considerará útil o uso de TICs, de forma que poderá avaliar e estimular mais pessoas a usá-las para auxiliar a educação.
- ☑ Os *pais* precisam conhecer os fatos sobre TICs, para que possam ajudar com a comunicação doméstica/escolar eletronicamente, em termos de deveres de casa para a educação em TICs.
- ☑ Mais importante: nós, como *alunos*, descobriremos mais maneiras de tornar nosso trabalho mais interessante usando TICs em nossas aulas de inglês.

Como pesquisam esse tópico?

Para pesquisar o uso de TICs em alfabetização e responder à pergunta da pesquisa, os pesquisadores...

- ☑ Escreveram um plano para mapear o que iriam fazer.

continua

continuação

☑ Fizeram buscas na Internet em livros, publicações acadêmicas e relatórios, para estudos que fossem relevantes ao tópico. Havia cerca de 200 deles.
☑ Examinaram mais de perto os estudos para encontrar os que eram especificamente relacionados a *TICs em rede na alfabetização* (foram encontrados 16).
☑ Fizeram uma lista de diferentes áreas temáticas dentro das TICs e alfabetização (por exemplo, processamento de texto, Internet, multimídia).
☑ Retiraram os dados (ou informações) necessários dos 16 estudos identificados.

Resultados

Foram encontrados muitos estudos sobre vários subtópicos, a maioria dos EUA, mas também alguns do Reino Unido, Canadá, Austrália e Nova Zelândia. Alguns se concentravam em escolas de nível fundamental, e outros, em escolas de nível médio. Alguns consideravam a alfabetização como ler e escrever em inglês, e outros, uma questão de comunicação social na aprendizagem (ou seja, comunicar-se com outras pessoas enquanto aprende). Alguns se concentravam na escrita, e outros, na leitura.

No geral, os resultados não foram conclusivos (ou seja, a pesquisa não proporcionou uma resposta definitiva à pergunta). Encontraram-se informações sobre TICs em atividades extraclasse, processamento de texto, no ensino de fala e escuta e também na ajuda à educação relacionada a necessidades especiais.

O resultados sugerem que o uso de TICs ajuda a "ampliar os conceitos de alfabetização", levando-a a ser mais do que ler e escrever. Também sugerem que o uso das TICs ajuda a aumentar a segurança dos alunos, torna o aprendizado de inglês e línguas mais agradável e ajuda a educação a se manter atualizada com relação às modernas tecnologias no mundo. Concluindo, o uso de TICs em rede na alfabetização afeta os alunos entre 5 e 16 anos de muitas formas positivas, mas é necessário fazer mais e melhores pesquisas para responder à pergunta completamente.

Durante o próximo ano, o English Review Group vai examinar os efeitos de outros aspectos das TICs (como uso de CD-ROM e leitura em monitor) em alunos de 5 a 16 anos.

O grupo de revisão é um grupo menor, que consiste de seis pesquisadores do grupo consultivo que fazem a revisão propriamente dita.

DESAFIOS

Quais têm sido as dificuldades, os problemas e os desafios da primeira fase da revisão sistemática na educação? Em primeiro lugar, tomemos o problema da navegação. Cila "foi descrita, algumas vezes, como sendo originalmente humana, mas foi transformada em um monstro por uma rival no amor" e é representada por uma figura de "seis cabeças, cada uma com uma fileira tripla de dentes, e doze pés". O EPPI-Centre reconheceu que a metodologia original estava alinhada muito intimamente à pesquisa em um paradigma científico. Na pesquisa baseada em testes ou na "avaliação de resultados," por exemplo, há evidências hierárquicas proporcionadas por testes controlados randomizados, desenhos pré e pós-teste, em ordem descendente. Essa hierarquia, contudo, não se aplica a todas as evidências reunidas na pesquisa em educação e certamente não àquelas reunidas no paradigma de pesquisa humanista (em grande parte baseado em resultados qualitativos).

Portanto, uma decisão importante em termos de navegação foi a de tomar um rumo que permitisse que ambos os paradigmas estivessem em atuação e possibilitassem que evidências de diferentes tipos fossem consideradas. A metodologia EPPI inicial tendia a considerar que a pesquisa baseada em testes oferece resultados tangíveis, e outras, uma visão do processo de pesquisa ("avaliações de processo"). Relegar esses estudos à categoria de "processo" os coloca em uma posição secundária, jogando luz nos resultados tangíveis dos estudos primários, mas não contribuindo muito para a metanálise – a síntese estatística dos resultados quantitativos – nem para a síntese geral (dados quantitativos e qualitativos) na revisão de pesquisa.

Alguém poderia dizer que a metodologia original derrotou seu próprio objeto, pois levou os pesquisadores a favorecer relatórios de pesquisa com resultados tangíveis, fazendo assim com que a revisão sistemática tivesse um viés em relação a uma visão abrangente da literatura de pesquisa sobre um determinado tópico. Houve ampla categorização e codificação de avaliações de resultado, bem como reconhecimento e aparato insuficientes para categorização e codificação de outros tipos de estudos.

Esse tipo de abordagem poderia ter sido justificada se a principal pergunta de pesquisa que move a revisão tivesse interrogado o *efeito* das TICs na alfabetização, em lugar de se concentrar no *impacto* de *x* em *y*. A consideração desses termos é fundamental para a continuação da discussão. Se um estudo de pesquisa estiver voltado a avaliar o efeito, provavelmente adotará um desenho de teste controlado randomizado. É difícil, com o paradigma científico implicado no termo *efeito*, considerar de que outra forma poderia ser medido. O paradigma científico também pressupõe que será feita uma *intervenção* em um estado de coisas para medir seu efeito. Desde o princípio, o English Review Group queria ampliar o campo e não se deter apenas nos efeitos da TICs sobre alfabetização. *Impacto*, por outro lado, é um termo muito mais escorregadio. O governo está interessado atualmente em avaliar o impacto de sua intervenção após um período nas décadas de 1980 e 1990, no qual a avaliação foi de curto prazo, vacilante e, muitas vezes, complacente. Ele tende a usar *impacto* (cf. o estudo ImpaCT2 do BECTa) em lugar de *efeito*. O English Review Group também escolheu "impacto como o motor do barco que navega o Estreito de Messina. O termo *impacto* nos possibilitaria incluir *efeito*, mas também levar em conta os estudos que tentaram avaliar aspectos menos tangíveis da interface TICs/alfabetização: realinhamento estratégico, mudanças terminológicas, alterações nas orientações pedagógicas e de aprendizagem. Esses podem ser chamadas de resultados imediatos, embora nossa meta seja avaliar o impacto das TICs sobre o aprendiz individual. Os termos são discutidos em mais detalhes em Andrews *e* colaboradores (2002).

Usar impacto como um termo fundamental levanta outras questões. Ele não é sinônimo de efeito, embora alguns tenham desejado vê-lo como tal. Parte do desafio tem sido manter o olho fixo firmemente na pergunta de pesquisa e não ser desviado para canais que sugeririam uma abordagem estreita demais do problema, ou para os mares mais abertos da tentativa de avaliar *influência*. A adoção do termo *impacto* nos forçou considerar a melhor forma de sintetizar dados quantitativos e qualitativos (uma síntese narrativa é a melhor que obtivemos até o momento, embora a teoria bayesiana seja uma possibilidade futura). Ela também nos permitiu acessar uma gama mais ampla de tipos de estudos e incluir a maior parte da pesquisa em educação no campo da pergunta da pesquisa.

Curiosamente, um dos livros revelados por meio de busca eletrônica de relatórios de pesquisa relevantes foi *Writing technology: studies on the materiality of literacy*, de Haas (1996). O autor sugere que, em vez de o relacionamento entre TICs e alfabetização ser de efeito de um sobre outro, essa relação pode ser mais bem caracterizada como *simbiótica*. Essa perspectiva tem implicações para desenhos de pesquisa, dado que a maioria dos estudos que descobrimos até agora pressupõe uma conexão causal unidirecional (as TICs influenciam ou têm um impacto sobre a alfabetização, ou a afetam). As implicações incluem escolher um paradigma de pesquisa adequado para outras investigações da relação, produzir métodos para investigar relações simbióticas e entender de que forma relações causais unidirecionais podem contribuir para um quadro simbiótico. Para colocar o problema de outra maneira: as escolas têm comprado *hardware*, *software* e se conectado de várias maneiras à internet, e não esperam pelos resultados de avaliações ou pesquisas para fazê-lo. O salto para uma sala de aula com apoio tecnológico é uma mistura de fé, realidades econômicas e força maior, e não um programa refletido de desenvolvimento de currículo. A alfabetização está mudando como conseqüência disso; não é tanto uma questão de como as novas tecnologias influenciam as noções pré-TICs de alfabetização impressa monolítica, mas de como novas alfabetizações sociais e tecnológicas se desenvolvem em relação aos avanços em TICs.

Uma última questão em relação à navegação através dos estreitos: deparamo-nos, na busca de resposta a nossa pergunta de pesquisa, com um Caribde de pesquisas existentes sobre TICs e educação para alfabetização na literatura de pesquisa em educação. (Não quero forçar muito a analogia – o redemoinho Caribde sugava para dentro da água do mar e cuspia para fora três vezes ao dia.) Nossas buscas eletrônicas e manuais em publicações acadêmicas, capítulos, livros e teses que pudessem ser relevantes sugeriram 1.871 títulos publicados entre 1990 e o outono de 2001. Entre esses, 178 foram considerados relevantes para o estudo de mapeamento, e, quando chegamos na revisão em profundidade do impacto de *TICs em rede* na alfabetização de alunos de 5 a 16 anos, 16 deles foram destilados da água do mar. Os critérios de exclusão e inclusão foram aplicados rigidamente; os resultados em cada etapa, moderados, e observou-se uma alta incidência de acordo por meio do processo de destilação. Mas o que dizer desses 16 estudos?

Poucos dos 16 estudos na revisão em profundidade oferecem uma base firme para que se aceitem suas conclusões e, portanto, podem ter pouca influência sobre a resposta à principal pergunta de pesquisa para a revisão em profundidade. Do restante, dois oferecem visões teóricas e práticas de concepções mais ampliadoras de alfabetizações; cinco sugerem uma maior motivação e/ou segurança em alunos como resultados do uso da TICs com relação ao desenvolvimento de alfabetização, e um vê capacitação e apropriação como fatores importantes a se ter em mente em um mundo digital cada vez mais diversificado. Os testes controlados randomizados na destilação de 16 estudos foram, como um todo, mal-conduzidos. As "avaliações de processo" sugeriam relacionamentos em lugar de ser mais definitivas em seus resultados, levando a "descobertas" em lugar de "resultados".

Nossas conclusões provisórias não são de que há problema com a pesquisa em educação em geral, mas na área específica do mar que estamos explorando. Não havia muita pesquisa de que pudéssemos depender ou que nos proporcionasse uma base válida ou confiável a partir da qual responder nossa pergunta de forma substancial. Isso não quer dizer que na revisão mais ampla – o impacto das TICs na educação – não venhamos a encontrar respostas satisfatórias. Na época da redação deste (outubro de 2002), elas não existem, até onde sabemos, mas em setembro de 2003, teremos completado uma revisão atualizada de uma série de outras subquestões e estaremos mais bem situados para oferecer uma resposta. As subquestões que estamos explorando incluem os seguintes aspectos do impacto das TICs sobre a alfabetização: inglês como língua adicional, literatura, pedagogias dos professores de inglês, testes controlados randomizados sobre o efeito das TICs na alfabetização, dislexia e imagem em movimento. Combinado com nossa revisão em profundidade existente sobre TICs em rede (*e-mail*, internet), e com o relatório ImpaCT2 sobre o impacto das TICs acerca das principais disciplinas em etapas conhecidas como 1ª a 2ª e 3ª a 6ª séries, respectivamente, no currículo nacional inglês, deveríamos estar em uma posição melhor para dizer algo substancial bem como metodológico.

Para resumir até aqui: os desafios não estiveram na identificação e na seleção da pletora de estudos na área de TICs e alfabetização. Há muita coisa para detectar, embora se deva dizer que alguns resumos (o principal meio para identificar esses estudos) são melhores do que outros. Eles não foram semelhantes no acordo que encontraram entre os revisores, nem em obter consenso entre o organismo consultivo em relação à direção de nossa pesquisa. Em lugar disso, os desafios tem estado em adaptar abordagens baseadas em palavras-chave para torná-las usáveis e sensíveis ao campo, na "extração de dados" e na tentativa de sintetizar os resultados.

COMO O DESAFIO ESTÁ SENDO SUPERADO

Durante todo o processo, o EPPI-Centre e a primeira onda de grupos de revisão têm aceito que as primeiras revisões têm natureza de estudos-piloto. Muito se aprendeu sobre os processos de revisão sistemática. Os dois "lados" da discussão polêmica estão se aproximando (e aqui deixo de lado minha analogia com Cila e Caribde por um tempo, passando a águas mais calmas).

Em primeiro lugar, o documento com as palavras-chave foi revisado genericamente no EPPI-Centre para levar em conta os tipos de estudos na pesquisa educacional. Na primeira versão havia uma hierarquia sugerida: as avaliações de resultados aparentemente receberam precedência em relação às avaliações de processo, e, dentro da categoria de avaliações de resultado, os testes controlados randomizados ocupavam a posição de padrão-ouro para a hierarquia de evidência já na segunda versão há um conjunto muito diferente de categorias dentro das quais se identificar o tipo de estudo. Nesta (EPPI-Centre Core Keywording Strategy version 0.9.5), as categorias são:
Descrição
Exploração de resultados
Avaliação: de ocorrência natural ou manipulada por pesquisadores
Desenvolvimento de metodologia
Revisão: sistemática ou outra

Essa é uma mudança significativa, porque sugere que as evidências podem não ser necessariamente resultado de coleta científica de dados dentro de um paradigma causal. Poderia resultar de um estudo de caso qualitativo que sugere e/ou critica relações entre variáveis.

Em um nível de revisão específico, o grupo de revisão em inglês reduziu suas palavras-chave de um conjunto eclético, resultado de um *brainstorm*, para um conjunto refinado que é mais maleável e útil (ver as Figuras 5.1 e 5.2). Os termos fundamentais estão explicados em um glossário para melhorar a clareza e a concordância entre os revisores.

Da mesma forma, a ferramenta de extração de dados foi revisada e simplificada radicalmente para dar o devido peso aos dados qualitativos. Os leitores são encaminhados à ultima versão da ferramenta (ver www.eppi.ioe.ac.uk) e a Oakley (2000), Mays e Pope (2000), Nastasi e Schensul (2001) e Harden (2002) para discussões recentes sobre a avaliação de uso de dados qualitativos em revisões sistemáticas de pesquisa.

11. Foco do relatório (marque **todos** os que se aplicam)

Alfabetização	Aprendizagem	TICs
Gênero	Avaliação	Instrução assistida por
Alfabetizações	Dislexia hipertexto	computador/Aprendizagem
Literatura	Dificuldades de aprendizagem	assistida por computador
Multimodalidade	Deficiências de aprendizagem	Imagem em movimento
Multimídia	Motivação	Processamento de texto
Leitura	Ensino	
Ortografia	Inglês como segunda língua/	
Redação	Inglês como língua adicional	
	Audição	
	Compreensão	

12. Tipo(s) de intervenção ou não intervenção (marque **todos** os que se aplicam)

  Computador – *Software stand alone*
  Computador – em rede (e-mail)
  Computador – em rede (internet)
  Telefone celular
  Outras tecnologias _____
                        Favor especificar

13. Quais aspecto(s) principal(is) da alfabetização o estudo está se concentrando em aumentar? (marque **todos** os que se aplicam)

13a. aspectos psicológicos ou representações
     representações sociais e/ou
     representações culturais/críticas

13b. redação, material impresso e
     representações gráficas ou pictóricas
     leitura de material impresso e
     representações gráficas ou pictóricas

14. Quais resultados são relatados? (marque **todos** os que se aplicam)

    resultados de testes – leitura
                        – redação
                        – ortografia
    resultados de provas
    motivação/envolvimento
    auto-estima/atitude
    qualidade da redação
    consciência maior do processo
    qualidade da leitura
    qualidade da resposta a multimídia

15. Se o tipo de estudo na questão 10 for C.b. (manipulado pelo pesquisador) ele é:

    A. TCR
    B. Teste
    C. Outros

O documento genérico com as palavras-chave do EPPI é numerado de 1 a 10, ver Figura 5.2)

Figura 5.1 EPPI English Review Group: documento com palavras-chave relacionadas a TICs e alfabetização.

FORMULÁRIO DE PALAVRAS-CHAVE DE EDUCAÇÃO DO EPPI-CENTRE V0.9.5 *Informações bibliográficas e/ou identificador único*...........

NB: Consulte a versão 0.9.5 da Estratégia Central de Palavras-Chave do EPPI-Centre para orientações sobre como aplicar a busca por palavras-chave

1. Identificação do relatório
Citação
Contato
Busca manual
Desconhecido
Banco de dados eletrônico
especifique) ....
2. Situação
Publicado
No prelo
Não publicado
3. Relatórios relacionados
Este relatório está relacionado a um ou mais relatórios de modo a que eles também relatem o mesmo estudo?
Não relacionado
Relacionado (apresente informações bibliográficas e/ou identificador único)
....
4. Idioma (especifique) ....
5. Em que país/es o estudo foi realizado? (especifique) ....
	6. Qual/is é/são o tópicos centrais do estudo?
	Avaliação
	Gestão de sala de aula/
	Currículo*
	Oportunidades iguais
	Metodologia
	Organização e gestão
	Políticas
	Carreiras dos professores
	Ensino e aprendizagem
	Outros (especifique) ....
	*6a Currículo
	Habilidade
	Estudos de Administração
	Cidadania
	Intercurricular
	Design e tecnologia
	Meio-ambiente
	Geral
	Geografia
	Oculto
	História
	TICs
	Alfabetização – primeira língua
	Alfabetização em outras línguas
	Literatura
	Matemáticas
	Música
	Ensino fundamental e de nível médio
	Educação física
	Educação religiosa
	Ciência
	Profissionalizante
	Outros (especifique) ....
	7. Nome de programas (especifique) ....
		8. Qual é a população do estudo?
		Aprendizes*
		Professores
		Outros funcionários
		Outros profissionais do ensino
		Governo
		Representantes da autoridade local de educação
		Pais
		Diretores
		Outros (especifique) ....
		*8a Idade dos aprendizes(anos)
		0-4
		5-10
		11-16
		17-20
		21 e acima*
		8b. Sexo dos aprendizes
		Somente feminino
		Somente masculino
		Ambos os sexos
		9. Qual/is é/são o/s ambiente/s educacional/is do estudo?
		Centro comunitário
		Instituição correcional
		Departamento de governo
		Instituição de educação superior
		Casa
		Escola independente
		Autoridade local de educação
		Escolas para menores de 5 anos
		Instituição de educação pós-compulsória
		Escola fundamental
		Unidade de encaminhamento de alunos
		Aulas presenciais para estudantes à distância
		Escola de ensino médio
		Escola para necessidades especiais
		Local de trabalho
		Outros ambientes educacionais (especifique) ....
			10. Que tipo(s) de estudo este relatório descreve?
			A. Descrição
			B. Exploração de relações
			C. Avaliação
			   a. De ocorrência natural
			   b. Manipulado por pesquisadores
			D. Desenvolvimento de metodologia
			E. Revisão
			   a. revisão sistemática
			   b. outras revisões
			Cite aqui se as palavras-chave não foram aplicadas a partir de qualquer categoria (1-10) e por quê (por exemplo, não são fornecidas informações no texto)
			....
			PTO para aplicar palavras-chave específicas (quando for o caso)

Palavras-chaves formuladas por .... Data...............

Figura 5.2 Formulários para atribuição de palavras-chave do EPPI-Centre.

Em termos de síntese, ficou entendido, na primeira revisão em profundidade, que a mesma teria natureza narrativa, e não estatística (uma metanálise não era possível devido à natureza pouco confiável dos conjuntos de dados). Conseqüentemente, um sumário narrativo das conclusões foi escrito e conferido por todos os membros da equipe de revisão, pelo grupo consultivo e pelo EPPI-Centre para se certificar de que refletia bem o estudo individual no qual se baseou. Não foi possível integrar dados quantitativos e qualitativos, embora durante o processo tenha sido escrita uma proposta para explorar o valor que a análise bayesiana pode ter sobre as relações entre os dois conjuntos de dados e abordagens. Bernardo e Smith (1994) e Roberts (2002) sugerem que a abordagem bayesiana, que atribui "um lugar explícito ao papel do conhecimento anterior ou informações, crenças e subjetividades anteriores dentro de uma abordagem quantitativa da toma-da de decisões (Roberts, 2002, p.5) em pesquisa, pode ser uma forma de conciliar as diferenças. Deve-se reconhecer, contudo, que a teoria bayesiana ainda funciona dentro de um paradigma científico de geração e testagem de hipóteses.

Um importante princípio durante as várias etapas da destilação tem sido o de que mais de uma voz esteve presente em cada etapa (redação de protocolo, seleção, atribuição de palavras-chave [*keywording*], mapeamento, extração de dados, análise, síntese) para minimizar qualquer viés possível. Em três pontos do processo (protocolo, mapeamento, síntese), todo o grupo consultivo foi consultado, e as devidas mudanças foram realizadas. Em dois pontos do processo (protocolo, primeira versão do relatório), o trabalho foi enviado para revisão pelos pares independentes. Mais análise cega, por parte de avaliadores, aconteceu quando um artigo baseado na pesquisa foi submetido a uma publicação nacional ou internacional. Pode-se dizer que o processo é um dos mais rigidamente revisados, sistemáticos, transparentes e replicáveis que provavelmente se encontre na academia.

PROBLEMAS QUE PERMANECEM

Os resultados de nossa primeira revisão em profundidade foram decepcionantes em termos de substância, mas intelectualmente desafiadores em termos de metodologia. Temos a expectativa de que os resultados do estudo de dois anos venham a ser mais satisfatórios, principalmente em função de uma metodologia aprimorada, uma atualização da base de dados, uma revisão mais abrangente e mais profunda dos problemas e questões conceituais do campo.

Os problemas mais prementes são agora de caráter conceitual, e não técnico. São os seguintes:
- O termo *impacto*, tão comum na avaliação e na pesquisa educacionais, não é satisfatório, a menos que seja mais bem-definido. É necessário trabalhar mais antes que esse termo possa ser usado com segurança.
- Na interface entre TICs e alfabetização, a visão de Haas (discutida na primeira parte), de que o relacionamento é simbiótico em lugar de unidirecional e causal demandará novos tipos de pesquisa para responder a perguntas fundamentais sobre a interface/relação. Longe de ser um aspecto secundário, serão necessários mais estudos de caso que investiguem a complexidade do relacionamento em contextos específicos antes que surja qualquer paradigma claro para mais investigações. Esses estudos de caso e outros estudos de pequena escala precisarão, contudo, ser informados por quadros teóricos dentro dos quais e em relação aos quais novos dados empíricos possam ser analisados.
- Precisamos nos afastar do pressuposto positivo e positivista de que a intervenção das TICs é uma "coisa boa", independentemente das evidências ou do tipo de relação sugerida no ponto anterior. Muitos estudos dentro do paradigma positivista mostram "um pequeno benefício para a alfabetização em função do uso de TICs – um resultado totalmente previsível dada a forma como os experimentos têm sido estabelecidos até hoje.
- Também precisamos de estudos maiores e longitudinais sobre o uso de computadores e outras formas de TICs, no desenvolvimento da alfabetização.
- No campo da alfabetização, ainda há pouca compreensão da natureza mutante que ela própria tem, e ainda há uma preponderância de concepções estreitas de alfabetização como uma capacidade universal de ler e escrever. A natureza socialmente construída da alfabetização, que resulta em diferentes alfabetizações – seja da perspectiva de grupos sociais e práticas de comunicação, por um lado, ou do uso e da combinação de diferentes meios, por outro – está bem estabelecido teoricamente em uma série de estudos, mas não bem compreendido na maior parte da pesquisa que examinamos até agora.

O CAMINHO PARA AVANÇAR

Navegar entre Cila e Caribde tem sido difícil, mas se manter em um curso entre opostos ou manter uma posição equilibrada nos turbulentos estreitos da dialética tem sido salutar. Parece-me que as águas mais interessantes são aquelas para além dos estreitos: são conceitualmente interessantes, no sentido de que há lacunas em nosso conhecimento sobre o impacto das TICs na alfabetização (e, sem dúvida, em outros tipos de aprendizagem), e há problemas difíceis a resolver em termos do relacionamento entre TICs e alfabetização. Contudo, isso é interessante, também, em termos metodológicos, no sentido de que os métodos e as metodologias existentes parecem estar longe de responder às perguntas iniciais feitas pelo grupo de revisão.

Pode não ser uma boa opção retornar pelos estreitos aos mares e rochedos mais conhecidos do paradigma científico de pesquisa, nem aos redemoinhos da pesquisa educacional humanista convencional, da forma caracterizada na parte inicial deste capítulo. Nesse sentido, pode ser que questões de impacto ou, mais estreitamente, de efeito, sejam redundantes, difíceis de responder e insatisfatórias. Pode também ser o caso de que os estudos mais eloqüentes desta etapa específica da pesquisa pré-paradigma sejam os modestos, contextualizados e que sugerem relações entre fatores emergentes.

O caminho para o avanço parece dar à metodologia de revisão científica uma chance de ver se é capaz de responder às perguntas existentes sobre aprendizagem, ou apresentar novas. Para mudar a metáfora, se fizer pouco mais do que limpar o terreno para a próxima geração de pesquisadores, terá realizado uma tarefa útil. Mas é provável que faça mais do que isso, que proporcione alicerces muito mais firmes para a pesquisa empírica primária, contribua para a acumulação de evidências confiáveis, desafie teorias e metodologias existentes na pesquisa em educação e ofereça uma ferramenta para melhor definir as categorias conceituais em determinados campos.

AGRADECIMENTOS

O trabalho de produção das primeiras revisões em inglês foi realizado conjuntamente com Sue Beverton (Durham), Andrew Burn (Institute of Education), Jenny Leach (OU), Terry Locke (Waikato), Graham Low e Carole Torgerson, com a assistência de Alison Robinson (todos em York). A equipe de revisão foi apoiada e orientada por James Durran (Parkside Community College, Cambridge), Katy Evans, Diana Elbourne (ambos do EPPI-Centre), Peter Hatcher, Nick McGuinn (ambos de York), Rebecca Rees (EPPI-Centre), Gloria Reid (Serviços Educacionais da cidade de Kingston-upon-Hull), Nancy Rowland (NHS Centre for Reviews and Dissemination), Maggie Snowling (York); à distância, por Wendy Morgan (Queensland University of Technology) e Eileen Shakespeare (Harvard). Sou grato pela permissão para citar o sumário do aluno de 15 anos do primeiro ano da pesquisa. Contudo, as visões expressas e as deficiências deste capítulo são de minha responsabilidade.

Professores usando evidências: utilizar o que sabemos sobre ensino e aprendizagem para reconceituar a prática baseada em evidências

Philippa Cordingley

A prática baseada em evidências não é algum tipo de processo universal que possa ser transferido de uma profissão a outra: deve ser entendido em termos de demandas específicas que apresenta aos próprios processos de aprendizagem dos profissionais. Eles ainda não ocuparam um lugar de destaque no debate sobre a prática baseada em evidências.

Exceto em circunstâncias excepcionais, a aprendizagem se constrói e deve ser relacionada com conhecimentos, visões e crenças prévios. Para indivíduos que são aprendizes adultos e profissionais, o processo é complexo – e tão diferenciado quanto os adultos envolvidos. Contudo, a prática baseada em evidências muitas vezes é promovida como um processo único e sem diferenciações. Sendo assim, começo explorando um pouco da história das iniciativas nacionais para promover prática baseada em evidências – a fim de ilustrar os alicerces dos quais podemos partir.

O CONTEXTO HISTÓRICO

A Teacher Training Agency (TTA) da Inglaterra começou a promover o ensino como uma profissão informada por pesquisa e evidências desde o início. Em 1996, já tinha começado a tratar de três aspectos específicos de seu trabalho:
- Lançou um programa-piloto para oferecer financiamentos de pesquisa de 3 mil libras para professores, voltados ao desenvolvimento de estudos de pequena escala e à preparação de materiais a partir deles, com vistas a atrair a atenção dos professores para a utilidade das conclusões e dos processos de pesquisa.

- Tinha começado a experimentar a contratação de pesquisas de grande escala, cujo foco, desde o início, foi a sua utilidade para os professores. Três projetos foram publicados mais tarde, na forma do Effective Teachers of Numeracy (Askew et al., 1997), Effective Teachers of Literacy (Medwell et al., 1998) e Ways Forward with ICT (Higgins e Moseley, 1999).
- Por fim, tinha publicado uma brochura estabelecendo:
  – suas visões sobre a necessidade de apoiar o desenvolvimento de uma voz dos professores dentro do discurso de pesquisa e declarar sua intenção de criar um painel nacional sobre pesquisa de professores (National Teacher Research Panel) com essa finalidade;
  – a necessidade de muito mais pesquisa sobre pedagogia;
  – problemas relacionados à acessibilidade das conclusões da pesquisa acadêmica e à relativa falta de pesquisa educacional concentrada em ensino e aprendizagem. (TTA, 1996)

Nos anos seguintes, a TTA refinou e aprimorou seu esquema de concessão de financiamentos, aumentando a ênfase na importância do trabalho feito em colaboração e parceria com orientadores. Lançou a iniciativa School Based Research Consortia – quatro parcerias de três anos entre escolas, autoridades escolares locais (AEL) e instituições de ensino superior (IES) voltadas a explorar as formas nas quais o envolvimento dos professores na e com a pesquisa poderiam melhorar o ensino e aprimorar a aprendizagem. Também apoiou uma série de conferências regionais em parceria com AEL e IES, para elevar as expectativas dos professores com relação àquilo que a pesquisa pode fazer pela prática, e encomendou uma série de estudos sobre as visões dos professores acerca da pesquisa e suas prioridades para ela. Por fim, para aumentar a sensação dos professores de que a pesquisa e as evidências são uma parte natural da prática profissional, a TTA deu passos para celebrar o trabalho daqueles que escolhessem publicar seus estudos e os expor a um processo desafiador de perguntas e respostas. Fez isso publicando mais de 100 resumos de estudos de caso de professores, desencadeando e apoiando uma conferência nacional de pesquisa para professores.

Esse fluxo constante de atividade encontrou uma audiência cada vez mais receptiva. Em 1999, a DfES lançou um programa de escala muito maior para conceder bolsas para professores – o esquema Best Practice Research Scholarship (BPRS). O governo fez da pesquisa e da prática baseada em evidências uma prioridade, e a DfES apoiou o desenvolvimento do National Teacher Research Panel. Na época da redação, o próprio painel já existia por mais de três anos e apresentou artigos à British Education Research Association (BERA) que explicavam as percepções dos professores sobre as produções da pesquisa, tirando lições de sua experiência de revisar propostas de pesquisa de grande escala e desenvolver algumas das questões que as escolas precisam explorar quando cogitam sediar pesquisas dessa natureza.

Além disso, o General Teacher Council for England (GTCe) transformou o uso que os professores fazem de processos e conclusões de pesquisa em uma prioridade fundamental. O sindicato nacional dos professores (National Union of Teachers, NUT) desenvolveu uma estratégia de desenvolvimento profissional continuado baseado em evidências que envolvia bolsas para professores e programas de orientação pelos pares desenvolvidos em parceria com pesquisadores acadêmicos. O NUT também patrocinou um grupo de revisão de pesquisas (registrado pelo Evidence Policy Practice Centre) centrado no impacto do desenvolvimento profissional continuado.

O DESAFIO: INSERIR A PRÁTICA INFORMADA POR EVIDÊNCIAS NA PROFISSÃO COMO UM TODO

Por enquanto, tudo bem. Até mesmo uma estimativa conservadora sugere que essas atividades tenham envolvido diretamente mais de 100 mil professores, mas isso toca em apenas uma pequena parte da profissão como um todo. Este capítulo explora o que mais pode ser necessário para que a prática baseada em evidências ou a *prática informada por pesquisa e evidências* possa inserir-se verdadeiramente na prática profissional. A ênfase está na prática do ensino tanto para indivíduos quanto para a profissão como um todo e o papel que a pesquisa e as evidências podem cumprir.

BASEADA EM EVIDÊNCIAS OU INFORMADA POR EVIDÊNCIAS – UMA PERSPECTIVA DOS PROFISSIONAIS

Para professores, a distinção entre as expressões *baseado em evidências* e *informado por evidências* não é trivial. As decisões sobre como responder às necessidades demasiado variáveis segundo a segundo, nas salas de aula dinâmicas, têm que ser tomadas rapidamente. Elas se fundamentam no que é viável. São definidas pelo conhecimento tácito e pelas habilidades dos professores. O conhecimento explícito derivado do exame reflexivo das evidências de pesquisa ou dos alunos dos próprios professores deve ser introduzido gradualmente em quadros existentes – como um carro deve se introduzir no fluxo do tráfego rápido em uma rodovia. O ensino sempre envolve julgamentos profissionais sofisticados sobre o que as evidências significam para esse grupo de aprendizes, com esses objetivos de aprendizagem nesse momento específico. Isso também se aplica às muitas centenas de professores que agora tentam trabalhar com as conclusões sobre avaliação formativa a partir da revisão sistemática e de grande escala das evidências relatadas em *Inside the black box* (Black e Wiliam, 1998), assim como aos professores que buscam explorar as implicações do estudo de caso de um colega sobre as abordagens dos alunos a, digamos, habilidades de argüição de alunos, ou entender a importância dos dados detalhados e comparados sobre subgrupos específicos de seus alunos.

Experimentar novas estratégias baseadas em evidências de outros lugares sempre envolve o risco de que não funcionem nesse ou naquele contexto específico. Assim, os professores precisam acreditar fortemente nos ganhos relativos antes de correr um risco com métodos não-testados.

Algo que influencia e estimula os professores a mudar sua prática para levar em conta novos conhecimentos é a evidência crível de que as novas abordagens irão aprimorar a aprendizagem de seus alunos, uma questão à qual voltarei posteriormente neste capítulo. Outra é a crença na importância do exemplo na aprendizagem de qualquer tipo. Talvez não seja realmente o caso – a crença no exemplo estimula os professores a mudar sua prática? Muitos professores entendem o impacto positivo do exemplo e de tornar a aprendizagem explícita. Alfabetizadores eficientes dão o exemplo de sua própria redação para seus alunos e demonstram de que forma a correção e a revisão da redação são ferramentas importantes para todos (Medwell, Poulson e Wray, 1998). A prática informada por pesquisa ou evidências tem o potencial de dar sustentação ao ensino e à aprendizagem precisamente porque demanda que os professores se tornem novamente aprendizes, e desenvolvam, portanto, sua compreensão de como os alunos se sentem e funcionem como modelo de aprendizagem para seus alunos. Dessa forma, a prática informada por evidências não significa meramente trazer novas informações sobre o que funciona para aplicar à prática profissional; ela se torna parte de um processo contínuo de aprendizagem por parte do profissional. Entretanto, isso não significa que a pesquisa e/ou a prática informada por evidências sejam um fim em si mesmas. Seu valor para os profissionais ainda depende de sua capacidade de aprimorar o ensino e a aprendizagem.

OS DESAFIOS DA PRÁTICA INFORMADA POR EVIDÊNCIAS

Os desafios envolvidos para possibilitar a prática informada por evidências são enormes. No debate da conferência que gerou a realização deste livro (BERA, 2001), a análise da tarefa se concentrou principalmente na qualidade das evidências escolhidas para informar a prática. Desforges (2000b) nos lembra repetidamente quanto tempo foi necessário para que o mundo médico aceitasse a mudança relativamente simples (e com resultados muito importantes) de lavar bem as mãos entre um paciente e outro para reduzir a transmissão de infecções. Fazer mudanças em habilidades, crenças e conhecimentos dos professores que atuam em sala de aula é reconhecido como difícil e demorado naqueles poucos estudos que exploraram as múltiplas variáveis e sua influência nas salas de aula ao longo do tempo. Por exemplo, Joyce e Showers (1988) concluíram que foi apenas quando

- as teorias e estratégias foram demonstradas em funcionamento em um contexto relevante;
- houve oportunidades para experimentar e praticar novas estratégias;
- os esforços de prática foram observados, e o observador ofereceu uma avaliação baseada em evidências;

que foi possível encontrar evidências de professores que utilizam novas estratégias introduzidas por meio de formação proporcionada em local de trabalho, em uso regular nas salas de aula.

Os problemas envolvidos em identificar evidências nessa dinâmica, especialmente evidências de pesquisa (que muitas vezes assumem uma forma altamente abstrata), são evidentes por si sós. Eles foram explorados com algum detalhe na revisão de pesquisa sobre aquisição e uso de conhecimentos por professores realizada pela TTA (Cordingley e Bell, 2001). Esta, e uma revisão anterior, estão por trás do programa da TTA de promoção do ensino como uma profissão informada por pesquisa e evidências, tomando como ponto de partida os desafios enfrentados por professores em sala de aula. O relatório do estudo sobre o impacto da pesquisa educacional, uma revisão feita pela Australian Higher Education Division do DETYA (Department of Education Training and Youth Affairs), tratava das questões em uma pers-pectiva mais ampla, contendo três estudos separados sobre o impacto da pesquisa educacional. Um deles tentava explorar o problema "identificando as práticas e as políticas com as pesquisas que as geraram" (Backtracking Practice and Policies to Research; Figgis et al., 2000), ao explorar quatro estudos de caso separados de áreas em que a pesquisa parecia ter tido um impacto na prática. Esse estudo resume o quadro no ano 2000 da seguinte forma:

> ...atualmente se reconhece que redes complexas ligam pesquisadores/profissionais e formuladores de políticas, e que nem a formulação de políticas nem a prática escolar é um empreendimento tão direto que se possa jogar na mistura e será automaticamente absorvido em uma atividade em andamento. (Figgis et al., 2000, p.366)

O estudo avança para postular o que descreve como um modelo centrado no usuário das conexões entre conhecimento de pesquisa e prática, derivadas dos quatro estudos de caso explorados na pesquisa (ver Figura 6.1).

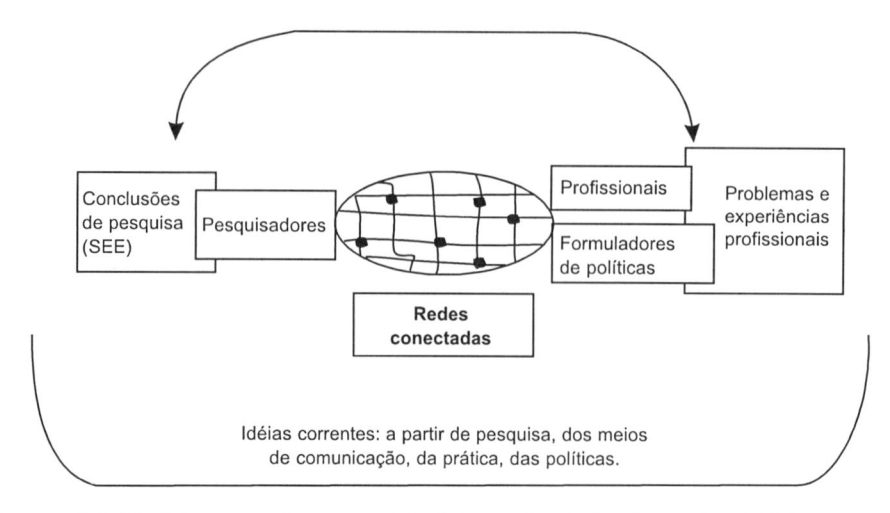

Figura 6.1 Modelo centrado no usuário (adaptado de Figgis et al., 2000.)

Diagrama: Conclusões de pesquisa (SEE) — Pesquisadores — Redes conectadas — Profissionais / Formuladores de políticas — Problemas e experiências profissionais. Idéias correntes: a partir de pesquisa, dos meios de comunicação, da prática, das políticas.

Esse modelo enfatiza a importância de examinar a prática informada por pesquisa e evidências pelo prisma dos problemas de trabalho vivenciados por profissionais e formuladores de políticas. Acima de tudo, o estudo enfatiza que os processos de conexão devem ser concebidos como uma rede de atividades e pessoas, e que as redes de profissionais e formuladores de políticas são mais racionais e intencionais do que se pode supor. Ele sugere que essas redes muitas vezes não envolvem diretamente os pesquisadores, mas os introduzem em parcerias específicas com propósitos específicos. Existe um bom número de iniciativas no Reino Unido que tentam expressamente criar e ocupar um espaço em rede entre a pesquisa e a prática ou a formulação de políticas. Entre elas, estão:
- as redes de melhoria escolar *Improving the quality of education for all* (IQEA), apoiadas pela Universidade de Nottingham;
- o School Based Research Consortia, financiado pela TTA/CfBT em 2002;
- as redes e os projetos do ESRC Teaching and Learning Research Programme;
- algumas das propostas mais coordenadas para financiamento pelo BPRS;
- o programa National College for School Leadership Networked Learning Communities, no qual grupos que incluem entre seis e vinte escolas trabalham em conjunto para criar conhecimento prático (e também, talvez, empírico e teórico) e gerar melhorias na aprendizagem de jovens e adultos (40 dessas redes foram lançadas em setembro de 2002, outras 40 serão iniciadas em janeiro de 2003, e outras 40, em setembro de 2003).

O restante deste capítulo explora como essa atividade em rede reflete os processos de ensino e aprendizagem em sala de aula. Usando as experiências das redes, concentra-se na proposição central de que a prática informada por evidências pode e deve ser entendida e operacionalizada como uma questão de ensino e aprendizagem.

DESENCADEANDO O USO DE PESQUISA E EVIDÊNCIAS

O ensino eficaz, visto de uma perspectiva do aprendiz, começa por considerar como motivá-los. Neste caso, os aprendizes são professores, e, dadas as pressões que sofrem, precisamos prestar muita tenção àquilo que pode motivá-los para que se envolvam na prática baseada em evidências.

Por que os profissionais poderiam buscar e usar as evidências? Ao responder a um questionário, uma série de respondentes – membros do National Teacher Research Panel, participantes das conferências de pesquisa em rede, financiadas pela TTA, e os professores do School Based Research Consortia da TTA – expressaram um ponto de partida comum. Esses professores estavam dispostos a se envolver com evidências se pensassem que elas iriam ajudá-los a melhorar a aprendizagem de seus alunos. Eles estavam profundamente preocupados com que se demonstrasse que a aprendizagem havia sido melhorada e ficaram curiosos com relação aos vínculos potenciais entre o que fazem e seus efeitos potenciais sobre os aprendizes. O estudo australiano destaca esse ponto ao enfatizar que uma esperança de que o envolvimento com as evidências os ajudaria a ter um impacto era uma característica dos usuários eficazes da pesquisa. Com certeza, a experiência do consórcio de pesquisa baseado nas escolas mostrou de que forma os professores foram estimulados a experimentar e testar novas estratégias e a fazer uso das pesquisas de outros sobre evidências de melhoria na aprendizagem. Também funcionou como um fator desencadeador do envolvimento com as evidências e para atrair colegas mais céticos. A garantia de que as evidências podem ser prontamente relacionadas aos problemas de trabalho que se colocam aos profissionais e formuladores de políticas, segundo uma revisão de literatura da TTA e o estudo australiano, também seriam importantes fatores desencadeadores.

APOIANDO O USO DE PESQUISA E EVIDÊNCIA

Agora que os profissionais foram estimulados a ver as evidências como uma forma de melhorar a prática e aprimorar a aprendizagem, o que sabemos acerca da prática que afeta a maneira como esse envolvimento deve acontecer? Sabemos muito sobre a aprendizagem dos alunos. A construção social do conhecimento, especialmente para alunos de escola, foi uma importante via de pesquisa no século XX. A importância do intercâmbio social na aprendizagem, com raízes no trabalho de autores como Vygotsky e Dewey, é cada vez mais compreendida e explorada pelos professores. Por exemplo, os professores envolvidos no School Based Research Consortia usaram a observação sistemática e sustentada da prática para apoiar seus esforços de melhorar as habilidades de pensamento ou a fala e a escuta. Essas atividades, todas descritas nos relatórios do consórcio para a TTA, trouxeram benefícios importantes, principalmente do diálogo que aconteceu entre professores. Os professores também refletiram sobre a importância dos intercâmbios aluno-aluno no processo de melhorar o ensino e aprimorar a aprendizagem. Quero afirmar que a prática informada pela pesquisa e/ou pelas evidências é, no fundo, um processo de aprendizagem para os profissionais, que está alicerçado pelos mesmos princípios pedagógicos que operam na sala de aula. Para que possam usar as evidências, os profissionais precisam trabalhar juntos para interpretá-la e refletir sobre a importância que têm para seu próprio contexto específico.

Deve-se ter em mente que o uso de pesquisas ou evidências pelos profissionais é altamente específico relacionado ao contexto. Uma série de variáveis que estão em funcionamento em cada aula e em cada escola tem implicações significativas para a prática informada por evidências. Essa prática significa tomar decisões e agir para avançar a aprendizagem – efetivamente, uma questão de solução sustentada de problemas. Os problemas na educação são específicos de cada contexto, pois dependem de acaso e de combinações dinâmicas de pontos de partida de aprendizes, habilidades e conhecimentos dos professores, da escola e de limitações e objetivos de aprendizagem que têm motivação social. Sendo assim, sempre haverá um trabalho profissional especializado a ser feito na interpretação da relevância e das implicações das evidências para o cenário do próprio profissional e para as necessidades finais dos alunos.

Para sustentar essa interpretação das implicações da pesquisa para uma lição, um profissional ou uma escola específicos, todas as etapas e atividades identificadas por Joyce e Showers (1998) são necessárias para a transferência de uma idéia ou abordagem para o repertório arraigado que um professor tem de habilidades e estratégias. Particularmente, como sugere o National Teacher Research Panel em sua análise comparada de produções de pesquisa para BERA (2000), requer exemplificação vívida das conclusões de pesquisa qualitativa e quantitativa em contextos de sala de aula. Isso ajuda os professores a revisar sua abordagem usual a uma dada situação e a compará-la com outras abordagens e contextos. Também os ajuda a experimentar diferentes formas de testar as evidências em um contexto de sala de aula.

A importância de experimentar diferentes formas de agir sobre a evidência é enfatizada por Hargreaves (1999), que descreveu o processo como *tinkering*, ou seja, experimentar, improvisar, uma questão de avançar gradualmente, em passos sustentados e sucessivos. Esse ato de experimentar depende de acesso a evidências diretas sobre experiências específicas que possibilitem que os professores vejam o impacto das mudanças potenciais no todo. Entre os mecanismos para proporcionar essas evidências estão a instrução, a investigação, a observação pelos pares ou a captação e revisão de vídeo (ver Cibulka et al., 2000), além da coleta de evidências da aprendizagem e dos resultados dos alunos, por meio de observação, argüição e avaliação. A prática informada por evidências envolve os profissionais em uma luta com as evidências de suas próprias salas de aula, bem como de pesquisas de maior escala.

SENDO ASSIM, FAZER USO DE PESQUISAS E EVIDÊNCIAS SIGNIFICA FAZER PESQUISA?

Talvez seja a complexidade dos processos necessários para colocar a pesquisa e as evidências para funcionar nas salas de aula – e seu relacionamento íntimo com os ciclos de pesquisa – que levam tantas pessoas a afirmar, como fez Stenhouse (1979b), que, para usar a pesquisa, os professores precisam fazer pesquisa; a sugerir que para ser profissionais baseados em evidências, os professores também devem tornar-se pesquisadores. Isso me parece uma proposição pouco útil e enganadora, que parecerá mostrar aos professores que a prática informada pelas evidências está mais relacionada a "trabalhar mais duro, e não com mais inteligência".

O uso sistemático de evidências precisa ser reconhecido pelo que é: uma habilidade profissional altamente complexa, sustentada, que envolve uma série de atividades intimamente relacionadas com a pesquisa. Uma de suas manifestações mais comuns será a investigação por parte dos profissionais, mas essa não é a única forma de uso eficaz. Alguns professores no School Based Research Consortia foram incisivos no exame de estratégias de sala de aula que foram trazidas à sua atenção pela pesquisa. Da mesma forma o foram centenas de professores envolvidos no uso de Aceleração Cognitiva por meio de Educação para as Ciências (Cognitive Acceleration through Science Education – CASE), ou Aceleração Cognitiva por meio de Educação para as Matemáticas (Cognitive Acceleration through Maths Education – CAME). Eles se envolvem com a teoria e mudam sua prática por meio de um período sustentado de desenvolvimento conjunto de currículo ou instrução, mas apenas uma parte dos professores envolvidos vê isso como pesquisa. Sua porta de entrada é a melhoria do ensino e o aprimoramento da aprendizagem, e é aí que sua prioridade pára. Eles vêem a si próprios se envolvendo com a pesquisa, mas não na pesquisa.

Tampouco é sensato considerar toda a investigação feita por profissionais como pesquisa. Grande parte desse importante trabalho é realizada na forma de desenvolvimento profissional por indivíduos, puramente para atender a seus próprios objetivos de aprendizagem. Alguns desses profissionais só se envolverão com as evidências de suas próprias salas de aula e seus alunos. Muitos verão o processo de desenvolvimento de sua própria prática como seu objetivo. Esses professores raramente escolhem publicar seu trabalho, e seu envolvimento constitui reflexão e desafio – mas não pesquisa.

Alguns professores, inclusive alguns que têm bolsas de pesquisa da TTA ou são participantes do consórcio, envolvem-se sistematicamente com as evidências das pesquisas de outros e de suas próprias salas de aula e passam a publicar seus objetivos, métodos e interpretações da literatura, junto com sua análise e suas conclusões, para possibilitar que os colegas testem e interpretem seu trabalho. Esses profissionais se envolvem tanto na prática informada por evidências *quanto* em pesquisa. Os professores que realizaram um rigoroso projeto de pesquisa não irão necessariamente querer continuá-lo para sempre – embora a experiência até hoje demonstre que muitas vezes continuam ávidos por manter uma abordagem problematizadora em relação a sua prática. Isso significa que, se pudermos melhorar a acessibilidade e a relevância dos recursos de pesquisa de que eles podem se servir, os professores que realizarem pesquisa irão se manter envolvidos com a prática informada por evidências em uma base continuada. Eles entrariam em um ciclo virtuoso em que os benefícios de se envolver com as evidências de uma série de fontes se tornam auto-sustentáveis. Atualmente, há muitas evidências em projetos desenvolvidos conjuntamente, tais como IQEA e o School Based Research Consortia, de que os professores têm avançado genuinamente rumo à prática informada por evidências – o que é útil tanto para eles próprios quanto para seus colegas. Sumários de seu trabalho, de fácil utilização, e os relatórios de pesquisa completos estão acessíveis e são importantes para outros pesquisadores, de forma que os relatórios acadêmicos não estão. O trabalho com base na internet, na qual se usam estudos de caso de professores para ilustrar estudos de grande escala (como se pode ver no *site* da GTC [General Teaching Council] www.gtce.org.uk, no item Research of Month) parece oferecer uma combinação poderosa dessas duas abordagens.

Dada a distinção tênue entre se envolver *em* pesquisa e se envolver *com* pesquisa, as comparações entre investigação por parte de profissionais e pesquisa acadêmica precisam ser tratadas com cuidado. Precisamos identificar, apoiar e valorizar a elegância, a criatividade, a disciplina e a eficácia da pesquisa dos professores que é desenvolvida com o propósito de acrescentar ao atual estoque de conhecimento público e publicado. Também precisamos estimular as habilidades profissionais necessárias para o envolvimento com a pesquisa de outros por meio de investigações de orientação pessoal.

Isso, é claro, irá envolver a crítica da pesquisa por parte de profissionais – caso a caso, e os profissionais irão aceitar e receber bem se for calibrado adequadamente. Ter critérios que se possam aplicar à avaliação de ambos os tipos de trabalho é um alilcerce dos esforços do National Teacher Research Panel para garantir que a pesquisa por parte de profissionais não seja relegada a um gueto.

APOIO

Não importa como sejam interpretadas, todas as formas de investigação, pesquisa ou prática informada por evidências realizadas por professores requerem apoio significativo. A criação de evidências capazes de informar a prática, difícil, é apenas uma pequena parte do cenário. Há muitas tarefas sendo enfrentadas gradualmente e muito mais deve ser feito.

As revisões de pesquisa estão em desenvolvimento. Funcionam de forma sistemática, transparente e abrangente, por meio de perguntas específicas e do uso das evidências de diferentes estudos. O capítulo de David Gough deixa claro como isso tem sido feito. Esse é um processo lento e que demanda muito trabalho, cujos benefícios começarão a ser concretizados à medida que a metodologia e o apoio se tornem mais bem compreendidos e organizados, e os grupos de revisão construam uma massa crítica de revisões.

O Centre for the Use of Research and Evidence in Education (CUREE) também desenvolve técnicas para criar, na internet, resumos não-lineares dos artigos de pesquisa, orientados para o usuário. No *site* do GTC, há *links* de evidências de grande escala, através de CUREE, com investigações de pequena escala por parte de profissionais. No *site* sobre prática informada pela pesquisa do DfES, estão sendo oferecidas aos profissionais grandes quantidades de artigos de publicações recentes.

Não obstante, é necessário muito mais financiamento e reflexão para tornar a pesquisa original utilizável pelos professores. Não são muitos os acadêmicos que parecem entender como é pequena a quantidade dos amplos recursos eletrônicos, aos quais eles têm acesso por meio de IES, que estão disponíveis aos professores. Por exemplo, a versão leiga do ERIC (Education Resources Information Centre) é construída a partir de resumos mais curtos e muito mais gerais do que os que os acadêmicos usam (ver Cordingley et al., 2002).

Uma vez que haja fundos e planos, também há uma necessidade de sustentar o apoio para a investigação por parte de profissionais, e a natureza e a qualidade desse apoio são cruciais. Um estudo de Galton para a TTA (Galton, 2002) deixa clara a desigualdade do apoio e a natureza ocasional dos incentivos e dos mecanismos de garantia de qualidade nessa área.

Acima de tudo, há uma necessidade de reconhecer que os próprios professores devem estar na direção da identificação daquilo que precisam para que a prática informada por evidências passe a ser uma parte genuína do "trabalho mais inteligente" – em lugar de apenas mais duro. Desforges, há muito um defensor de que se veja a pesquisa pelos olhos dos profissionais, oferece esse alerta assustador: "o desenvolvimento da prática informada por evidências [...] tem mais probabilidades de ser obtido por meio de manipulação do regime de inspeção e de medidas legais importantes do que por meio do processo de persuasão ou de desenvolvimento profissional baseado em responsabilidades profissionais" (Desforges, 2003, p.10). Não aceito essa afirmação. É minha opinião que a prática informada por evidências poderia ser desenvolvida e realizada por meio de uma melhor escuta aos professores, garantindo que tenham uma voz forte na compreensão dos processos necessários para "fazer que funcione". É provável que partir dos êxitos e das contribuições dos próprios professores seja mais poderoso do que a obrigatoriedade.

7

Evidências baseadas na prática médica e em campos afins

Michael Eraut

Este capítulo trata da natureza das evidências usadas pelos profissionais na medicina e em outras profissões e dos processos de tomada de decisões nos quais são utilizadas. A prática profissional gera e usa evidências. Às vezes, esses processos são ligados por agências; o produtor das evidências e o usuário podem ser a mesma pessoa, colegas próximos ou membros da mesma organização. Por vezes, são mutuamente interativos, com as primeiras evidências influenciando a busca de outras posteriores. Também podem ser separados pelo tempo, pelo espaço e pela falta de interação entre quem gera as evidências e quem as usa. Essa separação pode ser aproximada com o uso de materiais midiatizados, geralmente publicados, mas a distinção entre o contexto da geração de evidências e o de seu uso permanece importante. O processo de geração de evidências está situado no contexto, nas práticas e nos padrões de pensamento de seus criadores, ao passo que o processo de uso das evidências está situado no contexto, nas práticas e nos padrões de pensamento de seus usuários. Mesmo quando o agente é o mesmo, seu padrão de pensamento pode diferir segundo seu papel no momento.

De um ponto de vista científico, os fatores fundamentais são a qualidade das evidências e a população para a qual elas são consideradas relevantes. Isso vai desde um único cliente ou grupos de clientes considerados muito semelhantes em uma série de variáveis até grandes populações das quais se investigaram amostras representativas. A escala da aplicação de usuários também pode variar de um único cliente ou um pequeno grupo "tratado" por um único profissional, ou um pequeno grupo de profissionais, a uma população local ou nacional para a qual as decisões sobre políticas estão sendo tomadas. Embora as evidências baseadas em grandes populações possam gerar resultados melhores do que os que se podem obter jogando um dado ou pela adoção universal de práticas não sustentadas em evidências baseadas em pesquisa, sempre permanece o problema das variações de resultado dentro da população pesquisada. Surge, então, o questionamento sobre a existência de qualquer evidência ou teoria plausível acerca das variáveis que podem ser responsáveis por parte dessa variação sobre a possibilidade de qualquer opção de decisão alternativa ser vantajosa para qualquer subgrupo. Igualmente problemática é a implicação para os clientes cujas características os situam fora das populações selecionadas para a pesquisa.

Os cientistas sociais, conhecedores da literatura sobre a transferência de inovações e sobre a aprendizagem profissional no local de trabalho, acrescentarão mais fatores. Qual é o conhecimento das evidências de pesquisa entre os usuários potenciais e como eles as interpretam? O uso das evidências envolve mudanças significativas nas práticas de profissionais, equipes ou departamentos individuais? Quem precisaria aprender caso fossem introduzidas novas práticas? O apoio a essas práticas poderia ser adquirido e qualificado? Poderia haver um período temporário de maior risco durante o período de mudança e de que forma isso poderia ser minimizado?

As informações geradas pela própria pessoa e por outras são tratadas como evidências quando citadas como evidências *da* validade de uma análise ou diagnóstico, ou como evidências *a favor* ou *contra* um argumento, conclusão ou opção de decisão. Ao se rotularem essas informações de evidências, imediatamente se desencadeiam preocupações em relação a sua validade ou credibilidade, porque apenas serão aceitas publicamente como evidências caso se acredite que são verdadeiras, ou se tiverem uma probabilidade razoável de sê-lo. Assim, dá-se atenção à sua procedência e credibilidade e à sua coerência com outras evidências. Três tipos de credibilidade são de uso comum:
1. **Evidências baseadas em pesquisa**, a partir de pesquisas publicadas, que satisfaçam as revisões críticas da área.
2. **Outras evidências científicas** geradas por um processo que envolve procedimentos científicos com um histórico provado na produção de resultados válidos e confiáveis.
3. **Evidências baseadas na prática**, oriundas de práticas profissionais reconhecidas pela profissão em questão e desempenhadas segundo os critérios esperados pelos especialistas importantes dentro da mesma profissão.

Evidências baseadas na prática sempre são usadas para tomar decisões sobre um cliente e, em saúde, isso pode ser proporcionado por vários membros de uma equipe multiprofissional. As práticas profissionais reconhecidas cujas evidências sejam aceitas, a menos que questionadas, incluem exame clínico e procedimentos de levantamento de histórico por um médico, bem como relatório de um professor sobre os avanços de um aluno. Outras evidências científicas podem ser coletadas por profissional(is) ou especialista(s), como cientistas biomédicos, radiologistas e psicopedagogos. Um aspecto interessante das evidências é o ponto da cadeia de inferências no qual normalmente são relatadas e até onde as estimativas de possíveis erros também são demonstradas. Podem-se encontrar diferentes tradições no relato de resultados de testes bioquímicos para médicos e de testes de aquisição para pais, sem estimativas de erro nem informações sobre normas relevantes.

No primeiro caso, as informações sobre erro estimado e normas para diferentes tipos de paciente são de domínio público, e supõe-se que pertençam à base de conhecimento médico e que haja cientistas especializados disponíveis; para consulta. No segundo caso, não há estimativas de erro disponíveis; a relevância de qualquer norma disponível publicamente é duvidosa, e tratar das questões de validade envolvidas não faz parte da base de conhecimento da maioria dos professores, menos ainda de 99% dos pais. Devido às muitas fontes de conhecimento e práticas de relatório, não chega a surpreender que ocorram complicações sempre que alguém tenta combinar evidências baseadas em diferentes tipos de conhecimento, cada uma julgada por um tipo diferente de critério, ou mesmo evidências relacionadas a distintos aspectos da situação analisada.

As raízes do movimento pela prática baseada em evidências residem na pesquisa sobre a tomada de decisões, voltada a melhorar, em lugar de entender, a capacidade humana ao coletar quantidades maiores de informações, ampliando o alcance da pesquisa e fazendo cada vez mais uso de computadores para organizar, processar e acessar informações relevantes. As duas áreas nas quais isso foi desenvolvido foram administração de empresas e medicina. A expressão originalmente adotada foi análise de decisões ou, em medicina, análise de decisões clínicas (Weinstein e Fineberg, 1980). Sua primeira área de aplicação foi o teste de drogas, em que o uso de testes controlados randomizados passou de raro, em 1960, a obrigatório em 1990. Desde então, esse método tem sido cada vez mais aplicado a terapias cirúrgicas e testes diagnósticos. Ao mesmo tempo, princípios de epidemiologia, cuja preocupação está em estimar a provável ocorrência e distribuição de enfermidades, têm sido cada vez mais aplicados à prática clínica predominante.

Duas publicações fundamentais no início dos anos de 1990 oferecem referências de seu progresso. A análise de decisões clínicas foi introduzida aos médicos em geral pela publicação, do Royal College of Physicians (RCP) *Analysing how we reach clinical decisions* (Llewelyn e Hopkins, 1993). Isso mostrou de que forma as árvores de decisão poderiam ser usadas para representar um processo de tomada de decisões e como o ato de escrever as evidências de pesquisa para atribuir probabilidades a cada ramo sucessivo nos possibilitou calcular as probabilidades de cada um dos possíveis resultados. A atribuição de valores a esses resultados, então, proporcionou fortes orientações de pesquisa aos tomadores de decisões. Um ano antes, um artigo intitulado *Evidence-based medicine* foi publicado no *Journal of the American Medical Association* (1992) pelo Evidence-Based Medicine Working Group na Universidade McMaster, em Ontario, cuja nova escola médica radical havia introduzido aprendizagem baseada em problemas uns 20 anos antes. Sua frase de abertura era mais direta do que o livro do RCP. Declarava que "um novo paradigma para a prática médica surgia" e descrevia de que forma os estudantes de medicina estavam sendo iniciados em medicina baseada em evidências já no início de suas carreiras.

Uma apresentação mais completa desse paradigma é fornecida por um livro de bolso chamado *Evidence-based medicine: how to practise and teach EBM* (Sackett et al., 1997), de autoria de dois importantes membros do McMaster Group – David Sackett, atualmente diretor do NHS R&D Centre for Evidence-Based Medicine em Oxford, e Brian Haynes, chefe da Health Information Research Unit na McMaster – e dois professores de medicina. Esse manual se destina aos profissionais, e não aos pesquisadores, e oferece orientações precisas sobre quando e como esses profissionais deveriam buscar utilizar evidências de pesquisa disponíveis. Também explica como o uso das evidências de pesquisa é integrado com muitas evidências específicas de pacientes e informada pela experiência prévia dos médicos.

O artigo da McMaster, em particular, enfatiza que, embora o novo paradigma tenha importância fundamental, sua implementação ainda se baseia no velho conhecimento.

> A experiência clínica e o desenvolvimento de instintos clínicos (particularmente com respeito a diagnóstico) são uma parte crucial e necessária para se tornar um médico competente. Muitos aspectos da prática clínica não podem ser, ou não serão, jamais testados de forma adequada. A experiência clínica e suas lições são particularmente importantes nessas situações. Ao mesmo tempo, tentativas sistemáticas de registrar observações de maneira passível de ser reproduzida e sem viés aumentam muito a confiança que se pode ter no conhecimento sobre prognóstico de pacientes, no valor dos testes diagnósticos e na eficácia dos tratamentos. Na ausência de observação sistemática, devemos ser cautelosos na interpretação de informações derivadas de experiência clínica e intuição, pois elas podem ser enganadoras.

Além disso, há o alerta de que a teoria também pode enganar.

> O estudo e o entendimento dos mecanismos básicos da doença são guias necessários, mas insuficientes, para a prática clínica. Os argumentos para o diagnóstico e

o tratamento, que vão desde princípios básicos de patofisiologia, podem, na verdade, estar incorretos, levando a previsões imprecisas acerca do desempenho de testes diagnósticos e eficácia de tratamentos. (McMaster, 1992, p.2421)

A conclusão fundamental a ser tirada dessas fontes autorizadas é que a medicina baseada em evidências se fundamenta não apenas nas evidências baseadas em pesquisas e em outras evidências científicas, mas também nas evidências baseadas na prática. Para os profissionais, e para aqueles que os formam, uma das questões mais importantes parece ser o equilíbrio entre ambas. Muito da atual defesa que se faz da prática baseada em evidências se fundamenta no pressuposto de que existem evidências de pesquisa suficientes para determinar em muito, e não apenas informar, grande parte de decisões profissionais. A medicina é de importância fundamental por duas razões. Em primeiro lugar, envolve muitas decisões de alto risco e com muita coisa em jogo. Em segundo, seu esforço de pesquisa é muito maior do que o de outras áreas do trabalho profissional. É difícil imaginar até mesmo a maior empresa multinacional com um investimento em produção de conhecimento tão grande como o da pesquisa médica mundial. Esta também investiu mais do que qualquer outro setor em sistemas de gestão de conhecimento voltados a tornar os resultados dessa pesquisa disponíveis não apenas a formuladores de políticas, mas também aos médicos individualmente. Isso tem sido acompanhado por uma pressão crescente para se utilizar esse corpo cada vez maior de conhecimento codificado com o máximo efeito.

O "tesouro" da pesquisa médica é o teste controlado randomizado de uma intervenção de saúde, e sua caixa-forte é a Cochrane Database of Systematic Reviews, um recurso eletrônico com atualizações quadrimestrais preparadas, mantidas e disseminadas pela Cochrane Collaboration, uma organização internacional. Segundo Sackett e colaboradores. (1997), o banco de dados da instituição estabelece "um padrão novo e mais elevado para encontrar, classificar, resumir e relatar evidências de testes". Contudo, os autores também observam que serão necessários muitos anos para se atingir a etapa em que a "Cochrane Collaboration consiga resumir todos os testes controlados randomizados das intervenções em saúde em qualquer campo". Alguns caminhos de acesso ao conhecimento podem ser pavimentados com ouro, mas outros continuarão não sendo tão fáceis de encontrar e menos firmes aos pés. Durante uma recente revisão de pesquisa em educação médica de pós-graduação, busquei a opinião de uma série de consultores médicos sobre a proporção de decisões médicas para as quais havia evidências relevantes do tipo "padrão-ouro", tivessem elas seus sumários feitos pela Cochrane ou não. Ninguém sugeriu um número acima de 20%, mas todos concordaram que estava crescendo. Entretanto, as opiniões sobre a velocidade desse aumento e quando começaria a se estabilizar variavam muito.

Os principais critérios para aceitação como pesquisa de "padrão-ouro" estão relacionados com a descrição e amostragem da população, a administração constante da intervenção e com a evitação da influência involuntária de pesquisadores ou trabalhadores que participam, por meio do uso de testes controlados randomizados do tipo duplo-cego. A avaliação rigorosa dos resultados é necessária, mas não suficiente, porque é preciso que se tomem essas precauções adicionais para possibilitar uma atribuição mais consistente de resultados às intervenções específicas em lugar de outros fatores.

A prática da metanálise associada às revisões da Cochrane envolve primeiro a exclusão de todas as pesquisa que não são testes controlados randomizados e depois a diferenciação cuidadosa dos estudos incluídos segundo sua população (especialmente a natureza e a gravidade das condições dos pacientes), a magnitude do efeito e outras condições contingentes, como variáveis contextuais e efeitos colaterais. Quando outros tipos de pesquisa são incluídos, mais pesquisas se tornam disponíveis, mas seu valor geralmente é mais baixo porque as interpretações alternativas dos dados são mais plausíveis. O processo se aproxima de uma revisão de pesquisa tradicional, a qual, na melhor das hipóteses, dá atenção considerável a interpretações alternativas às oferecidas pelos autores de estudos publicados. Assim, sua produção tem mais probabilidades de tomar a forma de julgamentos cuidadosamente considerados, com base em evidências e argumentos e/ou alertas contra dar crédito demais a orientações que não sejam suficientemente sustentadas por pesquisas. Entretanto, ainda importa lembrar que até a pesquisa menos consistente, que não consegue cumprir os critérios da Cochrane, ainda é muito útil, pois pode contribuir para a probabilidade de se tomar uma decisão melhor, mesmo que as evidências sejam menos confiáveis. Contudo, o uso desse tipo de pesquisa demanda mais conhecimento de avaliação crítica por parte do usuário, mesmo quando há revisões recentes disponíveis.

Deve-se observar, todavia, que essa pesquisa de tipo "padrão-ouro" se aplica quase que exclusivamente a tratamentos, e mesmo estes requerem uma sintonia fina com as características de pacientes individuais. Ela parte do pressuposto de que o diagnóstico está correto e normalmente não será aplicada a pacientes com doenças múltiplas, um problema cada vez mais provável à medida que os pacientes envelhecem. As decisões de diagnóstico geralmente se fundamentam em uma ampla gama de evidências baseadas na prática, o processo é mais bem descrito como um médico que reconhece o padrão criado ao se juntarem vários tipos distintos de informação derivada do histórico do paciente (obtida por meio de questionamento), exame físico, testes de rotina e, se for o caso, raios X ou outras formas de imagem, testes microbiológicos ou outros, mais sofisticados – todos os quais necessitam ser interpretados por médicos e muitas vezes por outros profissionais de saúde. Parte dessas evidências baseadas na prática é coletada no início e algumas, se necessário, em etapas posteriores do processo de diagnóstico. Quando os pacientes têm doenças agudas, a estabilização e o tratamento de sintomas que põem a vida em risco podem preceder a coleta de evidências diagnósticas não obtidas rapidamente; a resposta do paciente a essas medidas de emergência pode proporcionar algumas das evidências mais importantes. Alguns testes são usados principalmente para diagnósticos diferenciados, após a seleção de possíveis diagnósticos compatíveis com as primeiras evidências.

As evidências baseadas em pesquisa podem contribuir para esse processo de diagnóstico de diversas formas. Em primeiro lugar, esses são os resultados da pesquisa epidemiológica que mede a probabilidade de vários problemas de saúde em determinadas populações. Populações, no contexto médico, podem ser definidas por um grande número de variáveis, inclusive: gênero, etnia, idade, família, ocupação, local de residência e trabalho, estilo de vida (por exemplo, fumo, dietas, exercícios, viagens), altura, peso e histórico médico do indivíduo e da família. Esses dados possibilitam uma atribuição precoce de probabilidades a possíveis diagnósticos. Em segundo, as pesquisas proporcionaram evidências estatísticas de como os resultados de exames podem se alterar em relação a muitas dessas variáveis, possibilitando assim estimativas da anormalidade de um resultado ao compará-lo com dados de pacientes "semelhantes". Junto com pesquisas ou evidências de auditorias locais sobre a precisão dessas evidências, elas oferecem um quadro essencial para se julgar sua importância. Assim, em terceiro lugar, as pesquisas podem apresentar evidências do poder de discriminação de vários exames e procedimentos de diagnóstico. Qual é a probabilidade de que um determinado teste venha a confirmar um certo diagnóstico? Ele aumentará significativamente as possibilidades de diagnóstico? Quais são os erros com mais probabilidade de surgir a partir de seu uso?

A maior parte da pesquisa sobre diagnóstico, contudo, não se volta ao uso de evidências de pesquisa, e sim ao conhecimento individual de médicos. Algumas características fundamentais dessa pesquisa e também de pesquisas sobre a especialização em muitos outros domínios são

> a importância de experiências baseadas em casos, o rápido acesso a informações de memória atribuível a sua organização superior, o desenvolvimento de tipos padronizados de raciocínio e solução de problemas, rápido reconhecimento de qual abordagem usar e quando, consciência acerca de viés e falibilidade, e capacidade de identificar, avaliar e usar as evidências de pesquisa e os dados relativos a casos específicos. Entender a natureza da especialização é importante para automonitorar o próprio uso da heurística e de possível viés, compartilhar conhecimento com outros e apoiar a aprendizagem de outras pessoas. Também é fundamental para entender os respectivos papéis da experiência clínica e das diretrizes baseadas em pesquisa. (Eraut e Du Boulay, 2000, p.99)

Dessa forma, segundo a natureza da decisão, se está relacionada a tratamento ou diagnóstico e à quantidade de evidências de pesquisa relevantes disponível, o equilíbrio entre conhecimento baseado em sistemas e o conhecimento baseado em especialistas irá variar consideravelmente. As chances de o especialista já estar familiarizado com o conhecimento baseado em sistemas serão altas; as chances de o sistema captar a maior parte do conhecimento baseado em especialistas, próximas de zero. "Os responsáveis por desenvolver, disseminar, avaliar e modificar diretrizes, auxílios à decisões, sistemas de informações e auxílios a comunicação dentro de equipes e entre elas precisam adequar seus procedimentos e modos de representação à forma como as mentes dos médicos funcionam" (Eraut e Du Boulay, 2000, p.99). Nossa conclusão é que, mesmo em áreas nas quais se podem encontrar as mais sofisticadas bases de conhecimento, o acesso à especialização humana individual desenvolvida por meio de conhecimento e experiência é a parte mais importante de uma política de gestão de conhecimento.

Quando saímos do hospital para a comunidade, ou mesmo em ambientes ambulatoriais, outros tipos de especialização ganham mais destaque. As consultas, em particular, podem envolver tratamento, até mesmo terapia, bem como diagnóstico. A maioria das condições será menos grave ou ainda não suficientemente clara para diagnosticar, e o elemento psicológico pode receber mais atenção. Alguns autores (como Balint, 1957) afirmaram que há um elemento psicológico na maioria das consultas e que ele é o aspecto mais significativo de pelo menos um quarto delas em ambientes de comunidades. Isso oferece uma perspectiva muito diferente sobre o tipo de conhecimento de que necessitam os médicos de família.

Uma questão psicológica um tanto diferente está associada ao que a alta literatura descreve como o problema do cumprimento de tratamentos. Sejam quais forem os méritos do diagnóstico e da orientações de um médico, as pesquisas indicam que uma grande proporção de pacientes não os segue. Isso não se aplica apenas a estilos de vida insalubres difíceis de mudar, mas também a tomar os medicamentos. Tuckett e colaboradores (1985, p.167-168), examinando a comunicação entre médico e paciente na clínica geral, concluíram que, em "até uma em cada duas consultas, os pacientes não conseguiam se lembrar de todos os pontos importantes [...], não conseguiam entendê-los corretamente ou não estavam comprometidos com eles".

> Como os médicos não conheciam os detalhes do que os pacientes estavam pensando, as informações que deram não correspondiam, de maneira precisa ou relevante, às idéias que os próprios pacientes possuíam. Resumindo, os pacientes não tinham como saber se o que entendiam do que os médicos explicavam estava "correto". (Tuckett et al. 1985, p.205)

Em um nível maior e mais geral, e particularmente em ambientes comunitários e em clínicas, é importante que o médico saiba o que preocupa o paciente e por que este veio a uma consulta, a fim de conseguir definir o problema de saúde de forma adequada e fazer avançar a situação. O problema do médico pode não ser o mesmo do paciente. Tenho dúvidas se o conhecimento de como conduzir consultas mais efetivas aparece com muita freqüência em aulas em que se ensina como prescrever medicação. Essa análise da interação entre profissional e cliente poderia se aplicar a muitas outras profissões.

Tratemos agora de um debate paralelo, fora da medicina. A gênese da tomada de decisões clássica pode ser identificada em *Theory of games and economic behaviour*, de Von Neumann e Morgenstern (1947). É "um sistema abstrato de proposições projetado para descrever as escolhas de um tomador de decisões hipotético – um Homem de Economia, onisciente, onipotente em termos de cálculo" (Beach e Lipshitz, 1993). Contudo, seguindo Edwards, (1954), esta teoria assumiu o papel de um padrão prescritivo em relação ao qual a qualidade da tomada de decisões por simples mortais deve ser tratada. Infelizmente para seus proponentes, a pesquisa já demonstrou que os tomadores de decisões "reais" muito raramente se comportam dessa maneira. Beach e Lipshitz (1993) identificam quatro possíveis reações a esse enigma:
1. Maldizer o comportamento, chamando os atores de irracionais e incompetentes.
2. Estreitar a lacuna entre teoria e prática, treinando pessoas em análise de decisões e/ou fornecendo-lhes auxílios à decisão.
3. Adaptar a teoria, fazendo modificações menores, uma estratégia que atualmente atingiu proporções ptolomaicas.
4. Desenvolver uma abordagem que rivalize com essa, baseada em pesquisa sobre como os tomadores de decisões se comportam em ambientes naturais.

A gama de teorias desenvolvidas por esta quarta abordagem é revisada pelo livro *Decision making in action: models and methods*, de Klein e colaboradores. (1993). A teoria clássica da decisão é mais abstrata e idealizada do que a prática da medicina baseada em evidências, mas seu declínio constitui um alerta importante sobre a ênfase exagerada em áreas para além de seu alcance atual, ou onde a evidência indica que a pesquisa oferece orientação inadequada. Os proponentes da tomada de decisões tendo como base ambientes naturais afirmam que os contextos raramente são tão simples como aqueles vislumbrados pela teoria clássica da tomada de decisões ou as visões mais fortes da prática baseada em evidências, porque os ambientes reais têm muitas das seguintes características:
- Os problemas são mal-estruturados.
- A informação é incompleta, ambígua ou instável.

- Os objetivos são instáveis, mal-definidos ou contraditórios.
- As decisões ocorrem em ciclos de realimentação de múltiplos eventos.
- Há limitações de tempo.
- Há muita coisa em jogo.
- Muitos participantes contribuem para as decisões.
- O tomador de decisões deve equilibrar a escolha pessoal com as normas e com os objetivos organizacionais. (Orasanu e Connolly, 1993, p.19-20)

As conclusões da pesquisa em tomada de decisões por naturalização o correspondem (NDM) muito de perto àquelas sobre diagnósticos médicos mencionadas brevemente:
- Os especialistas muitas vezes geram e avaliam uma única opção em lugar de analisar múltiplas opções ao mesmo tempo.
- Os especialistas se distinguem dos novatos principalmente por suas capacidades de avaliação de situações, e não por suas habilidades gerais de raciocínio.
- Como a maioria dos problemas de decisão naturalista são mal-estruturados, os tomadores de decisões escolhem uma opção que seja boa o suficiente, ainda que não necessariamente a melhor (Orasanu e Connolly, 1993, p.20).
- O raciocínio e a ação estão entrelaçados, e não segregados (Weick, 1983).
- Em lugar de analisar todas as facetas de uma situação, tomar uma decisão e então agir, parece que, em situações reais complexas, as pessoas pensam um pouco, agem um pouco e depois avaliam os resultados e agem mais um pouco (Connolly e Wagner, 1988, p.19).

As pesquisas também demonstram que o raciocínio é "movido por esquemas" em lugar de algorítmico, como suposto pela análise de decisões apoiada por computador no modo clássico.

> Mesmo com problemas com muitos elementos novos (típico de situações do tipo NDM), os tomadores de decisões usam seu conhecimento para organizar o problema, para interpretar a situação e para definir que informação está disponível para a solução. Algumas informações podem ser escolhidas ou distorcidas para se ajustar ao esquema existente – uma fonte potencial de erro. O conhecimento também possibilita a avaliação, busca e interpretação aceleradas de informações relevantes, uma vantagem definitiva quando se enfrenta sobrecarga de informações e pressão do tempo. Uma característica fundamental da abordagem movida por esquemas é que as pessoas criam modelos causais da situação. Elas tentam entender a importância dos eventos e informações, inferindo relações causais. (Connolly e Wagner, 1988, p.18)

Sugere-se nesta pesquisa que:
1. a relação entre conhecimento e tomada de decisões raramente é simples;
2. a boa tomada de decisões depende muito de como a decisão é definida pelos tomadores de decisões à luz de sua compreensão situacional;
3. portanto, o equilíbrio pende mais para o conhecimento pessoal do tomador de decisões e menos para um sistema de gestão de conhecimento codificado que possa ser sugerido pela teoria clássica da tomada de decisões.

Se houver muito pouco tempo ou várias decisões contraditórias, qualquer consulta ao sistema de gestão de conhecimento será breve e só será realizada se houver alta expectativa de se obter uma compensação valiosa quase que imediatamente. A maior parte das evidências de pesquisa tem de estar embutida na prática normal, para que possa ser usada regularmente.

Isso nos traz de volta à própria natureza da prática. O termo tem vários significados em uso comum. A prática da medicina inclui tudo o que um médico faz no papel de médico. A isso, deve-se acrescentar um conjunto de sentidos baseados em atividades – por exemplo, a prática do exame físico, o levantamento do histórico ou a interpretação de raios X – e um conjunto de sentidos baseados na condição específica de que o paciente é portador, como a prática do diagnóstico e tratamento de asma. A prática, na prática baseada em evidências, normalmente se baseia nessa condição específica, e seu uso depende de um diagnóstico apropriado. Também se define implicitamente a prática como um conjunto ou uma seqüência de ações explicitamente desejável que pode ser replicada por qualquer profissional com a competência necessária.

Entre os aspectos dessa competência estão entendimento situacional, ação especializada, monitoramento contínuo e respostas contingentes a mudanças na condição do paciente. Nem todos esses aspectos são, nem poderiam ser, descritos explicitamente. Dessa forma, eu afirmaria que, na maioria das situações, há dois tipos de prática em evidência: aquela observável, socialmente construída e aprovada (possivelmente baseada em evidências), e aquela prática da pessoa que está desempenhando a ação, apenas parcialmente observável, apenas parcialmente descritível, baseada em experiência (Eraut, 2000, 2003). Dessa forma, os profissionais precisam da capacidade de obter e interpretar evidências baseadas em pesquisa em geral e da competência para realizar práticas específicas consideradas adequadas para cada caso em particular. Em condições de extrema urgência ou pressão de trabalho, a segunda sempre terá prioridade. Assim, as evidências de pesquisa relevantes têm que ser embutidas na prática normal, e isso só acontecerá se houver períodos de trabalho com menos pressão, que permitam tempo para reflexão, revisão e aprendizagem de novas práticas.

As práticas organizacionais são importantes por essa e outras razões. A organização fornece o ambiente, a tecnologia, a administração e o conjunto de habilidades que caracterizam o contexto de trabalho dos profissionais. A pesquisa em áreas como promoção de saúde ou orientação de pacientes em situação de risco demonstrou que intervenções que tratam de práticas administrativas, bem como aprendizagem de profissionais, dão resultados mais sustentáveis, e as conseqüências das deficiências organizacionais que não tenham sido previstas são relatadas na literatura de pesquisa sobre transferência de tecnologia, ao passo que a literatura mais geral sobre transferência de prática revela como o contexto micropolítico pode ser um fator extremamente importante. A aceitabilidade de uma nova prática depende mais de quem a introduz, ou a defende, do que de seus benefícios aos usuários.

Por fim, permitam-me enfatizar a importância de se prestar atenção às muitas práticas de usuários que afetam sua saúde e a resposta adequada dos profissionais. Um conjunto de práticas, aquelas consideradas mais danosas ou que colocam em risco a saúde da pessoa, precisam ser entendidas no contexto da vida desses usuários antes que possam ser adequadamente abordadas. Ajudar os usuários com condições ou deficiências crônicas requer entender o seu ambiente físico e social e discutir de que forma ele pode melhor apoiar essas práticas da vida cotidiana que são mais valorizadas pelo usuário. As prioridades diferem muito, e o conhecimento de como melhor apoiar certas práticas pode ser difícil de encontrar. As práticas dos usuários também podem ser subdivididas, assim como as práticas profissionais, em atividades observáveis e prática baseada na experiência que os usuários podem precisar adquirir.

8 Reflexões a partir da prática médica: contrabalançando a prática baseada em evidências com evidências baseadas em prática

Ed Peile

Por que a medicina baseada na prática se tornou quase um lema da investigação e da prática médica e de saúde, enquanto o mundo da educação é muitos mais cauteloso com relação à definição e à promulgação de sua base de evidências? As duas disciplinas são fundamentalmente diferentes ou são a cultura e o contexto que levaram uma a assumir o conceito que ainda é visto com muita desconfiança na outra?

A HISTÓRIA DA MEDICINA BASEADA EM EVIDÊNCIAS

As atividades centrais que se encontram na raiz da medicina baseada em evidências podem ser identificadas como:
- abordagem questionadora da prática, levando à experimentação científica;
- observação meticulosa, enumeração e análise, substituindo a descrição de caso de caráter narrativo;
- registro e catalogação de evidências para acesso sistemático.

Cada uma dessas atividades foi registrada no século XVIII. James Lind (1716-1794) é considerado o fundador da experimentação moderna. O cirurgião-almirante da Marinha Real Inglesa Lind estava determinado a estabelecer um alicerce científico para a prática. Em 1747, desenvolveu o que provavelmente foi o primeiro experimento controlado. Dividiu (não-aleatoriamente) 12 homens de um navio da marinha real (todos sofriam de escorbuto) em seis pares, que receberam cidra, água do mar, alho, mostarda, rabanete, ou laranjas e limões. Somente os que receberam frutas cítricas se recuperaram suficientemente para cuidar dos outros.

Se Lind foi o fundador da experimentação moderna, então o fundador da estatística médica provavelmente foi o médico francês Pierre-Charles Alexandre Louis (1787-1872). Em profundo contraste com o clima que prevalecia em Paris, em que os médicos dependiam de sua memória de casos marcantes para a discussão de diagnóstico e tratamento, Louis defendeu a observação exata e o uso de dedução empírica nos estudos médicos. Dedicando seu tempo a observar e registrar o trabalho de outros médicos, e realizando muitas entrevistas com pacientes e suas famílias, Louis insistiu em que os pacientes que morriam no Charité Hospital, onde ele trabalhava, passassem por exames *post mortem* detalhados. Dessa forma, construiu um banco de dados inédito de doença e tratamento. Ele acreditava muito na abordagem científica que propunha e, diferentemente de seus contemporâneos, não tinha receio de publicar conclusões negativas. Foi Louis que demonstrou conclusivamente que muitas das afirmações para defender a flebotomia eram infundadas (Louis, 1836). Ele explicava sua filosofia da seguinte forma:

> Que se dê à observação o cuidado e o tempo que ela demanda, que os fatos sejam rigorosamente analisados para que haja uma justa apreciação; e isso é impossível sem classificá-los e contá-los, então a terapêutica irá avançar não menos do que outros ramos da ciência. (Louis 1836, p.64-65)

Duzentos anos após esses elementos serem estabelecidos, a cultura dominante na medicina ainda era de aprendizagem a partir da experiência. Muito do crédito pelas técnicas de hoje de avaliação crítica pertence a Archie Cochrane, que é mais conhecido por seu influente livro, *Effectiveness and efficiency: random reflections on health services* (Cochrane, 1972). Os princípios de Cochrane eram simples: ele sugeria que, por serem sempre limitados, os recursos deveriam ser usados para proporcionar de forma igualitária as formas de assistência de saúde que se tivessem demonstrado eficazes, em situações projetadas adequadamente (Cochrane Collaboration, 2003).

Figura 8.1 Professor Archie Cochrane, CBE, FRCP, FFCM (1909-1988).

Cochrane estava mergulhado na ciência da epidemiologia e insistia que as evidências mais confiáveis eram as que emanavam de testes controlados randomizados. Suas proposições simples eram oportunas e foram rapidamente aceitas em todo o mundo da medicina (ver Dickersin e Manheimer, 1998).

O desafio que ele apresentou às especialidades médicas era o de desenvolver um resumo de todos os testes controlados randomizados relevantes, e isso foi assumido na década de 1980 por uma instituição com caráter de colaboração para desenvolver o Oxford Database of Perinatal Trials. Em 1987, ano anterior a sua morte, Cochrane se referiu a uma revisão sistemática de testes controlados randomizados de cuidados durante a gravidez e o parto como "um verdadeiro marco na história dos testes randomizados e na avaliação de tratamentos" (Cochrane, 1989).

OS AVANÇOS

O Cochrane Centre foi inaugurado em Oxford, em 1992, e foi seguido pela fundação da Cochrane Collaboration, em 1993. A Cochrane consiste em grupos de revisão conjunta que preparam e mantêm revisões sistemáticas de evidências em muitos campos clínicos. Essas revisões são publicadas eletronicamente em edições sucessivas de *The cochrane database of systematic reviews.* Segundo o *site* da instituição:

> No início de 2001, os grupos de revisão existentes cobriram todas as áreas importantes da saúde. Os membros desses grupos – pesquisadores, profissionais de saúde, consumidores e outros – têm um interesse comum na geração de evidências atualizadas e confiáveis para prevenção, tratamento e reabilitação de problemas de saúde específicos, ou grupos de problemas. Como se pode prevenir e tratar o derrame e seus efeitos? Que medicamentos devem ser usados para prevenir e tratar malária, tuberculose e outras importantes doenças infecciosas? Quais estratégias são eficazes na prevenção de lesões cerebrais e na medula óssea e suas conseqüências, e que medidas de reabilitação podem ajudar as pessoas que têm deficiências residuais? (Cochrane Collaboration, 2003)

A expressão *medicina baseada em evidências* foi cunhada na faculdade de medicina McMaster, no Canadá, na década de 1980, para uma estratégia de aprendizagem clínica que incluía quatro passos:
- Formular uma questão clínica clara a partir do problema do paciente.
- Buscar artigos clínicos relevantes na literatura.
- Avaliar (criticamente) a literatura para sua validade e utilidade.
- Implementar conclusões úteis na prática clínica. (Rosenberg, 1995).

A estratégia permanece semelhante ainda hoje. (Sacketti, et al., 2000).

A ATUAL POSIÇÃO DA MEDICINA BASEADA EM EVIDÊNCIAS NA GRÃ-BRETANHA

Atualmente, há muitas publicações impressas e eletrônicas sobre o tópico da medicina baseada em evidências, sendo que algumas das mais conhecidas no Reino Unido são: *Evidence-based medicine, bandolier, The british Journal of Clinical Governance, Effectiveness matters, Effective health care* e *Quality and safety in healthcare*. Todas as principais publicações médicas dedicam seções para a base de evidências, e a maioria das especialidades médicas publicam revisões tópicas baseadas em evidências para especialistas. Há muitos livros em um campo em que ninguém pode dar-se ao luxo de ser ignorante, e a maioria dos nichos do assunto já foram explorados, a saber:
- Medicina baseada em evidências (Sackett et al., 2000)
- Tomada de decisões baseada em evidências (Downie e Macnaughton, 2000).
- Atendimento de saúde baseado em evidências (Gray, 1997).
- Escolha do paciente baseada em evidências (Edwards e Elwyn, 2001).

Não é de estranhar que o *Bandolier* fale de "Tudo baseado em evidência", (Anon, 1995a), e que haja muitos *sites* sobre o assunto.

Nas mesas de muitos médicos, se não de todos, há um computador com *links* para recursos baseados em evidências, e em 1999 o pacote de recursos baseados em evidências começou a ser usado em hospitais em que se tratam problemas agudos em Oxford, oferecendo aos médicos acesso a fontes eletrônicas de evidências clínicas em 15 segundos, no próprio hospital (Sackett e Straus, 1998). Há, inclusive, uma seção da National Electronic Library for Health chamada Evidence-Based On-Call (Plantão Baseado em Evidências), que é um banco de dados para ajudar jovens médicos a encontrar as evidências de que precisam, particularmente quando mais necessitam – a saber, no meio da noite, quando as bibliotecas estão fechadas ou distantes, e quando os profissionais mais experientes não estão presentes.

A prática da medicina baseada em evidências é o paradigma subjacente para as novas instituições do NHS, como o National Institute for Clinical Evidence (NICE) e a Commission for Healthcare Audit and Inspection (CHAI).

Vale a pena fazer uma pausa para refletir sobre como um movimento baseado em idéias, publicado em 1972 e que recebeu impulso do ensino no Canadá nos início dos anos de 1980, conseguiu, na virada do século, tornar-se o paradigma dominante na medicina do mundo desenvolvido. "Na revolução dos paradigmas, assim como nas revoluções políticas – não há padrão mais elevado do que a concordância da comunidade que lhe é relevante" (Kuhn, 1962). Para que um paradigma se torne predominante, deve haver uma coalizão dos interessados. Neste caso, médicos, pacientes e governo, todos teriam algo a ganhar com a medicina baseada em evidências. (Para entender o que eles ganharam, tente aplicar o "teste do não". A maioria dos médicos gostaria de dizer "Não quero praticar a medicina com base nas melhores evidências possíveis?". Há muitos pacientes buscando tratamentos que não sejam sustentados em evidências científicas? Pode-se imaginar os governos financiando sistemas de saúde que não sejam sustentados pelas melhores evidências de eficácia possíveis?) Na verdade, a promoção de formas de identificar os melhores métodos para o tratamento de saúde e, assim, ajudar pacientes e médicos a fazer escolhas informadas melhores, já foi descrita como ideais éticos e clínicos de apelo universal (Kerridge et al., 1998).

CARACTERIZANDO A BASE DE CONHECIMENTOS

Tradicionalmente, a base de conhecimentos da medicina baseada em evidências inclui cinco passos (Sackett et al., 2000):
1. Converter a necessidade de informações sobre prevenção, diagnóstico, prognóstico, causação em terapias e assim por diante em uma pergunta passível de ser respondida.
2. Identificar as melhores evidências com as quais responder à questão.
3. Avaliar criticamente as evidências em termos de sua validade, seu impacto e sua aplicabilidade.
4. Integrar a avaliação crítica ao nosso conhecimento clínico e à biologia, aos valores e às circunstâncias singulares de nossos pacientes.
5. Avaliar nossa eficácia e eficiência na execução dos passos 1 a 4 e buscar formas de aprimorá-los para a próxima vez.

Como parte desses passos, há uma série de habilidades subjacentes à prática da medicina baseada em evidências. Por exemplo, ao definir questões, uma técnica comum é usar o modelo Paciente, Intervenção, Comparação e Resultado (PICO) (Armstrong, 1999). Contudo, mesmo os pesquisadores experientes encontram dificuldades de buscar na literatura evidências – essas dificuldades podem ter mais a ver com a qualidade das evidências do que com as habilidades do pesquisador (Ely et al., 2002).

Várias pessoas tentaram simplificar os passos para gerar rapidamente respostas baseadas em evidências para problemas clínicos prementes (ver Sackett e Straus, 1998). Examine, também, a Tabela 8.1 para uma tentativa de realizar esse tipo de simplificação.

Outros trataram da necessidade de se concentrar em um pequeno número de questões. Strauss (1998) calculou que um típico paciente internado gera cinco questões para os clínicos que estejam dispostos a admitir que não têm todas as respostas. Portanto, eles tentaram introduzir um processo que as reduz a uma pergunta passível de ser respondida, equilibrando vários fatores. Esses fatores podem ser: qual pergunta é mais importante ao bem-estar do paciente, qual é a mais viável de responder no tempo disponível, qual é a mais interessante ao clínico e qual resposta tem mais probabilidades de ser aplicada em pacientes subseqüentes. (Straus e Sackett, 1998).

---

1. Fortes evidências de, pelo menos, uma revisão sistemática de múltiplos testes controlados randomizados com bom desenho.
2. Fortes evidências de, pelo menos, um teste controlado randomizado com desenho apropriado e tamanho adequado.
3. Evidências de testes com bom desenho, sem randomização, com grupo único pré/pós, coorte, série de tempo ou estudos controlados por caso.
4. Evidências de estudos não-experimentais, de bom desenho, de mais de um centro ou grupo de pesquisa.
5. Opiniões de autoridades respeitadas, baseadas em evidências clínicas, estudos descritivos ou relatórios de comitês especializados.

Quadro 8.1 Tipo e força das evidências (a partir de Anon, 1995a)

Talvez um aspecto mais polêmico da medicina baseada em evidências seja a "hierarquia de evidências" (Barton 2000), em que os testes controlados randomizados permanecem sendo o padrão-ouro. Essa visão reflete a abordagem positivista do método científico, baseado em estabelecer hipóteses falsificáveis e as testar, que está na base da ciência médica. Entretanto, até mesmo Barton, o editor do *Clinical Evidence*, admite um espaço para mais de uma metodologia na construção das evidências:

> O problema típico dos estudos baseados em observação não é sua capacidade de detectar mudanças significativas, e sim sua dificuldade de excluir vieses sistemáticos que poderiam também explicar essas mudanças. Os testes controlados randomizados raramente proporcionam todas as evidências necessárias para responder perguntas clínicas. Poucos testes controlados randomizados têm desenho que possa oferecer boas evidências sobre danos, e os estudos baseados em observação, de boa qualidade, provavelmente permanecerão essenciais em qualquer boa revisão dos efeitos adversos dos tratamentos. (Barton, 2001, p.165)

Há alguns médicos, especialmente aqueles que trabalham em pronto-socorro, que estão desconfortáveis com a ênfase positivista (Sweeney, 1996). Alguns dariam mais valor a pesquisas qualitativas com desenhos de boa qualidade para examinar questões como "em que circunstâncias e para quais pacientes esse tratamento funcionaria?" Esses médicos podem ser considerados como os que trabalham nos "pântanos da prática" (Schön, 1991) em oposição ao "terreno mais elevado e firme" da pesquisa.

As evidências da relevância disso são encontradas em um estudo fascinante de Freeman e Sweeney, usando metodologia balintiana. Eles resumem suas conclusões de forma eloqüente:

> Este estudo sugere que o clínico geral age como um conduto nas consultas nas quais as evidências clínicas são uma mercadoria. Para alguns médicos, as evidências tinham esclarecido a prática, concentrando os esforços clínicos e, algumas vezes, alterado-a radicalmente. Mas um tema mais forte a partir de nossos dados é que os médicos estão moldando o pino quadrado das evidências para que encaixe no buraco redondo da vida do paciente. A natureza do conduto é determinada em parte pelas experiências prévias e pelos sentimentos do médico. Esses sentimentos podem ser sobre o paciente, sobre as próprias evidências ou sobre de onde estas vieram (o ambiente do hospital). O conduto também é influenciado pela relação médico-paciente. As palavras precisas usadas pelos profissionais em seu papel de conduto podem afetar a forma como as evidências são implementadas. Em alguns ambientes, problemas logísticos irão diminuir a eficiência do conduto. (Freeman e Sweeney 2001, p.1100)

As tensões entre evidência e prática estão começando a vir à tona. Mas mesmo ao pé da cama ou no consultório, deve-se enfatizar que a medicina baseada em evidências é voltada a responder problemas reais para pacientes reais. Os pioneiros do movimento da medicina baseada em evidências esforçam-se para enfatizar o caráter centrado no paciente dessa atividade, e enfatizar que as pessoas – e não as evidências – tomam as decisões (Haynes et al., 2002).

A importância central das preferências dos pacientes é ilustrada nas seguintes citações:

- "A medicina baseada em evidências é o uso conscienciosos, explícito e judicioso das melhores evidências atuais na tomada de decisões sobre o tratamento de pacientes individuais." (Sackett et al. 2000)
- "A prática clínica baseada em evidências é uma abordagem à tomada de decisões na qual o clínico usa as melhores evidências disponíveis, em consulta com o paciente, para decidir sobre a opção mais adequada a este." (Gray, 1997)
- "A prática da medicina baseada em evidências é um processo de aprendizagem autodirigida por toda a vida, no qual o tratamento dos pacientes gera a necessidade de informações clinicamente importantes com relação ao diagnóstico, tratamento e outras questões acerca de saúde." (Straus e Sackett, 1998)

O argumento também é ilustrado por Haynes, na Figura 8.2. Observe que no modelo de Haynes não há lugar para a "experiência" na construção do conhecimento clínico. Isso é um grande contraste em relação à prática predominante na era pré-Cochrane, em que a experiência era tudo. As *grand rounds*, (algo como "rodadas notáveis") como foram chamadas, eram as oportunidades para que as eminências médicas demonstrassem sua imensa experiência, muitas vezes estendendo-se a raridades que os menores dos mortais nuncam encontraram. Os cirurgiões contabilizavam sua especialização segundo o número de vezes em que haviam realizado um procedimento, e a medicina baseada na narração de casos era a ordem do dia. A descrição "uma vez eu vi um caso assim, e ela se saiu muito bem em uma dose alta de ..." é considerada hoje em dia como um teste do tipo n = 1, na linguagem da medicina baseada em evidências.

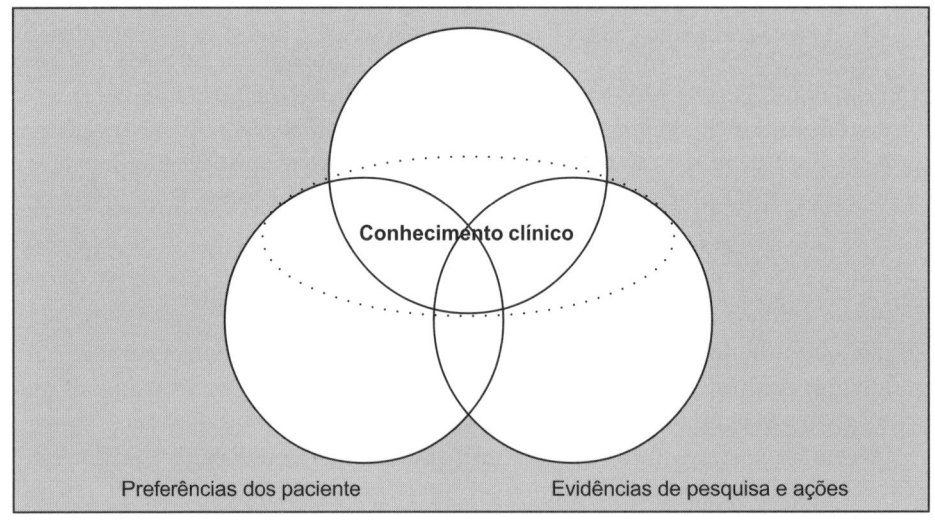

Figura 8.2 Um modelo atualizado para decisões clínicas baseadas em evidências (Haynes et al., 2002).

Entretanto, a experiência não é totalmente desconsiderada pelos profissionais que usam a medicina baseada em evidências. Sackett, por exemplo, enfatiza que a experiência pessoal está no topo da lista de fontes para estimativas de possibilidades pré-exame, essencial para qualquer interpretação bayesiana (Sackett et al., 2000). Ou seja, a menos que se tenha uma idéia da probabilidade de que um paciente tem de estar com um determinado problema de saúde antes que se faça um exame, não se pode interpretar significativamente o resultado do mesmo.

O papel da medicina baseada em evidências na decisão de tratamento para um indivíduo foi demonstrado cientificamente por Glasziou e Irwig (1995). Da mesma forma, Sackett enfatiza as dimensões individuais na determinação da adequação de um exame diagnóstico para um paciente: "Os pacientes que passam por esse exame se saem melhor (em seus resultados de saúde finais) do que os que não se submetem a ele?" (Sackett e Haynes, 2002).

MEDICINA BASEADA EM EVIDÊNCIAS: TRAZENDO A PESQUISA PARA A PRÁTICA

Para o paciente, a consulta individual é o foco importante, mas, para quem está preocupado com tratamento de saúde sistemático, a medicina baseada em evidências falha se não afetar a natureza da prática entre populações (Gray, 1997). Fazer melhor uso das conclusões de pesquisa é uma tarefa prioritária para os formuladores de políticas (Haines e Donald, 1998), e muita pesquisa já se fez para investigar as dificuldades de implementação das evidências (Haynes e Haines, 1998). Há evidências precoces de sucesso no sentido de que um estudo relatou que mais de metade dos pacientes admitidos em uma ala de clínica geral em um hospital municipal receberam tratamentos de urgência que haviam sido validados em testes controlados randomizados (Ellis et al., 1995).

Têm havido alguns estudos de caso interessantes nos "pântanos", que investigaram as dificuldades da prática clínica. Lipman relatou a tentativa, em uma sociedade de clínica geral, de implementar uma política baseada em evidências para tratar de um problema comum, as infecções do aparelho urinário.

> Descrevemos o processo muitas vezes confuso e descoordenado, no qual tentamos melhorar nossa prática. Estamos sempre muito ocupados, sempre temos que ir para a próxima cirurgia e lutar para achar tempo e formas eficazes de avaliar e melhorar nosso desempenho. As decisões devem ser tomadas rapidamente, usando as melhores evidências e os melhores dados, e muitas vezes temos de trocar o rigor metodológico por praticabilidade e velocidade. (Lipman e Price, 2000, p.1117)

Em um comentário sobre esse estudo, Greenhalgh descreve o "roteiro":

> Os defensores linha-dura da agenda baseada em evidências descobrem que seu sistema de valores acadêmico, com sua ênfase em experimento, rigor, precisão e reprodutibilidade, de pouco serve no ambiente confuso e imprevisível da prestação de serviços. Mais além, o sistema de valores defendido por seus colegas, com ênfase na utilização de dados disponíveis e sistemas de informação, na manutenção da harmonia e do preenchimento de cargos na equipe, na resposta flexível a necessidades individuais e na satisfação do cliente, pode ser mais capaz de iniciar a sustentar mudanças positivas dentro da organização. (Greenhalgh, 2000, p.1118)

MUDANDO COMPORTAMENTOS: A BASE DE EVIDÊNCIAS SOBRE A MEDICINA BASEADA EM EVIDÊNCIAS

Guyatt e colaboradores (2000) listam duas razões pelas quais formar profissionais que atuem com base em evidências não resultará, por si só, em prática baseada em evidências:

> Em primeiro lugar, muitos médicos não estarão interessados em obter um alto nível de sofisticação no uso de literatura original; em segundo, os que estiverem, terão pouco tempo para aplicar essas habilidades. (Guyatt et al., 2000, p.954)

Testes controlados demonstraram que a educação médica continuada pouco altera o comportamento dos médicos para que se fundamente mais em evidências (Davis et al., 1992, 1995). Guyatt enfatiza o potencial subutilizado de estratégias que se concentram na mudança de comportamento (como os formulários de medicamentos controlados) para obter tratamento baseado em evidências quase como padrão (Guyatt et al., 2000).

A predominância de diretrizes na prática (Hibble et al., 1998) e as evidências contundentes de sua inutilidade (Oxman et al., 1995; Bero et al., 1998) são um lembrete visível de que, embora os formuladores de políticas possam estar desesperados para promover a medicina baseada em evidências, eles nem sempre a praticam (ver a Figura 8.3). Muir Gray (1998) propõe o "'responsável por informações" como forma de tornar a informação mais gerenciável em nível prático.

O CARÁTER POLÍTICO ENVOLVIDO NA MEDICINA BASEADA EM EVIDÊNCIAS

O fervor com o qual os formuladores de políticas de saúde assumiram a medicina baseada em evidências gerou críticas que afirmam que ela pode ser uma inovação perigosa – perpetrada pelos arrogantes para servir aos cortadores de gastos e suprimir a liberdade clínica (ver Anon, 1995b).

Sempre existe um risco de que a "boa prática" se torne uma vara para bater na profissão, como tem sido o medo dentro do campo profissional do ensino, observado no capítulo de Hammersley, neste volume. Uma pista desse processo surgiu quando uma publicação mudou de nome. Em 1998, o *Journal of Clinical Effectiveness*, publicação sobre "a aplicação de intervenções que se tenham demonstrado eficazes para pacientes adequados, no momento certo, para melhorar seus resultados e o valor do uso dos recursos" (Batstone e Edwards, 1996) passou a se chamar *The British Journal of Clinical Governance*, publicação dedicada a "prática baseada em evidências de auditorias locais, diretrizes clínicas, gestão de risco e implementação de resultados das melhores práticas de saúde".

Educação baseada em evidências **125**

Ao revisar os problemas de aplicarem os resultados das pesquisas, Sheldon, do NHS Centre for Reviews and Dissemination, e colaboradores da academia expressaram algumas das coisas que "devem" ser feitas no paradigma médico (Sheldon et al., 1998). No tratamento de saúde baseado em evidências, os compradores, declaram os autores como algo dado, *devem* ser capazes de influenciar a organização e prestação do serviço de saúde e o tipo e os conteúdos dos serviços. Os formuladores de políticas *devem* garantir que as políticas de tratamento reflitam as evidências de pesquisa, e que a estrutura de incentivos promova práticas que sejam eficazes em termos de custos.

Eles *devem* garantir que haja uma infra-estrutura adequada para produzir, coletar, produzir sumários e disseminar as evidências. Talvez esses "fatos dados", que não causaram qualquer espanto nas colunas de cartas do *British Medical Journal* após a publicação, enfatizem algumas das diferenças entre as culturas predominantes na medicina e na educação na Grã-Bretanha. A medicina baseada na educação está entrelaçada com a cultura comprador/ prestador de serviços e é aceita pelos profissionais nesse contexto.

Figura 8.3 Uma pilha de diretrizes 855 sobre clínica geral na autoridade de saúde de Cambridge e Huntingdon (Hibble et al., 1998).

Pouco se tem escrito em relação aos efeitos dessa politização da pesquisa, apesar do potencial para influenciar as políticas do empreendimento de pesquisa. Grande parte do que tem sido escrito se concentra nas enormes quantidades de dinheiro em jogo para a indústria farmacêutica, no patrocínio à pesquisa (Moynihan et al., 2002) e sua afirmação de que

> a ascensão do tratamento referenciado em diretrizes no mundo ocidental mostra que muitas doenças sérias são subdiagnosticadas e subtratadas. A não-aplicação da medicina baseada em evidências é abordada com bastante legitimidade pela indústria farmacêutica. (Tiner, 2002, p.216)

O momento em que a maioria dos médicos tem que responder por suas estratégias de medicina baseada em evidências é uma revalidação qüinqüenal (ver Burrows et al., 2001; GMC e Health, 2002). Em preparação para isso, avaliadores-pares são estimulados a levantar a questão da medicina baseada em evidências em avaliações anuais. O desempenho aquém do esperado por parte dos médicos é julgado em termos de base de evidências em torno de comportamentos clínicos (Southgate e Dauphinee, 1998; Southgate e Pringle, 1999; Southgate et al., 2001a) e agora existe um organismo do governo para caracterizar essas evidências – a National Clinical Assessment Authority (NCAA, ver Southgate et al., 2001 b).

Nos tribunais cíveis, assim como nos criminais, a definição de negligência está mudando de forma discreta para se adequar à cultura baseada em evidências. Aos poucos, o teste Bolam sobre o que um organismo responsável de opinião profissional possa considerar como o melhor interesse do paciente está perdendo terreno para códigos de prática ou avaliações dos tribunais baseados em "melhor evidência." É o caso de julgamentos relacionados a questões de consentimento (McCall Smith, 2001).

O alcance da medicina baseada em evidências muitas vezes vai além dos confins da medicina, entrando no campo da assistência social. Uma investigação atual independente sobre as desigualdades na saúde enfatizou a importância do ambiente social e incluiu seções sobre educação e moradia. Não obstante, o grupo de avaliação (exclusivamente médico) acabou se inclinando muito às evidências médicas, e, como resultado disso, as recomendações eram amplamente médicas (ver Laurance, 1998). A realidade pode apontar que as diferenciações de saúde entre grupos sociais, ou entre países pobres e ricos, não sejam geradas basicamente por causas médicas e exijam soluções em um nível diferenciado, e as próprias evidências médicas podem ser menos válidas.

O LUGAR DA EXPERIÊNCIA, DA INTUIÇÃO E DO CONHECIMENTO TÁCITO EM UMA CULTURA BASEADA EM EVIDÊNCIAS

> As crenças se fundamentam muito menos em evidências do que supõem os crentes. (Bertrand Russell, *Sceptical Essays*, 1928, p.11)

Grahame-Smith (1995) aponta que na formação médica há uma possível ênfase inadequada no paradoxo de que há um impacto positivo da experiência pessoal sobre a arte do diagnóstico, mas uma influência enganadora da experiência pessoal na avaliação do resultado da prática. Esse é um exemplo do uso do conhecimento tácito (Polanyi, 1959), tópico mais explorado no contexto da medicina baseada em evidências por Wyatt (2001) e por vários colaboradores deste volume em relação à prática educacional.

Lilford e colaboradores (1998) sugerem que, embora o processo de relacionar os resultados de um teste com um paciente específico geralmente é feito por intuição pelos médicos, há lugar para análise de decisões. Os autores defendem o desenvolvimento de algoritmos especiais que possam ser criticados e aprimorados e afirmam que a análise de decisões oferece um meio racional para permitir que os profissionais de saúde avancem da fase de encontrar evidências para sua implementação. Os autores colocam a questão da seguinte forma:

> A análise de decisões depende de probabilidades e valores, nenhum dos quais pode ser medido com certeza. Esses problemas não são diminuídos quando os profissionais de saúde os abordam de forma intuitiva; a análise de decisões torna essas incertezas explícitas. A tentativa de tomar decisões complexas de forma intuitiva resulta inevitavelmente em simplificações grosseiras, porque é impossível incorporar e considerar vários componentes de uma decisão simultaneamente. (Lilford et al., 1998, p.409)

Em outro momento, descrevi um estudo de caso sobre síntese de evidências para responder a questões que surgem da intuição (Peile, 2000). Os trabalhadores da saúde sem formação em orientação queriam saber se estimular pessoas de idade a falar sobre perdas não-resolvidas faria mais bem do que mal – não faz!

RUMO ÀS EVIDÊNCIAS BASEADAS EM PRÁTICA

As evidências apresentadas até aqui neste capítulo têm mostrado uma aceitação exponencial do novo paradigma da medicina baseada em evidências em toda a profissão médica, nos últimos 30 anos. Essa aceitação tem sido rápida, mas agora estamos quase no nível de um culto ou uma moda, em que a velocidade de assimilação excedeu aquela com a qual a base de evidências da medicina baseada em evidências pode ser pesquisada. Muita energia foi colocada na determinação de evidências relevantes, mas há poucas indicações conclusivas do processo pelo qual a filosofia, as habilidades e a aplicação da medicina baseada em evidências avançam para fazer diferença em nível de experiência de cada paciente ou de saúde da população.

A medicina baseada em evidências foi projetada para ajudar cada médico individualmente a responder questões com, para e sobre cada paciente. Muito do esforço para que a base de evidências seja mais útil nessa situação foi direcionada a tornar as evidências mais amplas e mais facilmente acessíveis (Haynes e Haines, 1998). Ainda há muito trabalho a ser feito com relação à qualidade da pesquisa original, de forma que a produção de pesquisa seja capaz de responder às perguntas para as quais os profissionais e os pacientes querem respostas (Haynes e Haines, 1998; Freeman e Sweeney, 2001).

Isso foi tratado, em parte, por patrocínio do governo a redes de pesquisa locais, para gerar evidências baseadas na prática e sustentar essas redes a partir da academia, com vistas a tentar que a produção de pesquisa seja generalizável e útil (Carter et al., 2002). O valor da generalização na pesquisa é mais um "fato dado" na medicina, que pode ser mais questionado no mundo da educação, no qual muitos pesquisadores são da opinião de que a experiência singular de um professor e um grupo de alunos tem validade única para aquela situação. Cordingley discute isso no Capítulo 6 deste livro.

Em nível de profissional individual, também há interesse em gerar evidências baseadas na prática no microcosmo. O trabalho de Richard Eve (2000) sobre as necessidades não-atendidas do paciente e as necessidades educacionais do médico, captou a imaginação de muitos médicos que trabalham com seu desenvolvimento pessoal. Nesse exercício, o médico registra durante o dia de trabalho suas necessidades que não são documentadas e também as mencionadas necessidades do paciente. Para o profissional reflexivo, esses exercícios constituem um componente valioso da avaliação de necessidades educacionais (Grant, 2002).

A futura ameaça ao paradigma da medicina baseada em evidências reside não em sua complexidade ou em suas implicações políticas (porque, diferentemente dos professores, a profissão médica aceitou de forma submissa os supostos benefícios de uma cultura baseada em evidências). Em lugar disso, as ameaças a ela vêm de sua incapacidade de responder a muitas das perguntas importantes para pacientes individuais. Apenas evidências voltadas à prática preservarão os aspectos positivos do paradigma.

9

Pesquisa educacional, ortodoxia filosófica e promessas não-cumpridas: o dilema da pesquisa tradicional em educação especial nos Estados Unidos

Deborah J. Gallagher

Se as ciências sociais não apresentarem suas conclusões como generalizações semelhantes a leis, as bases para utilizar os cientistas sociais como consultores especializados para o governo ou para empresas privadas se tornam pouco claras e a própria noção de conhecimento gerencial está ameaçada. Porque a função central do cientista social como consultor especializado ou gestor é predizer os resultados de alternativas de políticas, e, se suas previsões não derivarem de um conhecimento de generalizações na forma de leis, o *status* do cientista social como alguém capaz de fazer previsões fica ameaçado – como, a propósito, deveria ser, porque o histórico dos cientistas sociais em previsões é realmente muito ruim, até onde pode ser identificado. MacIntyre (1981, p.89)

A educação especial nos Estados Unidos, tanto como campo de pesquisa quanto como área de prática, vive uma grande agitação. Após anos e anos de pesquisa desenvolvida, artigos publicados e afirmações de práticas eficazes realizadas, as coisas simplesmente não estão saindo de acordo com as esperanças ou expectativas. Os pesquisadores da educação especial que passaram toda a carreira na busca de validação científica (empirista) de práticas baseadas em evidências parecem desnorteados pelo fato de que foram levantadas questões sérias com relação ao conhecimento gerado por sua pesquisa; em resposta a críticas de que não têm sido capazes de realizar seus objetivos, sentem-se maltratados e combatidos. A sugestão de que sua ciência se desenvolveu com pouco a mostrar gerou algumas respostas bastante interessantes.

A leitura das principais publicações acadêmicas sobre educação especial nos Estados Unidos na última década revela uma combinação de reações de pesquisadores que, tomadas em seu conjunto, formam um quadro um tanto incoerente. Declarações acerca das extraordinárias realizações de seus empreendimentos científicos são combinadas com considerações forçadas sobre as razões de tão pouco avanço. Uma explicação para essa falta de avanço sustenta que se produziram tratamentos eficazes, mas que esses não estão sendo implementados pelos professores. De sua perspectiva, essa "lacuna entre pesquisa e prática" demonstra o pouco valor que educadores, formuladores de políticas e o público em geral dão à ciência. Sendo assim, eles sofrem, por um lado, de uma carência de boa publicidade, dado que não fizeram com que outros conheçam suas realizações, descuido pelo qual assumem a responsabilidade. Por outro lado, a publicidade negativa injustificada, por parte da mídia e, pior do que isso, de críticos de dentro da academia, teve um efeito deletério sobre os esforços para captar apoio público e institucional para seu trabalho. A solução para esse problema é dupla. Em primeiro lugar, eles têm trabalhado mais para persuadir o público e os formuladores de políticas a reconhecer suas realizações. Em segundo, fizeram esforços articulados para silenciar os críticos dentro da academia. Em nítido contraste com a primeira explicação, surge outra, que cita os problemas com suas práticas de pesquisa, os quais, em sua visão, são eminentemente solucionáveis, uma vez que se mobilizem e passem a trabalhar neles. Esses problemas metodológicos não são, em sua opinião, falhas fundamentais em sua ciência. Em lugar disso, são simplesmente os desafios apresentados a uma área científica de estudo que avança rumo a se tornar uma ciência madura.

O que se segue é uma análise dessas explicações incongruentes, que revelam uma compreensão equivocada do problema e uma correspondente identificação equivocada de suas soluções. Começo com a primeira descrição, que afirma existir, sim, uma base de conhecimento científico coerente acerca das práticas, mas que é simplesmente não-usada. A história, neste caso, retrata um caso de negligência e abuso. O problema surge a partir de uma série de fontes inter-relacionadas, incluindo professores, falta de apoio e recursos públicos, críticas não-justificadas na mídia popular e, mais virulento do que tudo, "ataques hostis" de dentro da academia. A solução proposta ao problema envolve um programa articulado de relações públicas voltado a educar os que não têm ciência do avanço "revolucionário" que conquistaram, ao mesmo tempo em que denuncia e silencia os críticos dentro da academia.

A seguir, volto minha atenção à segunda explicação do problema – uma admissão de que a base de conhecimento das práticas eficazes não é, afinal, adequada, em grande medida porque as práticas de pesquisa careceram de um certo rigor. Nessa explicação, a solução proposta pelos pesquisadores da educação especial é uma iniciativa articulada para reabilitar suas práticas de pesquisa. A natureza contraditória dessas duas explicações é, em si, reveladora, mas mais esclarecedores ainda são os enigmas que esses pesquisadores encontram enquanto tentam revigorar suas práticas de pesquisa. Talvez mais efetivamente do que seus críticos, as deliberações sofridas dos pesquisadores da educação especial, praticamente todas, anunciam que as falhas fundamentais em suas práticas estão, no final das contas, na raiz de seus dilemas com relação à credibilidade. Não sendo capazes de reconhecer as graves implicações dos obstáculos que buscam retificar, involuntariamente afirmam as mesmas críticas que consideram tão traiçoeiramente injustificadas. Embora lhes seja perfeitamente legítimo discutir os problemas encontrados (supostamente porque acreditam que sejam solucionáveis), é intolerável que outros críticos acadêmicos o façam. Concluo com um retrato das mensagens dúbias que emanam desses grupo de pesquisadores em educação especial, que continuam a defender sua ortodoxia enquanto se perguntam em voz alta onde o campo irá acabar.

A BASE DE CONHECIMENTO CIENTÍFICO: UM CASO DE NEGLIGÊNCIA E ABUSO

Nas publicações acadêmicas sobre educação especial nos Estados Unidos, há muito mais afirmações de práticas baseadas em evidências, fundamentadas cientificamente, do que relatos reais sobre em que, exatamente, essas práticas consistem (Brantlinger 1997; Heshusius, 2003). Recentemente, contudo, parece que têm sido feitos esforços para tornar essas afirmações mais explícitas. Essas práticas incluem, principalmente, programas comerciais de instrução direta, automonitoramento, instrução mnemônica, formação estratégica, avaliação baseada em currículo, análise de comportamento aplicada (reforços de comportamento e coisas do tipo), avaliação funcional, remédios, abordagens fonéticas para o ensino de iniciação à leitura, modelos de transição, programas de emprego para portadores de deficiências e intervenção precoce (ver Fuchs e Fuchs, 1995a; Forness, Kavale, Blum e Lloyd 1997; Hallahan e Kauffman, 1997, Hallahan 1998; Lloyd, Forness e Kavale 1998; Walker et al., 1998; Hockenbury, Kauffman e Hallahan, 2000). Essas práticas, afirma-se, foram validadas por pesquisas em educação especial, e, segundo Walker e colegas (1998, p.16), "revolucionaram práticas e melhoraram em muito a qualidade de vida de milhares de indivíduos e suas famílias".

Apesar de uma insistência de que "as melhores práticas institucionais para estudantes com necessidades especiais foram pesquisadas e documentadas" (Hockenbury, Kauffman e Hallahan, 1999-2000, p.9), Walker e colaboradores (1998, p.8) oferecem a seguinte observação: "talvez não haja campo algum com uma desconexão mais gritante entre a disponibilidade de métodos baseados em pesquisa que tenham sido comprovados e sua aplicação efetiva por parte de consumidores do que a educação". Os professores são responsabilizados parcialmente pelo problema. Por exemplo, são criticados por ignorar as melhores práticas ao escolher, em seu lugar, aquelas baseadas em "correção ideológica" (Walker et al., 1998). Kauffman (1994) propõe que parte do problema é que a educação especial não foi capaz de recrutar apenas os "melhores e mais brilhantes" para os programas de formação de professores. Em uma analogia que compara o ensino com a produção de energia atômica (os professores são a matéria-prima), adverte: "lembrem-se de que, ao produzir energia atômica, não é qualquer urânio que serve, é necessário ter o tipo certo" (Kauffman, 1994, p.615). Para não ser indevidamente duro com os professores, ele acrescenta que os programas de formação não têm sido adequados e que as escolas não têm proporcionado os recursos materiais nem o apoio profissional que demandam para fazer um bom trabalho. A questão fundamental, todavia, é que os professores da educação especial não têm feito um trabalho muito bom.

Outra acusação é que o campo da educação especial tem se tornado politizado a ponto de as diferenças ideológicas haverem prejudicado sua credibilidade e diminuído o apoio público (Kavale e Forness, 1998; Walker et al., 1998; Mostert e Kavale, 2001). A publicidade negativa da imprensa popular, por exemplo, é citada como um obstáculo enorme para que se ganhasse e se sustentasse uma credibilidade com autoridade. Jornais importantes, como o *The New York Times* e o *The Wall Street Journal*, revistas de notícias, como *U.S. News & World Report*, e telejornais, como *60 minutes*, retrataram a educação especial nos Estados Unidos como discriminatória em relação às minorias e a estudantes de baixa renda, cara demais e, pior do que tudo, ineficaz (ver Shapiro et al., 1993; Dillon 1994; Winerip 1994). Fazendo objeção grave a essa publicidade negativa, Fuchs e Fuchs (1995b, p.364) anunciaram que "a educação especial estava sendo agredida em uma viela escura" por "facínoras" usando "soqueiras de metal e chaves de roda" de "meias verdades e completas distorções" (p. 363). Se for privado de apoio público e governamental, todo o campo da educação especial está sob ameaça de ser "desmantelado e jogado no depósito de lixo", junto com, supõe-se, todo o *establishment* da pesquisa em educação especial.

Mais lamentáveis ainda são os críticos que estão dentro da academia. Esses críticos são perigosos porque, ao questionar os próprios alicerces do conhecimento empirista/positivista da educação especial e a afirmação de neutralidade científica, acabam por solapar todo o empreendimento da pesquisa em educação especial. Como observado por Heshusius (2003), quando essas críticas apareceram pela primeira vez em meados para final da década de 1980, foram consideradas uma anomalia, e assim, tomadas como confusas, mas toleravelmente benignas. Durante a última década, contudo, a oposição à atividade acadêmica crítica aumentou de forma substancial, até o ponto em que atualmente é vista como "um desafio significativo a nosso campo" (Walker et al.,

1998, p.11). Esses críticos internos são responsabilizados por desgastar o apoio público à educação especial e por ter gerado os danosos ataques da mídia citados (Walker et al., 1999-2000).

Outras respostas a esse "desafio significativo" também foram interessantes. Alguns dos mesmos indivíduos que têm sido mais loquazes acerca dos efeitos danosos dessa crítica também negam que haja qualquer ameaça séria no longo prazo (ver Walker et al., 1999-2000), ao passo que outros mostram claramente sua ira para com esses "críticos internos". Caracterizações visivelmente desinformadas têm constituído uma defesa tática básica contra a ameaça da crítica. Aqueles que têm uma posição incompatível com o quadro empirista/comportamental são invariavelmente aglutinados como marxistas e pós-modernistas, independentemente de suas posições filosóficas declaradas (ver Kavale e Forness, 1998; Walker et al., 1998; Sasso, 2001). Kavale e Forness (1998), por exemplo, criticam os "marxistas" que questionam as bases científicas das deficiências de aprendizagem. Alegam que as teorias marxistas da reprodução social, as teorias do conflito, da construção social e assim por diante carecem de substância e são todas criadas com o propósito de impor as vontades dos educadores progressistas ao resto de "nós". "Conseqüentemente, os defensores do marxismo são menos inibidos pela ignorância, mas, não obstante, possuem um apelo instintivo" (Kavale e Forness, 1988, p.255). Esses autores também consideram as críticas dos "marxistas" como uma "deformação da realidade" e culpadas por "distorções fantasiosas da história" (Kavale e Forness, 1988, p.258).

Os insultos pessoais são outra tática defensiva que revela a "revulsão" (Sasso, 2001) que os pesquisadores da educação especial vivenciam em face de qualquer um que desafie sua estrutura. A seguinte lista de expressões de desdém não é completa, mas oferece uma amostra suficiente (para mais discussão a respeito, ver Brantlinger, 1997; Heshusius, 2003). Entre outras coisas, os críticos das pesquisa e das práticas da educação especial têm sido chamados de "mulas" que "ignoram as regras" e de ser "desavergonhadamente egocêntricos" (Kauffman, 1999). Kavale e Forness (2000) afirmam que essa crítica possui "uma grande dose de defesa do ego" e lembram "um culto à ambigüidade". Sasso (2001, p.179) considera que os "pós-modernistas" travam uma guerra contra a "sociedade branca, masculina, heterossexual, eurocêntrica e ocidental" (p. 179). "Jargão de desenvolvimento profissional" é a expressão favorita de Walker e colaboradores (1998) para se referir a autores "pós-modernos/desconstrucionistas", que se ocupam, de forma auto-indulgente, "do que os faz sentir bem". Outros recursos incluem "charlatães," "estelionatários," "ilusionistas" e "ciência de camelôs, de baixa qualidade" e outras fraudes (Kauffman, 1999).

Hockenbury, Kauffman e Hallahan (1999-2000, p.10) lamentam: "se, pelo menos, os acadêmicos passassem mais tempo pesquisando e teorizando sobre práticas de educação especial eficazes, em lugar de gastar sua energia produzindo diatribes filosóficas contra a educação especial, talvez então a lacuna entre a pesquisa e a prática fosse diminuída".

Estranhamente, muitos pesquisadores da educação especial assumiram a culpa por deixar um vazio para a mídia e os críticos internos ao não se esforçarem o suficiente para divulgar suas realizações para o mundo. Por exemplo, Walker e colaboradores (1998, p.12) observam que "também é importante que não deixemos que eles determinem as políticas de educação especial devido à nossa própria falta de ação (ou seja, por deixarmos de chamar atenção para a confiabilidade e o valor das evidências empíricas que sustentam nossas práticas)". Assim, a solução óbvia é lançar uma campanha de relações públicas para retificar a situação.

Embora condenem a natureza politizada dos argumentos de seus críticos e o uso da lógica da "lei do mais forte", os pesquisadores da educação especial parecem ter decidido que a melhor defesa é um bom ataque. Essa postura fica demonstrada em chamamentos à ação voltada a reafirmar a preeminência da pesquisa científica. Em seu artigo intitulado "Campanhas para fazer a pesquisa avançar para a prática", Carnine (1999, p.3) define uma campanha como "qualquer curso de ação agressiva sistemática rumo a um propósito específico". Ao lançar a campanha, ele descreve uma estratégia militarista para suprimir qualquer oposição.

A mais articulada campanha dos pesquisadores da educação especial para silenciar seus detratores, contudo, tem sido mais privada do que pública. Essa campanha privada se concentra no controle das publicações acadêmicas sobre o tema nos Estados Unidos, por meio do processo de revisão anônima, garantindo assim que haja limitações decisivas ao acesso a perspectivas alternativas. Heshusius (2003) resume a situação: "claramente, não existe hoje um processo de revisão no campo da educação especial predominante que aborde e represente de forma justa uma ampla base de discussões relevantes na atividade acadêmica contemporânea". Citando revisões anônimas que lhe foram mostradas por pensadores alternativos nos estudos de educação especial e para pessoas portadoras de deficiências, Heshusius mostra a natureza corrosiva e desinformada das revisões dessas publicações. Os comentários editoriais e as observações dos revisores indicam que eles baseiam suas decisões para rejeitar manuscritos no fato de que estes são "inflamatórios", "não baseados em dados", "fundamentados apenas na experiência pessoal" ou "testemunho pessoal", "manifestos", "psicobaboseira", "implicitamente marxistas", e a lista continua. A síntese de todas essas revisões indicou que os pressupostos epistemológicos da ciência empirista estavam acima da crítica, e qualquer outra orientação filosófica ou conceitual era indefensável ou não era bem-vinda. Se os trabalhos rejeitados fossem simplesmente exemplos de má prática acadêmica, poder-se-ia concluir que esses comentários fazem pouca diferença no final das contas. Contudo, enquanto um artigo acabou sendo aceito por uma publicação sobre educação especial, os outros acabaram nas publicações acadêmicas mais prestigiadas, nacionais e internacionais, fora do campo.

Aspirando a reparar a credibilidade prejudicada da educação especial (com ênfase particular na subdisciplina de transtornos de comportamento), Walker e colaboradores (1998, p.7) propõem que uma nova dedicação à investigação empírica e ao uso de especialização coletiva pode "dar um grau de 'validação macrossocial' a nossos esforços. Essa validação macrossocial é definida como "reconhecimento, aprovação e valorização das atividades profissionais de uma área pelos grupos mais amplos afetados por elas, tais como o público em geral, o Congresso dos Estados Unidos e os formuladores de políticas". Claramente, acreditam os autores, merece-se mais respeito (e financiamento governamental) do que se recebe. Ainda assim, ao mesmo tempo, esses autores identificam a educação (deve-se supor que educação especial esteja contida sob o título de educação) como uma "profissão imatura", e um indicador disso seria a "incapacidade de desenvolver e usar bases de conhecimento coerentes nos contextos onde é possível" (Walker, 1998, p.8). Não é necessária uma análise profunda para apreender a contradição aqui contida.

A insegurança que reside debaixo da superfície de bravatas auto-afirmadoras é revelada ainda mais pela torrente de artigos que defendem as pesquisas em educação especial com títulos como "O que é correto em relação à educação especial" (Hockenbury, Kauffman e Hallahan, 1999-2000), "O que é correto nos transtornos de comportamento: realizações e contribuições seminais do campo dos transtornos de comportamento" (Walker, Sprague e Close, 1999-2000), "Contraponto: educação especial – ineficaz? Imoral?" (Fuchs e Fuchs 1995c) e "O que é especial na educação especial?" (Fuchs e Fuchs, 1995a). Podemos nos perguntar por que uma área de investigação científica que ostenta realizações tão impressionantes sente tanta necessidade de declarar essas justificativas. Quando foi a última vez que alguém leu um artigo chamado, por exemplo "O que é correto em relação à química?" em uma publicação respeitada de ciências físicas?

À parte as inseguranças subtextuais dessas campanhas de relações públicas e outras medidas defensivas, um sentido mais defensivo de insegurança é expresso na literatura publicada sobre a questão de como, na expressão de Kauffman (1996, p.59), "o trabalho dos profissionais pode ser informado e *alinhado* com as conclusões de pesquisas confiáveis sobre instrução e gestão" (grifo nosso). O autor continua, explicando que uma solução para melhorar o problema passa por "fazer com que os pesquisadores realizem pesquisas melhores" (Kauffman, 1996, p.57). Se esse é o caso, pode-se levantar uma séria questão acerca da atual base de conhecimento, se a pesquisa que a produziu requer melhorias.

ADMISSÕES, REVELAÇÕES E ENIGMAS METODOLÓGICOS

Em um artigo recente, descrevendo os cinco anos de deliberações sobre como melhorar suas práticas de pesquisa, um grupo de pesquisadores da educação especial buscou soluções para os dilemas de se realizar pesquisa experimental e quase-experimental (Gersten, Baker e Lloyd, 2000). Seu principal dilema trata da questão de como tornar sua pesquisa relevante e de mais fácil utilização pelos professores e, ao mesmo tempo, implementar experimentos rigidamente controlados para manter o rigor científico. Ao tentar resolver esses dilemas, concordam que "alguns padrões tradicionais promulgados em livros-texto devem ser ajustados para que se possa realizar pesquisa de intervenção significativa nesses ambientes (salas de aula)" (Gersten, Baker e Lloyd, 2000, p.3). Admitindo que seja insatisfatório fazer pesquisa seguindo o "manual", o artigo oferece aos pesquisadores menos experientes o benefício de seu "conhecimento prático" sobre como se aproximar o máximo possível dos critérios científicos (para garantir validade interna) enquanto se permanece "suficientemente flexível" (para garantir validade externa) (Gersten, Baker e Lloyd, 2000, p.4). A seguir, há uma lista de problemas e de recomendações para solucioná-los.

Operacionalizando a variável independente

A dificuldade enfrentada pelos pesquisadores consiste em para que sua pesquisa aponte algo definitivo sobre a intervenção testada, a variável independente deve ser operacionalizada (ou seja, definida precisamente em termos observáveis e quantificáveis). Todavia, quanto mais precisamente ela for definida, menos flexibilidade ela terá em salas de aula reais, porque a definição precisa impede a autonomia dos professores. Para evitar isso, estes devem ter autonomia para definir de forma mais flexível a técnica de ensino. Reconhece-se que, infelizmente, essa solução levanta um novo problema porque, quando os professores recebem autonomia para definições, "a intervenção pretendida pode apenas lembrar de forma apenas marginal o que foi implementado de fato" (Gersten, Baker e Lloyd, 2000, p.4). Dito de outra forma, na conclusão do estudo, a intervenção que deveria ser testada pode não ter sido a mesma que os professores aplicaram. Embora esses pesquisadores reconheçam que tal solução proposta inevitavelmente apresente problemas para que se replique e se faça a síntese da pesquisa, argumentam que, se o pesquisador for cuidadoso o suficiente, esse problema pode ser tratado com o uso de descrições mais precisas da instrução que realmente aconteceu. No entanto, a forma como isso resolve o problema permanece confusa, assim como a questão de qual é a precisão suficiente.

A lacuna entre conceituação e execução

Não importa o quanto a técnica ou intervenção seja bem-operacionalizada; surgem dificuldades para se certificar de que ela seja ensinada de maneira desejável. Assim, no final das contas, é difícil saber exatamente o que eles consideraram *eficaz* ou *ineficaz*. Isto posto, mais uma vez recomendam descrições mais cuidadosas da forma como a técnica foi realmente implementada, supondo-se que (pelo menos teoricamente) se possa identificar tudo o que afeta a medida dependente (teste de resultado).

Algumas questões ficam sem abordadagem: como, no fim, o pesquisador sabe se algum aspecto crucial da lição escapou de sua observação? Como pode saber se a descrição foi *precisa* ou totalmente mal-interpretada?

Medindo a variável independente

Nesse caso, os pesquisadores citam mais fatores complicadores relacionados à variável independente. Afirmam ser caro medir o quanto a intervenção está sendo implementada de forma constante, em grande parte porque o pesquisador tem que estar presente a todo momento. Também orientam o pesquisador a certificar-se de que o grupo de comparação não esteja implementando parte alguma da intervenção. Ademais, isso obviamente envolveria mais de um pesquisador, ou o pesquisador solitário teria que estar em dois lugares ao mesmo tempo.

É desnecessário dizer que a resposta está em mais financiamento para a pesquisa. Contudo, faz-se necessária mais uma observação: se isso tem sido uma preocupação por algum tempo, e se supõe que tenha, o que isto sugere sobre a qualidade da pesquisa existente e da integridade da atual base de conhecimento que tem sido tão exaltada?

Fidelidade de implementação

A questão que os pesquisadores levantam aqui é: os professores foram "treinados" adequadamente para implementar a intervenção da forma como os pesquisadores pretendiam, ou seja, a intervenção tem "fidelidade de implementação"? Enquanto recomendam que a maioria dos pesquisadores não faça relatórios sobre essa questão, indicam que eles avaliem a fidelidade de implementação usando escalas de classificação mais sofisticadas; mas, confessam, essa solução tem suas limitações porque, com o uso dessas listas de itens a verificar, "os aspectos mais traiçoeiros da implementação de qualidade superior (por exemplo, a qualidade dos exemplos usados, o tipo de retorno fornecido), que muitas vezes estão no centro de intervenções complexas, podem não ser captados por uma lista de itens a cumprir ou um formulário de classificação" (Gersten, Baker e Lloyd, 2000, p.6). Curiosamente, e sem um sentido de ironia visível, esses defensores da pesquisa "científica" continuam a sugerir que as revisões de pesquisa qualitativa com professores podem ser usadas para avaliar a fidelidade de implementação.

A natureza do grupo de comparação

Um pesquisador não pode saber muito acerca de uma intervenção testada se não souber com o que ela é comparada. Os estudantes no grupo de comparação eram mais, menos ou tão *capazes* quanto os do grupo experimental? O professor do grupo experimental era mais *entusiástico* ou habilidoso do que o do grupo de comparação? Essas são perguntas difíceis de responder cientificamente. Tendo levantado essas questões, os pesquisadores sugerem que a solução é ter certeza de que o grupo de alunos experimental e de controle e seus professores sejam igualmente competentes, e que os professores tenham o mesmo entusiasmo, contrabalançando os professores nas condições experimental e de controle. Evitar depender de um único professor para o grupo experimental também ajuda, observam. Por fim, também se pode fazer uma avaliação "*post hoc* dos efeitos dos professores, usando procedimentos típicos de análise de variância" (Gersten, Baker e Lloyd 2000, p.7). Problemas potenciais com as avaliações *post hoc* (relacionados a sua validade, confiabilidade e assim por diante) não são discutidos. Como, afinal, avaliam-se cientificamente fatores como *entusiasmo de professores* sem depender da própria interpretação de entusiasmo?

Ao discutir a natureza do grupo de comparação, esses pesquisadores aludem ao problema de que os pesquisadores em geral não têm muito interesse em submeter suas estimadas intervenções a uma boa comparação. Citam Pressley e Harris (1994, p.197), que declaram: "dado que os pesquisadores de intervenções percebem os estudos como corridas de cavalos, que são vencidas ou perdidas em relação a outras intervenções, a comunicação e o trabalho conjunto construtivos são improváveis". Certamente, há poucas dúvidas de que a boa pesquisa depende de os pesquisadores serem autodisciplinados o suficiente para superar seus impulsos competitivos. Ao levantar esse tema, contudo, reconhecem (supõe-se que desavisadamente) que os métodos da ciência são incapazes de purgar a intenção do pesquisador dos produtos de seu trabalho.

Seleção, descrição e atribuição de alunos a condições

Ao desenvolver pesquisa com populações de educação especial, como o pesquisador pode saber se a população é *suficientemente homogênea*? Como, em termos práticos, ele procura uma amostra grande o suficiente para que seja homogênea (um problema particular para quem estuda alunos com necessidades especiais de baixa incidência)? Com relação a necessidades especiais de alta incidência – como as deficiências de aprendizagem –, todos os alunos nos grupos experimental e de controle realmente têm deficiências de aprendizagem ou alguns têm apenas baixo desempenho? Caso afirmativo, em que grau? Há co-morbidez? (Alguns deles também têm transtorno de déficit de atenção e hiperatividade, por exemplo?) O pesquisador deve identificar quais alunos têm deficiências, ou deve partir do pressuposto de que a escola os identificou de forma precisa? O fato de as questões mencionadas ainda requererem deliberação é decididamente problemático, mas, tendo-as levantado, os pesquisadores experientes sugerem que a solução reside no desenvolvimento de descrições mais minuciosas dos alunos da amostra, além da realização de uma segunda análise envolvendo correlações entre medidas pré-teste e pós-teste. Ainda assim, essa solução não consegue dar conta das questões que ela própria levanta. Mais uma vez, quanto a descrição deve ser minuciosa? De que forma se podem tratar as diferenças nas maneiras como os vários pesquisadores descreveriam suas populações?

Seleção de medidas dependentes

Quanto mais rigidamente forem desenhados, mais válidos serão a medida de resultado ou o pós-teste. Infelizmente, como apontam esses pesquisadores, medidas de resultado desenhadas de forma rígida são também mais restritivas. A resposta é usar medidas múltiplas, mas há um alerta: o pesquisador precisará ser cuidadoso ao usar as medidas estatísticas adequadas para evitar aumentar as possibilidades de encontrar efeitos significativos. Especifica-se ainda que o uso de múltiplas medidas também dificulta dar conta do efeito dos formatos de teste distintos. Ademais, há a possibilidade de que diferentes testes de leitura, por exemplo, testem diferentes constructos de, digamos, compreensão de leitura. Diz-se aos leitores que "existe uma arte na seleção e no desenvolvimento de medidas" (Gersten, Baker e Lloyd, p.12). Os pesquisadores devem usar testes que "não tenham muito viés em relação à intervenção" (Gersten, Baker e Lloyd, p.13). Sugere-se usar uma combinação de efeitos. Todavia, neste caso, há um problema de que "as medidas desenvolvidas pelo experimentador muitas vezes não cumprem padrões aceitáveis de confiabilidade", ao passo que os testes padronizados (amplos) que evitam a armadilha das medidas de resultado dos pesquisadores podem ser "insensíveis aos efeitos da intervenção" (Gersten, Baker e Lloyd, p.13). Talvez a mensagem mais clara que se pode tirar dessa discussão seja que cada solução sucessiva oferece novos problemas. Se concluíssemos que os problemas são insolúveis, estaríamos errados? Além disso, se concluíssemos que toda a pesquisa social e educacional é interpretativa por sua própria natureza, estaríamos errados?

Os dilemas e problemas referidos são apenas alguns dos sujeitos à reflexão. Apesar das soluções propostas, os autores não podem escapar de uma certa falta de coerência. Oscilam entre (a) reconhecer que "o problema central dos desenhos experimentais é que os esforços para controlar, manipular e entender uma variável independente rígida e precisamente definida raramente resultam em uma compreensão profunda da implementação em sala de aula" (Gersten, Baker e Lloyd, p.8), e (b) recomendar experimentos mais flexíveis (menos rigorosos/parcialmente qualitativos) "em termos de desenho/formativos" que possibilitem melhores visões da "vida real". Por sua vez, os resultados desses estudos mais flexíveis deveriam ser subseqüentemente submetidos a pesquisas experimentais mais rigorosas, de forma ostensiva, para eliminar as influências dos estudos mais flexíveis. O que lhes parece passar despercebido é que, no final, permanecem com problemas insolúveis. A única forma para fazer com que seus métodos de pesquisa funcionem é exercer controle completo, uma condição que reconhecem não ser possível.

Por anos, os críticos apontaram as falhas de suas bases conceituais e métodos correspondentes (ver, por exemplo, Iano, 1986; Poplin, 1987; Heshusius, 1989; Skrtic, 1991). É mais do que uma ironia passageira que as deliberações mencionadas, expressas nas próprias palavras dos pesquisadores da educação especial e segundo suas próprias fundamentações, ofereçam uma crítica mais retumbante da ortodoxia da pesquisa em educação especial do que jamais foi apresentada por seus críticos dissidentes. Involuntariamente, supõe-se, suas tentativas de identificar soluções para seus problemas de pesquisa expressam o seguinte: não se pode ter certeza do que estamos testando, das condições sob as quais se testa algo, em quem está sendo testado e o que tudo significa no final. Mesmo assim, continuam a fazer afirmações de conhecimento científico autorizado, mesmo se tentam navegar através do que Cronbach (1975, p.119) já há algum tempo descreveu como "um corredor de espelhos que se estende ao infinito".

Os enigmas tratados não parecem levar às conclusões *científicas* que gerarão um ensino e uma aprendizagem fortalecidos, muito menos rivalizar com os avanços tecnológicos que ocorreram em muitas áreas das ciências físicas. Expresso de maneira diferente, se as ciências que contribuem para a engenharia civil fossem tão ambíguas, atravessar uma ponte ou subir de elevador ao topo da Torre Sears seria realmente uma experiência emocionante.

Parte III

Questões

Algumas questões sobre a prática baseada em evidências na educação

10

———————————————————————— *Martyn Hammersley*

O movimento pela prática baseada em evidências começou na medicina, no início da década de 1990. Desde então, ganhou influência e se espalhou para muitos outros campos, incluindo a educação. Este capítulo afirmará que, embora alguns de seus aspectos mereçam apoio, não é o caso de outros. Surgem questões específicas com relação ao papel que se acredita que a pesquisa cumpra em relação à prática. Uma delas é que as evidências da pesquisa quantitativa e, especialmente, dos testes controlados randomizados são priorizadas, ao passo que as dos estudos qualitativos são marginalizadas. Outro problema é que os resultados de pesquisa são privilegiados em relação a evidências de outras fontes. No mínimo, não está claro de que forma esses resultados devem ser combinados com outros tipos de evidências ao se fazerem julgamentos práticos. Um terceiro problema está relacionado ao pressuposto de que a pesquisa pode fazer a prática ser passível de responsabilização, de forma transparente. Argumentar-se-á que isso é impossível em qualquer sentido completo, e que a tentativa de consegui-lo pode não ser desejável. Ademais, isso é verdade mesmo quando a responsabilização é interpretada em termos de governança democrática em lugar de gerencialismo. Conclui-se que o movimento pela prática baseada em evidências faz algumas promessas falsas e perigosas.

O movimento pela prática baseada em evidências começou na medicina, no início da década de 1990. Desde então, ganhou influência e se espalhou para muitos outros campos, incluindo a educação (ver Sackett et al., 1996; Gray, 1997; Trinder, 2000a; Davies et al., 2000; McSherry et al., 2002). Não surpreende o fato de que ele tenha assumido uma forma um tanto distinta em cada área e que tenha gerado reações diversas. Sendo assim, embora muito se possa apreender a partir do que acontece na medicina e na saúde em geral, também se deve prestar atenção à forma particular com que a prática baseada em evidências tem sido promovida recentemente e às respostas que lhe foram dadas na educação, se quisermos fazer uma avaliação razoável dela. Entretanto, há um problema genérico com a noção de prática baseada em evidências que precisa ser tratado em primeiro lugar.

Sua denominação é um *slogan* cujo efeito retórico é o de desacreditar a oposição. Afinal de contas, quem teria a coragem de dizer que a prática não deve ser baseada em evidências (Shahar, 1997, p.110)? Com efeito, há uma implicação embutida na expressão *prática baseada em evidências* de que a oposição a ela só pode ser irracional. No contexto da medicina, Fowler comentou que a expressão parece sugerir que, no passado, a prática clínica se baseava em uma "comunicação direta com Deus ou no cara-ou-coroa" (Fowler, 1995, p.838). Não obstante, os críticos conseguiram opor-se a essa sugestão, negando que a prática possa ser baseada unicamente nas evidências de pesquisa. A resposta, por parte de muitos defensores, foi mudar da prática "baseada em evidências" para a prática *"informada por evidências"*.[1] À primeira vista, isso sugere uma visão mais razoável da relação entre pesquisa e prática. Mesmo assim, ela está em desacordo com o papel radical muitas vezes atribuído à pesquisa pelo movimento pela prática baseada em evidências. Como resultado, ainda mais do que antes, temos um rótulo que sistematicamente obscurece as bases nas quais se pode discordar de forma razoável do que é proposto.

Em termos políticos, como forma de mobilizar apoio, o uso desses rótulos que excluem a oposição é, sem dúvida, uma estratégia retórica altamente eficaz. Entretanto, é uma base pobre para a discussão racional sobre as questões levantadas pela noção de prática baseada em evidências. Contra esse pano de fundo, é muito importante enfatizar que se pode acreditar que as evidências de pesquisa têm valor para a prática sem aceitar muito do que se classifica como prática "baseada em evidências" ou "informada por evidências", ao mesmo tempo em que se rejeita parte substancial dela. Sendo assim, permitam-me dizer, para começar, que *penso*, sim, que, no todo e a longo prazo, a prática seria melhorada se os profissionais conhecessem mais os resultados de pesquisa. Também aceito que há espaço para pesquisa educacional mais diretamente relevante para a prática e para as políticas. Além disso, aplaudo a ênfase de algumas descrições da prática baseada em evidências sobre a necessidade de reflexão e julgamento profissionais com relação à validade e ao valor de vários tipos de evidências na tomada de decisões.[2]

Ao mesmo tempo, há problemas e perigos no movimento pela prática baseada em evidências, que resultam das tendências embutidas nele, as quais têm uma afinidade com outras pressões no atual ambiente político. A ênfase exagerada na capacidade da pesquisa quantitativa de medir a eficácia de diferentes tipos de políticas ou práticas é uma dessas pressões. Parece que pouco se aprendeu com a história da pesquisa sobre avaliação, que começou com uma abordagem muito semelhante em caráter ao que agora se defende no modelo de testes controlados randomizados em medicina. A fragilidade desse tipo de abordagem, particularmente ao tentar avaliar intervenções, foi reconhecida rapidamente, e uma série de estratégias alternativas foi desenvolvida (Norris, 1990; Pawson e Tilley, 1997). Entre elas estavam as abordagens qualitativas, que foram promovidas supondo-se que poderiam dar conta da trajetória negociada de implementação e das distintas interpretações de uma política ou um programa entre os diversos interessados, bem como das conseqüências não-previstas que as avaliações quantitativas mais focadas geralmente não observavam. Parece que aqui, assim como na promoção por sucessivos governos recentes, do papel dos exames na educação, as lições do passado foram esquecidas ou ignoradas.

Um segundo risco que surge do movimento pela prática baseada em evidências, sobre o qual gastarei mais tempo discutindo, é o privilégio dado às evidências de pesquisa em detrimento daquelas oriundas de outras fontes, especialmente da experiência profissional.

O PRIVILÉGIO DADO ÀS EVIDÊNCIAS DE PESQUISA

A afirmação central do movimento por políticas baseadas em evidências é que a pesquisa pode dar uma contribuição muito importante à melhoria do atual estado da formulação de políticas e à prática. Um aspecto disso é se interpretar a "evidência" de forma restrita. Em sua introdução a *What works? evidence-based policy and practice in the public services,* Davies e colaboradores comentam: "o pressuposto deste livro é que as evidências tomam a forma de "pesquisa," definida de forma ampla. Ou seja, as evidências incluem o resultado de *investigações sistemáticas em direção ao aumento da soma de conhecimento* (2000, p.3). Na medicina, o movimento tem se preocupado basicamente (embora, mesmo neste caso, não de forma exclusiva) com estimular os profissionais a fazer mais uso das evidências de pesquisa que já estejam disponíveis. Iniciativas como a Cochrane Collaboration, dedicadas a produzir e disseminar revisões sistemáticas de pesquisa, são vistas como elementos facilitadores, e a formação dos profissionais médicos, em muitas instituições, passou a dar mais ênfase do que antes às habilidades envolvidas em acessar e fazer uso das conclusões de pesquisa. Em comparação, em outros campos, mais visivelmente na educação, tem-se enfatizado a necessidade de solucionar uma suposta ausência de pesquisas de boa qualidade, que pudessem alimentar a prática baseada em evidências (ver, por exemplo, Hargreaves, 1996).

A idéia de que a pesquisa pode dar uma importante contribuição para melhorar a prática vem, em grande medida, do pressuposto de que ela é sistemática, rigorosa e objetiva em seu caráter. Isso é utilizado para contrastar com as evidências da experiência profissional, retratadas como assistemáticas – refletindo os casos particulares com os quais um profissional entrou em contato – e carentes de rigor – pelo fato de não serem construídas de uma forma explícita e metódica, e sim por meio de um processo, pelos menos em parte, não-reflexivo de sedimentação. Na verdade, por vezes o contraste é apresentado de uma forma que só pode ser descrita enquanto caricatura, como no caso da referência de Cox ao fato de os professores muitas vezes se basearem em "tradição, preconceito, dogmas e ideologia" (citado em Hargreaves, 1996, p.7-8).[3] Tal caricatura complementa a prestidigitação retórica já mencionada do movimento pela prática baseada em evidências. Além do mais, essa visão do papel da pesquisa se ajusta à filosofia política de inspiração iluminista, na qual a prática baseada em evidências é considerada oposta "às forças do conservadorismo" no setor público, forças essas tidas como representantes de interesses arraigados. Por exemplo, Oakley afirma que a profissão médica, junto com a indústria farmacêutica, tem "um interesse próprio na falta de saúde das mulheres – em definir as mulheres como doentes quando elas podem não estar e em prescrever soluções médicas quando elas podem não ser necessárias" (Oakley, 2000, p.51). Esses são considerados interesses disfarçados e protegidos pela afirmação dos profissionais de que têm um tipo de conhecimento que não pode ser comunicado ou compartilhado com leigos, mas que, em lugar disso, demanda autonomia profissional e confiança pública.[4]

Neste capítulo, afirmarei a necessidade de olharmos com muita sobriedade para as características do conhecimento baseado em pesquisa, comparado com aqueles oriundos da experiência prática, e para a forma como as conclusões de pesquisa se relacionam com a prática profissional.

A natureza do conhecimento baseado em pesquisa

Permitam-me começar pelo que se pode dizer atualmente do caráter do conhecimento baseado em pesquisas e sua relação com a prática.[5] Importa lembrar que o conhecimento oriundo de pesquisa sempre é falível, mesmo que tenha maiores probabilidades de ser válido do que o de outras fontes. Assim, não enfrentamos um contraste entre Conhecimento, com C maiúsculo, cujo *status* epistêmico é certo, e a mera opinião, cuja validade é zero.[6] Mais do que isso, o conhecimento de pesquisa geralmente assume a forma de generalizações de um tipo ou de outro, e interpretar suas implicações para lidar com casos específicos raramente é simples. Por último, o conhecimento factual nunca é um determinante suficiente da boa prática, na educação ou em qualquer outro campo. Uma razão para isso é que ele não pode determinar quais deveriam ser as finalidades da boa prática, ou mesmo, por si só, quais são e quais não são os meios adequados. Além disso, a eficácia de qualquer ação prática geralmente depende não apenas do que é feito, mas também de como e quando se faz. As habilidades e o momento podem ser importantes. Em outras palavras, não há limitações substanciais àquilo que a pesquisa pode oferecer à formulação de políticas e à prática. Isso não significa sugerir que ela nada pode oferecer, e sim uma cautela em relação a afirmações exageradas acerca de sua contribuição.[7]

A natureza da prática profissional

Algumas defesas da prática baseada em evidências trazem embutidas não apenas uma estimativa exagerada da contribuição prática que a receita pode dar, mas também uma concepção enganadora da natureza da prática profissional. Muitas vezes se supõe que a segunda deveria tomar a forma de especificação de objetivos (ou "metas") explicitamente, escolhendo estratégias para os atingir com base em evidências objetivas relacionadas a sua eficácia, depois medindo os resultados para avaliar seu grau de sucesso (a fim de proporcionar o conhecimento necessário para melhorar o desempenho futuro).

Esse modelo não é totalmente impreciso, mas tem defeitos em aspectos importantes. As formas de prática irão variar no grau em que se pode fazer, de forma útil, com que se aproximem desse modelo linear e racional.[8] Provavelmente, não se ajustam muito a qualquer tipo de atividade profissional. Entre as razões para isso, estão: essa atividade geralmente envolve múltiplos objetivos que têm que ser buscados mais ou menos simultaneamente; esses objetivos não podem ser operacionalizados integralmente, de forma a evitar recorrer ao julgamento profissional; a mesma ação tem múltiplas conseqüências, algumas desejáveis e outras nem tanto, sendo estas últimas distribuídas de maneira diferenciada entre os clientes; muitas vezes há incertezas em torno das prováveis conseqüências das muitas estratégias, mesmo em um campo como a medicina, em que se faz muita pesquisa clínica, e as situações enfrentadas por atores práticos freqüentemente passam por mudanças, demandando uma adaptação contínua. Como resultado dessas características, é comum haver desacordos razoáveis com relação ao que seria uma melhoria e sobre que tipos de melhoria seriam preferíveis, bem como sobre como estes podem ser mais bem atingidos. Além disso, por vezes, simplesmente não será sensato envolver-se em uma explicação elaborada de objetivos, considerar todas as alternativas possíveis, desenvolver uma busca ampla de informações sobre a eficácia relativa das várias estratégias em lugar de depender de julgamentos baseados em experiência com relação a isso, ou tentar *medir* resultados. O modelo linear racional tende a subestimar o grau no qual, em muitas circunstâncias, a única opção é a tentativa e o erro, ou mesmo "ir tateando" (Lindblom, 1979). Muito depende de quanto as conseqüências são onerosas e remediáveis.

Nesse contexto, devemos observar que a própria expressão "o que funciona", que o movimento pela prática baseada em evidências considera como o foco adequado para grande parte da pesquisa educacional, implica uma visão da prática como técnica, ou seja, aberta à avaliação "objetiva" em termos do que é ou não eficaz, ou o que é mais eficaz e o que é menos. Eu não gostaria de negar que a eficácia e mesmo a eficiência são considerações relevantes para a prática profissional, mas as informações necessárias para julgá-las da forma "objetiva" proposta muitas vezes não estão disponíveis – mesmo em princípio, não apenas em termos dos custos envolvidos em sua obtenção. Qualquer avaliação desse tipo não pode ser separada de julgamentos de valor sobre fins desejáveis e meios adequados – não sem deixar passar muita coisa importante.

Além disso, há uma diferença significativa entre medicina e educação em termos da natureza da prática profissional. Seja pela razão que for, grande parte da medicina se aproxima mais do fim técnico do espectro, no sentido de que há menos diversidade nos objetivos e em outras considerações tratadas como relevantes e, assim, em critérios avaliativos. Ademais, parece haver mais espaço para identificar relações causais *relativamente* simples entre tratamentos e resultados. É claro que se pode exagerar essas diferenças. Em resposta à apresentação desse argumento em ocasião anterior, Davies afirmou que "a medicina e o atendimento de saúde [...] enfrentam problemas muito semelhantes, se não idênticos, de complexidade, especificidade em relação ao contexto, medição e causação" em relação à educação (Davies, 1999, p.112). Não nego que haja esse tipo de problema na medicina; em algumas áreas, por exemplo, em saúde mental, eles são muito semelhantes em escala e caráter àqueles enfrentados em grande parte da educação. Aqui se trata apenas de uma diferença em grau, mas ainda é uma diferença substantiva e significativa.

Resumindo, em minha opinião, a pesquisa geralmente não consegue fornecer o que a noção de prática baseada em evidências demanda dela – respostas específicas e altamente confiáveis a perguntas sobre "o que funciona" e o que não funciona –, e a prática profissional não pode, em sua maior parte, ser *governada* por conclusões de pesquisa, porque necessariamente depende de múltiplos valores, julgamento tácito, conhecimento local e habilidades. Mais ainda, isso se aplica principalmente ao campo da educação. Quando são pressionados, os defensores da prática baseada em evidências muitas vezes cedem a um desses argumentos ou outros, ou ambos. Ainda assim, esses argumentos solapam a afirmação de que uma pesquisa aprimorada, ou uma visão reformada da prática profissional, que dê mais atenção às conclusões de pesquisa, levará a uma melhoria nítida no desempenho e nos resultados educacionais.

A usabilidade das conclusões de pesquisa

Também é importante abordar a questão de como as conclusões de pesquisa serão usadas por formuladores de políticas e profissionais. Permitam-me mencionar aqui dois problemas. Algumas descrições da prática baseada em evidências sugerem que os formuladores de políticas e os profissionais devem ler todos os estudos relevantes e avaliá-los metodologicamente antes de decidir o que fazer em cada caso que enfrentam. Dessa forma, temos vários livros produzidos para auxiliar os profissionais médicos a avaliar a pesquisa (por exemplo, Crombie, 1996, e Greenhalgh, 1997). Entretanto, como modelo geral para avaliar as informações de pesquisa, isso está simplesmente fora da realidade: os profissionais da medicina tendem a não dispor do tempo e, muitas vezes, das habilidades adequadas, e o mesmo se aplica aos professores.

A alternativa sugerida por muitos defensores da prática baseada em evidências é a produção de revisões sistemáticas de pesquisa que sejam relevantes às decisões enfrentadas por formuladores de políticas e profissionais (Davies, 2000a). Essa proposta com certeza tem a vantagem de que a confiabilidade não é depositada em estudos individuais, o que, com freqüência, produz conclusões errôneas. Entretanto, revisar múltiplos estudos e os condensar em um conjunto de conclusões práticas não é, de forma alguma, uma questão simples, assim como o *uso* desses sumários.

O conceito de revisão sistemática tem alguns elementos em comum com a noção de prática baseada em evidências. Ele apresenta a tarefa de revisar a literatura como redutível a procedimentos explícitos que podem ser replicados, da mesma forma que os defensores da prática baseada em evidências consideram o trabalho profissional adequadamente orientado por regras explícitas, baseadas em evidências de pesquisa. Além disso, também neste caso, são feitas suposições questionáveis sobre a natureza da pesquisa e sobre a tarefa envolvida; as quais há muito são criticadas como "positivistas". Não é necessário duvidar do valor da pesquisa quantitativa, nem acreditar que o positivismo esteja totalmente errado, para reconhecer que essas críticas têm alguma força e não podem ser simplesmente ignoradas. Ainda assim, o conceito de revisão sistemática não as leva em conta. Por exemplo, ele apresenta a tarefa de avaliar a validade das conclusões de pesquisa como se ela pudesse ser realizada adequadamente apenas pela aplicação de critérios explícitos e padronizados ao desenho da pesquisa. Contudo, a avaliação de validade não pode basear-se inteiramente em informações sobre desenho de pesquisa. Grande parte depende da natureza das afirmações de conhecimento feitas, e sua avaliação sempre se fundamenta no conhecimento substantivo, bem como em considerações especificamente metodológicas (Hammersley, 1998). O resultado dessa abordagem equivocada da avaliação de validade é que as revisões sistemáticas provavelmente excluirão ou subestimarão os tipos de estudos que podem ser esclarecedores, notadamente o trabalho qualitativo, enquanto dão peso a outros cujas conclusões estão abertas a sérios questionamentos (Hammersley, 2002a).

Uma ilustração da atitude subjacente à noção de revisão sistemática, e ao movimento pela prática baseada em evidências em geral, é a recente adoção, por Oakley, daquilo que só pode ser descrito como uma forma de positivismo ingênuo.[9] É surpreendente, porque a autora havia sido identificada anteriormente como defensora de métodos qualitativos, em grande parte em bases feministas. Entretanto, agora é uma forte defensora dos testes controlados randomizados, insistindo que jamais promoveu exclusivamente os métodos qualitativos e que agora não defende apenas os quantitativos. Não obstante, em algumas partes de seu livro recente, *Experiments in knowing*, a autora mostra uma desconsideração pelo trabalho qualitativo que é o inverso de seu superentusiástico apoio ao desenho quase-experimental. Por exemplo, Oakley afirma que o debate sobre a crítica de Freeman acerca do estudo antropológico de Mead de Samoa é melhor lida como um exemplo de "falta de confiabilidade" das "conclusões não-controladas" (Oakley, 2000, p.57). A implicação disso parece ser que nenhuma conclusão "não-controlada" é digna de confiança, uma visão que não se conclui a partir do trabalho de Freeman e que não era sua posição. Posteriormente, a autora comenta: "atitudes recentes em relação à avaliação em alguns lugares têm sido marcadas por um recuo para abordagens mais 'naturalistas' e movidas pela teoria da avaliação das políticas públicas, mas servem mais aos interesses de carreiras acadêmicas do que promovem os objetivos da ciência social emancipatória ou uma base de evidências informada para as intervenções sociais e políticas" (Oakley, 2000, p.323). Aqui temos a desconsideração das visões de quem discorda da autora, por meio da atribuição de motivos ulteriores, e na forma de uma afirmativa, mais do que por um apelo à evidência. Em determinado momento, ela afirma que qualquer coisa que não testes controlados randomizados "são um 'desserviço a pessoas vulneráveis'" (Oakley, 2000, p.318; citando Macdonald, 1996, p.21).[10]

Um problema mais geral com relação a como a pesquisa pode ser usada por profissionais está relacionado ao processo de afunilamento pelo qual as conclusões de pesquisa precisam ser refinadas em declarações na forma de resumos, que os formuladores de políticas e profissionais tenham tempo de ler. Esse procedimento quase sempre envolve eliminar a maioria das qualificações e informações metodológicas. Embora possam ser um dispositivo de representação muito útil para os que já leram a revisão toda, ou o estudo todo, esses sumários podem ser obscuros ou enganadores para os que não o tenham feito. Em alguns casos, o sumário pode ser difícil de entender sem mais informações gerais. Isso se aplica a todos os tipos de revisão de pesquisa. Por exemplo, um dos pontos fundamentais da revisão narrativa de Gillborn e Gipps (1996) acerca das conquistas educacionais das crianças de minorias étnicas foi que "as políticas de imparcialidade em relação à cor da pele fracassaram", mas parece claro que alguns consideraram essa conclusão difícil de interpretar (Gillborn e Gipps, 1996, p.80).[11] Por outro lado, os resumos das conclusões de pesquisa em revisões podem *parecer* fáceis de interpretar, mas a interpretação dada pode estar um pouco distante da que se pretendia, e/ou a validade das conclusões pode ser desconsiderada à primeira vista. Por exemplo, um estudo que sugere a inexistência de correlação positiva e linear entre quantidade de trabalho de casa feito e o nível de desempenho de um aluno pode ser interpretado como se o trabalho de casa devesse ser abolido ou não fosse importante.[12] Esse equívoco advém do fato de as estruturas interpretativas dentro das quais os formuladores de políticas e os profissionais abordam as conclusões de pesquisa serem, muitas vezes, bem diferentes das dos pesquisadores; em particular, esses públicos têm probabilidades de estar muito mais diretamente preocupados com implicações práticas ou políticas. Também não é incomum que as conclusões contidas nos resumos sejam consideradas por esses dois grupos como triviais, no sentido de repetir o que já se sabe, porque a contribuição real ao conhecimento atual só é clara em comparação com o que se pode considerar que se sabe hoje para propósitos de pesquisa (o que é, necessariamente, diferente daquilo que os formuladores de políticas e profissionais consideram como já estabelecido: Hammersley, 2002b, Capítulo 3).

Isso levanta a questão de como as conclusões de pesquisa serão relacionadas ao que os formuladores de políticas e profissionais pensam que já sabem. Esse problema pode ser ilustrado pela resposta de David Blunkett a conclusões de pesquisa acerca do trabalho de casa (ver nota 12). Ele as desconsiderou porque vão contra suas crenças.

Blunkett estava errado em desconsiderá-las e em crer que a pesquisa que produz esse tipo de conclusão deve ser pouco sólida. Entretanto, não estaria errado em abordar essas conclusões (como quaisquer outras, especialmente aquelas decorrentes de um único estudo) com cautela. Existe um problema real para os profissionais com relação a como avaliar evidências contraditórias, especialmente quando foram produzidas de formas diferentes. Em seu argumento em favor da prática baseada em evidências, Davies comenta: "não é uma questão de as evidências substituírem o julgamento clínico ou a experiência, e sim de unir essas duas dimensões de conhecimento para proporcionar uma base sólida para a ação" (Davies, 1999, p.111). Ainda assim, evidências contraditórias oriundas de diferentes fontes não podem ser "unidas" em qualquer sentido simples,[13] e as evidências da experiência profissional não podem ser avaliadas da mesma forma que as evidências de pesquisa, já que o processo com que foram produzidas não está documentado. É difícil saber o que se pode fazer diante de evidências contraditórias de pesquisa e experiência prática, além de acreditar nos próprios instintos, que é a estratégia de Blunkett, ou supor que as evidências de pesquisa são sempre mais sólidas do que as da experiência, que é o que os defensores da prática baseada em evidências parecem às vezes sugerir. Nenhuma das abordagens é satisfatória. Talvez seja necessário submeter cada fonte de evidências a exame interno em seus próprios termos: reflexão sobre as fontes, relações e funções de crenças específicas, no caso da experiência profissional, e avaliação metodológica, no caso da pesquisa. Entretanto, esse é um processo demorado, e de forma alguma garante que o resultado será uma solução satisfatória de qualquer contradição entre os dois. Ademais, qualquer resolução dependerá, ela própria, de julgamentos que não podem ser inteiramente explicados.[14]

Até aqui, examinei o papel da pesquisa em relação à formulação de políticas e à prática em termos um tanto abstratos, mas importa situar o movimento pela prática baseada em evidências e as reações a ela no atual contexto político. Tentarei fazê-lo na próxima parte.

PRÁTICA BASEADA EM EVIDÊNCIAS E "TRANSPARÊNCIA"

O movimento pela prática baseada em transparência está intimamente relacionado a demandas influentes por "responsabilização transparente, que são características do que veio a ser chamado de *gerencialismo*, ou a *nova gestão pública* (Pollitt, 1990; Ferlie et al., 1996; Clarke e Newman, 1997; Mayne e Zapico-Goni, 1997; Power, 1997). Como observam Davies e colaboradores "em contraste com a cultura anterior, de prática profissional baseada, em grande parte, em julgamento, surgiu uma importante noção de prática baseada em evidências como forma de garantir que o que esteja sendo feito valha a pena, e que seja a melhor forma possível" (Davies et al., 2000, p.2). Assim, supõe-se que a pesquisa possa "garantir" que o melhor esteja sendo feito, tanto no fornecimento de informações sobre "o que funciona" quanto na documentação sobre os profissionais estarem realmente seguindo as "melhores práticas".[15] Além disso, acredita-se que a pesquisa seja capaz de fazer isso por ser objetiva e explícita. Seu resultado é aberto ao exame público, diferentemente da experiência e dos julgamentos profissionais.

A demanda por responsabilização "transparente" parece ter surgido de duas fontes, embora meu tratamento delas aqui seja um tanto especulativo. A primeira fonte reside no campo do comércio e da indústria e está relacionada ao surgimento da "gestão genérica".[16] Enquanto, na primeira metade do século XX, os gestores trabalharam toda a carreira em um único setor, muitas vezes ascendendo a cargos de gestão dentro de uma única empresa, na segunda metade do século houve uma mobilidade cada vez maior de gestores entre setores e uma tendência crescente a definir "gestão" em termos de conhecimentos e habilidades administrativas, em lugar daquelas específicas de um setor.[17] Junto com o crescimento no tamanho médio das empresas (ver Devine et al., 1985, p. 85-90), muitas vezes como resultado de fusões e aquisição, houve o problema de como os gestores sênior deveriam avaliar o desempenho de diferentes partes de suas organizações. A solução proposta era encontrar indicadores objetivos de desempenho, em outras palavras, indicadores que não dependessem apenas da observação direta do trabalho feito e cuja interpretação não demandasse conhecimento detalhado do que aquele trabalho implicava. No decorrer dos anos 1960, 1970 e 1980, essa dependência de indicadores de desempenho espalhou-se pelo setor público (inicialmente para os serviços de propriedade do estado, por exemplo, o campo da energia, e mais tarde para a saúde e educação), com base em argumentos de que esse setor era ineficiente em comparação com empreendimentos testados.[18]

Um estímulo igualmente importante à "nova gestão pública", contudo, foi o reconhecimento, pela esquerda do espectro político, do apelo eleitoral do argumento de que os cidadãos tinham direito a saber que seus impostos estavam sendo bem gastos. A responsabilização pública desse tipo passou a ser considerada como central à democracia, na esquerda e na direita. Contudo, é claro, a maioria dos cidadãos estava exatamente na mesma posição do gestor genérico, no sentido de que não tinha conhecimento direto do trabalho dos órgãos do setor público. O que eles tinham era uma certa experiência diferenciada como clientes dessas organizações e acesso às histórias de fracasso de outros no serviço, que eram apresentadas por campanhas de mídia contra a "ineficiência" do setor. Também nesse caso, a solução proposta foi a de indicadores de desempenho objetivos, os quais permitiriam que os políticos e o público em geral julgassem o que estava acontecendo e se poderia ser melhorado. Na verdade, a nova gestão pública apresentava os ministros de governo como gestores do setor público e, assim, como responsáveis por monitorar o desempenho e intervir para melhorá-lo. Mais do que isso, no contexto do governo do Novo Trabalhismo na Grã-Bretanha, os políticos sugeriram que seu próprio desempenho deveria ser julgado segundo as promessas de melhorias no setor público realmente cumpridas, medidas por indicadores de desempenho, uma extensão da responsabilização transparente estimulada pela mídia, para a qual os resultados desses indicadores constituíam uma fonte útil de notícias.[19]

Em termos mais gerais, a crítica ao setor público por este não ser capaz de prestar um nível satisfatório de serviço e por sua apresentação como inferior ao setor privado surgiram a partir de ataques generalizados, na segunda metade do século XX, com relação ao profissionalismo e ao papel do estado. Mais uma vez, os ataques vieram de ambos os lados do espectro político e também dos cientistas sociais.[20] As afirmações de setores profissionais de que eram governados por uma ética do serviço, que justificava que tivessem autonomia no desempenho de seu trabalho, foi questionada porque teriam utilizado mal sua autonomia para servir a seus próprios interesses. Havia algumas evidências disso, mas a acusação também refletia uma mudança no vocabulário predominante em termos de motivos, em que qualquer motivo que não o interesse próprio estava sujeito não apenas a suspeição, mas também à descrença. Da direita, em particular, insistia-se que as pessoas só fariam o que é do interesse geral se as circunstâncias fossem organizadas de tal forma que também estivesse no interesse delas próprias. O mercado era considerado como modelo nesse aspecto, fato que estimulava não apenas a privatização, mas também a aplicação de "disciplina de mercado" dentro do setor público.

A premissa era que os mercados dariam aos consumidores todo o conhecimento de que precisavam para avaliar o valor relativo das mercadorias oferecidas. Como resultado, suas decisões de compra recompensariam a eficiência e puniriam a ineficiência. Entretanto, em grande medida, isso é simplesmente um mito. Não se aplica nem onde as condições de concorrência são quase perfeitas, uma situação muito rara. Isso ocorre porque os consumidores geralmente não têm acesso fácil a todas as informações de que necessitariam para julgar de forma efetiva o valor do que lhes é oferecido. As informações confiáveis e comparáveis sobre a qualidade relativa de diferentes produtos, mesmo produtos diferentes do mesmo fornecedor, muitas vezes não estão disponíveis.[21] Mais do que isso, a maioria dos consumidores provavelmente não teria o conhecimento geral ou o tempo necessário para fazer uso dessa informação quando ela estivesse disponível. Na verdade, a tendência é que os consumidores dependam de usar muito um tipo de informação, a mais acessível e aberta à avaliação: o preço. Essa tendência distorce o processo de produção, pois muitas vezes leva a uma prioridade no rebaixamento de preços em detrimento da garantia de qualidade.[22]

Obviamente, a tentativa de introduzir responsabilização transparente no setor público não é, em nenhum sentido simples, um processo de *marketing*. Em lugar disso, são feitos esforços para medir diretamente a qualidade do serviços, e não tanto como base para a tomada de decisões por parte dos consumidores (embora seja este o caso às vezes, como com as tabelas de classificação das escolas), e sim de forma a possibilitar que o público julgue se os serviços públicos cumprem padrões satisfatórios de desempenho e proporcionam "valor" em troca do dinheiro pago.

Entretanto, pelas razões explicadas na parte anterior, esses indicadores de desempenho geralmente não medem o que realmente importa e, na verdade, os defensores da responsabilização transparente muitas vezes reconhecem isso, enquanto insistem que oferecem as melhores evidências disponíveis. Ainda assim, ironicamente, os graves problemas associados a esses indicadores de desempenho foram demonstrados há muito tempo, nas tentativas dos governos da Europa do Leste de controlar de forma centralizada a produção de mercadorias e a prestação de serviços. Nesse caso, mesmo as tentativas de especificar as metas de produção industrial e medir o desempenho de mercadorias relativamente simples fracassaram (Nove, 1980, Capítulo 4).[23]

Esse paralelo mostra que os esforços para fazer com que as pessoas sejam responsáveis por seu desempenho distorcem o processo de produção, pelo menos tanto quanto o faz a ênfase na diminuição de custo e preço que é característica de setor privado. Isso ocorre porque o desempenho estimula – na verdade, em grande medida, força – os profissionais individuais a adotar uma orientação instrumental na qual se sair bem nos indicadores passa a ser mais importante do que fazer um bom trabalho segundo julgamento próprio. Na verdade, os profissionais podem até mesmo perder a segurança para exercer esse tipo de julgamento.

Onde o foco está nos serviços profissionais, os problemas são especialmente graves, por causa do nível de qualificação e conhecimento especializado de que dependem. Mais do que isso, o que envolvem não é um processo determinado. Por exemplo, nem mesmo os melhores cirurgiões têm sucesso em todos os casos e, se lidam com casos mais difíceis que os de seus colegas, suas taxas de fracasso podem ser relativamente altas. Da mesma forma, as escolas variam consideravelmente no quanto seus alunos são submissos em relação ao tipo de educação que elas devem oferecer, e essa variação não pode ser medida com facilidade. Nesse contexto, não é apenas uma questão de julgar um produto ou serviço em termos de atender ou não aos requisitos, ou de atendê-los melhor do que outros – o que já é difícil – e sim de avaliar se o melhor que poderia ter sido feito foi de fato feito. No campo da educação, essa tarefa é mais complicada pelo fato de os professores lidarem com crianças em grupos, e não uma por uma. Assim, deve-se julgar se o que se fez foi o melhor para todos os envolvidos, o que pode envolver a negociação de benefícios para uns e custos para outros.

A aplicação da responsabilização transparente à educação e a outras áreas tem se baseado na premissa de que se podem oferecer informações explícitas sobre todos os fatores relevantes à avaliação da qualidade do desempenho profissional nesses campos. Considera-se a pesquisa como central nisso: a crença é que ela pode mostrar o que funciona e o que não funciona, oferecendo assim um padrão em relação ao qual a prática dos profissionais possa ser avaliada. Parte-se do pressuposto de que a própria pesquisa seja transparente, que simplesmente documente a forma como as coisas são de maneira objetiva. Entretanto, por razões já explicadas, a pesquisa não é capaz de cumprir tal papel. Mais do que isso, os esforços para fazer com que o cumpra parecem ter conseqüências indesejáveis.

Em relação à prática, o apelo a conclusões de pesquisa em todas as questões importantes pode prejudicar o valor da experiência e do bom senso e, assim, desgastar a confiança dos profissionais em seus próprios julgamentos. Embora se afirme, às vezes, que a prática baseada em evidências representa profissionalismo aprimorado, a desvalorização que promove da experiência e do julgamento profissionais com relação à responsabilização por conclusões de pesquisa produzidas externamente parece levar a um enfraquecimento do profissionalismo, na maioria dos sentidos do termo. Igualmente importante, a tentativa de fazer com que a pesquisa cumpra essa função tem o efeito de privilegiar a pesquisa prática em detrimento da acadêmica ou científica e confundir a distinção entre pesquisa e o trabalho de agência de consultoria em gestão, auditoria e inspeção.[24]

Não restam dúvidas de que as avaliações da prática profissional podem ser valiosas, e que algumas dessas práticas, em todos os campos, estão abaixo do que poderiam, por todas as razões possíveis. Contudo, a noção de responsabilização transparente não apenas é um mito, como também depende de uma versão de perfeccionismo que implica que os fracassos e os riscos sejam evitados, ou pelo menos reduzidos progressivamente em número e gravidade. Dessa forma, supõe-se que o desempenho possa e deva ser sempre melhorado, e que se possam fazer medições para garantir que quaisquer fracassos ocorridos no passado não se repitam no futuro. Ao prometer isso, a responsabilização transparente estimula um clima no qual os clientes demandam que suas necessidades e vontades sejam cumpridas completamente, enquanto os profissionais se preocupam, cada vez mais, apenas com se proteger de prováveis críticas (para não falar de possíveis processos na justiça). Dado que os indicadores não medem o desempenho de forma efetiva, principalmente dentro de toda a gama de atividades profissionais, isso poderia piorar, em lugar de melhorar, a qualidade do desempenho.

Os defensores da prática baseada em evidências muitas vezes negam que haja qualquer ligação entre ela e as tentativas de introduzir "responsabilização transparente" no setor público. Mesmo assim, o atual governo do Reino Unido considera que uma serve à outra e age de acordo ao realizar "reformas". Considera que a pesquisa cumpre um papel importante nisso – daí a tentativa atual de controlar cada vez mais a pesquisa educacional, coordenando e concentrando o financiamento em questões diretamente relevantes a políticas e práticas (NERF, 2000b, e Hodkinson, 2001).

CONCLUSÃO

Neste capítulo, afirmei que, embora poucos discordem de que a prática profissional poderia ser beneficiada se os profissionais tivessem melhor acesso a um grande corpo de pesquisa relevante e de boa qualidade, o movimento pela prática baseada em evidências provavelmente não levará a uma melhoria substancial no desempenho da educação. Na verdade, meu argumento sugere que poderia até mesmo gerar uma redução na qualidade do serviço. As razões para isso estão nas concepções equivocadas sobre a natureza da pesquisa e da prática que estão embutidas nos pressupostos a partir dos quais se opera. Seus defensores têm muita confiança na validade das conclusões de pesquisa, especialmente aquelas oriundas de pesquisas de tipos específicos, tanto em termos abstratos quanto em comparação com conhecimentos derivados de experiência profissional, e supõem que a pesquisa poderia cumprir um papel muito mais direto em relação à prática do que ela geralmente pode, tendendo a tratá-la como a aplicação do conhecimento baseado em pesquisa, negligenciando o quanto necessariamente envolve julgamentos incertos. Ademais, há sérias dificuldades envolvidas no uso das evidências de pesquisa por parte dos profissionais. Uma delas se relaciona com problemas na interpretação dessas evidências sem conhecimento mais amplo sobre os estudos dos quais ela surgiu; outra, à questão de como as contradições entre evidências e experiência profissional serão resolvidas.

Por fim, mencionei a íntima associação atual entre o movimento pela prática baseada em evidências e a "nova gestão pública", com seus esforços para tornar o setor público transparentemente responsável pelo que faz, e assim, melhorar em muito seu desempenho. Afirmei que essa noção de responsabilização se baseia em uma mitologia do mercado, que não capta com precisão a forma como os mercados funcionam e que é particularmente inadequada no caso da prestação de serviços que necessariamente dependem de uma grande quantidade de conhecimento especializado. Sugeri que a busca de responsabilização transparente é um empreendimento fútil e que provavelmente terá consequências negativas para a prática profissional e para a pesquisa, oferecendo uma falsa esperança de melhoria substancial na qualidade, ao mesmo tempo em que solapa as condições necessárias para que o profissionalismo floresça. A relação do movimento pela prática baseada em evidências com esses acontecimentos demanda que seu tratamento possua a maior cautela.

NOTAS

1 Davies e colaboradores (2000, p.11). acrescentaram duas formulações ainda mais frágeis: "prática influenciada pelas evidências" e "prática ciente das evidências".
2 Um exemplo dessa visão é Sackett e colaboradores (1997).
3 Outro exemplo é a afirmação de Oakley (2000, p.17), de que as generalizações de "médicos bem intencionados e capacitados [...] podem ser mais fantasiosas do que factuais." Na verdade, a autora chega a fazer referência ao "caráter muito acientí-

fico da medicina moderna", recorrendo à noção de Illich de *nêmese médica*). Outra caricatura é o contraste de Greehalgh (1997, p.4) entre tomada de decisões baseada em evidências e *tomada de decisões por narrativas*. Evans e Benefield (2001, p.531), defendendo revisões sistemáticas no campo da educação, sugerem que, anteriormente, mesmo quando usavam evidências de pesquisa, os profissionais baseavam-se em "interpretações idiossincráticas de seleções idiossincráticas das evidências disponíveis (em lugar de interpretações objetivas de todas as evidências).

4 Curiosamente, Oakley (2000, p.285) estende seu argumento aos pesquisadores, afirmando que "a maior parte da pesquisa procede dos interesses dos pesquisadores, porque estes têm mais a ganhar com o processo de pesquisa: publicações, renda proveniente de fundos de pesquisa externos, pontos em exercícios de pesquisa acadêmica". A autora isenta a pesquisa experimental dessa acusação, com base no fato de que ela está "em uma categoria um tanto especial, por ser voltada a arbitrar entre intervenções conflitantes e, assim, trabalhar por uma solução que esteja tanto (se não mais) no interesse do pesquisado quanto no dos pesquisadores". Neste caso, além de uma opinião parcial, há sinais da atitude anti-acadêmica que subjaz a muito da recente promoção do papel da pesquisa em relação à formulação de políticas e à prática. Expoente ainda mais influente disso foi o anterior secretário de estado da educação, David Blunkett (ver Blunkett, 2000), e, para uma discussão, Hammersley (2000).

5 Para uma discussão mais ampliada, ver Hammersley (2002b).

6 Cochrane (1972, p.30) muitas vezes pareceu se aproximar dessa visão em função de sua defesa da prática baseada em evidências na medicina. Para uma discussão útil dos problemas que surgiram, mesmo quando se aplicou amplamente a metodologia dos testes controlados randomizados, de uma perspectiva que é simpática ao movimento (ver Hampton, 1997).

7 Também é importante evitar uma interpretação estreita demais dessa contribuição (ver Hammersley, 1997).

8 Em muitos aspectos, esse modelo equivale a assumir uma concepção positivista de pesquisa como padrão para todas as formas de ação racional. Isso talvez explique por que a prática baseada em evidências está, às vezes, intimamente relacionada à idéia de que os próprios profissionais deveriam se envolver em pesquisa (por exemplo, Hargreaves, 1996 e 1999a). Isso equivale a outra versão do que já chamei de imperialismo dos pesquisadores (ver Hammersley, 1993).

9 Oakley é diretor do Evidence for Policy and Practice Information Co-ordinating Centre (EPPI-Centre), que foi encarregado de desenvolver revisões sistemáticas em educação. Consulte seu *site*: http://eppi.ioe.ac.uk/

10 Algumas descrições recentes do papel da pesquisa em relação à educação baseada em evidências são mais simpáticas à pesquisa qualitativa (Davies, 1999 e Fitzgibbon, 2000). Entretanto, chama a atenção o fato de que Fitzgibbon dedica apenas dois parágrafos em seu artigo à discussão do tema, dando muito mais atenção à pesquisa qualitativa. Enquanto Davies (2000b) busca "reparar qualquer ataque desse tipo acerca da pesquisa e das evidências qualitativas", o autor não consegue reconhecer o conflito claro entre a orientação de alguns tipos de trabalho qualitativo e o método quantitativo, e as questões difíceis que até mesmo

versões mais moderadas de uma abordagem qualitativa levantam para alguns dos pressupostos da prática baseada em evidências – sobre isso, ver Hammersley (2002, Capítulo 4). Para uma apresentação que leve mais em conta a diferenciação de uma abordagem qualitativa (ver Popay et al., 1998).

11 Para uma discussão acerca de como essa revisão foi apresentada na mídia de massas de diversas formas, ver Hammersley (2003).

12 Refiro-me aqui à resposta de um secretário de estado da educação anterior, David Blunkett, às descobertas de um estudo sobre a relação entre trabalho de casa e desempenho, no qual ele acusa os pesquisadores de terem dois pesos e duas medidas, de não estarem dispostos a ampliar outras crianças os benefícios que seus próprios filhos tiveram. Ver Farrow, S. Insulted by Blunkett, *The Guardian*, quarta-feira, 21 de julho de 1999. Em sua fala ao CBI, Blunkett também incluiu o seguinte comentário: "Alguns pesquisadores estão tão obcecados com 'fazer a crítica', que despejam conclusões que ninguém com o mínimo bom senso levaria a sério" (Blunkett, 1999, citado em Pring, 2000, p.76). A resposta do Sr. Blunkett foi semelhante a pesquisas que sugerem que as leis de expulsão estariam sendo aplicadas com exagero por algumas autoridades locais. Seu comentário foi: "Se é aí que está indo nosso dinheiro, é hora de repensar o financiamento da pesquisa social" *site* da BBC News, 20 de novembro de 2000. Sua crítica desses dois estudos se repetiu em sua fala (ver Blunkett, 2000).

13 No contexto da medicina baseada em evidências, Sackett e colaboradores, 1996, p.72) falam em "integrar o conhecimento clínico individual com as melhores evidências externas disponíveis a partir da pesquisa sistemática". Mas "integrar" não é melhor do que "unir": é uma invenção, que encobre um sério problema.

14 Para o argumento de que mesmo a pesquisa científica natural não pode ser reduzida a procedimentos explícitos, ver Polanyi (1959 e 1966).

15 Esse é um exemplo do que Oakeshott (1962, p.5-6).chamou de "a política de perfeição".

16 Para os antecedentes dessa evolução, ver Burnham (1941) e Chandler (1977 e 1990).

17 Isso estava intimamente associado ao surgimento da educação para gestão e da profissão de contador. O processo todo, é claro, era apenas mais um estágio no desenvolvimento do que Marris chama de capitalismo "gerencial", iniciado pela invenção da empresa pública, de capital misto e responsabilidade limitada, no final do século XIX (ver Marris, 1971).

18 Até onde se sabe, os argumentos em favor da superioridade do setor privado se baseavam na teoria econômica e em narrativas sobre "excesso de empregados", "burocracia", etc., no setor público, em lugar de evidências empíricas objetivas.

19 Os resultados dos indicadores de desempenho possuem muitas das características fundamentais dos assuntos que têm valor de notícia: são relacionadas ao governo, oferecem conclusões aparentemente claras e com autoridade, e costumam sugerir fracassos sérios. Para uma descrição um tanto diferente, mas não incompatível, dos eventos que esbocei aqui (Aucoin, 1990). O autor enfatiza o papel da teoria da escolha pública e do gerencialismo, retratando ambos como antiburocráticos, e afirma que há tensões entre os dois, especialmente com relação à centralização/descentralização e a controle/delegação.

20 Um aspecto disso foi a crítica à regulamentação da indústria pelo Estado. Para uma descrição dessa questão nos Estados Unidos, e das novas oscilações do pêndulo em direção à regulamentação e para longe dela no século XIX (ver Vietor, 1994, p.312 *passim*).

21 É por isso que a Consumers' Association começou a publicar a revista *Which?*, ver Sargant (1995, p.190-192). Contudo, mesmo essa publicação não pode proporcionar tudo o que seria necessário conhecer para se fazer a melhor escolha entre muitos tipos de produto. O número e a diversidade de produtos são muito grandes e estão sujeitos a mudanças muito freqüentes.

22 Não está claro se a qualidade recebe ênfase mesmo onde a moda, a promoção exagerada da técnica ou o esnobismo sustentam preços relativamente altos.

23 Nove escreve que, na antiga União Soviética, "muitas das funções dos ministros de governo e altos funcionários partidários podem ser consideradas como uma forma de gestão sênior, em alguns aspectos análogas às dos diretores sênior de uma grande empresa ocidental" (Nove, 1980, p.88). O autor continua: "como o centro pode emitir instruções de uma forma que não gere ambigüidades e contradições? De que forma pode ele estimular a iniciativa, as novas técnicas, o fluxo de informações desejadas e não-distorcidas? Segundo quais padrões e de que forma se pode avaliar o desempenho? Em torno dessas questões, encontram-se agrupadas muitas das sérias fragilidades da microeconomia soviética. É aí que muitas coisas dão errado" (Nove, 1980, p.89). Na verdade, é assim mesmo, e não apenas na antiga União Soviética.

24 Dessa forma, em *What* Works?, Davies e colaboradores comenta que: "A maior parte das evidências de pesquisa tratadas neste texto são produção de investigações mais formais e sistemáticas, geradas por departamentos de governo, instituições de pesquisa, universidades, fundações beneficentes, organizações de consultoria e uma série de agências e intermediários como a Audit Commission ou o Office for Standards in Education (Ofsted)". Para uma discussão interessante sobre a relação entre pesquisa e inspeção do Ofsted (Smith, 2000).

11

A relação entre pesquisa, políticas e prática

Phil Hodkinson e *John K. Smith*

INTRODUÇÃO

Na arena da aprendizagem e do ensino/formação, a relação entre pesquisa, políticas e prática atualmente tem grande importância. Em nível de governo do Reino Unido, David Blunkett, secretário de Estado para Educação e Emprego (1997-2001), em 2000, fez uma apresentação muito divulgada ao Economic and Social Research Council (ESRC), na qual conclamou a uma pesquisa de melhor qualidade que pudesse aprimorar as pesquisas e a prática (Blunkett, 2000). O Teaching and Learning Research Programme (TLRP) do ESRC, mais ou menos na mesma época, recebia um orçamento muito maior do que qualquer programa anterior envolvendo aprendizagem, voltado a melhorar sua qualidade.

Entretanto, apesar de haver interesse e disposição de muitos setores, há confusão e/ou desacordo sobre o tipo de relação possível ou aconselhável entre pesquisa, políticas e prática. A mensagem dominante é o "respostismo" (Avis et al., 1996). Ou seja, a pesquisa poderia produzir conclusões que nos ajudassem a fazer as coisas de maneira melhor/mais eficiente/mais eficaz. Isso muitas vezes pressupõe um relacionamento linear entre a pesquisa e seus usuários. A essência do argumento é que

(i) precisamos de pesquisa de alta qualidade, "segura", relevante às necessidades de seus usuários potenciais;
(ii) a seguir, precisamos de um processo melhor para informar os usuários sobre quais são as conclusões de pesquisa (Hillage et al., 1998);
(iii) precisamos de mecanismos para ajudá-los a "transformar" as conclusões de forma a serem incorporadas às próprias crenças e práticas dos usuários (Desforges, 2000a).

A esse caminho, por vezes, soma-se um segundo, um tanto distinto, atualmente mais destacado, com relação a escolas e educação continuada: a atuação dos próprios profissionais como pesquisadores, de forma que possam usar suas conclusões de pesquisa e as de seus colegas para melhorar a qualidade de sua prática.

Isso tem raízes na tradição, há muito estabelecida, da pesquisa-ação (Stenhouse, 1975; Carr e Kemmis, 1986; Elliott, 1991) e pode ser visto, por exemplo, no esquema da Teacher Training Agency (TTA) para financiar pesquisas de pequeno porte por parte de professores que exerçam a atividade, mais tarde disseminada para a profissão como um todo. "A intenção é ... realizar pesquisas para resolver problemas práticos imediatos, ao mesmo tempo em que se obtém conhecimento básico de processos fundamentais, necessário à generalização rápida e prática de soluções para problemas semelhantes" (Desforges, 2000b, p.12).

Apesar de sua óbvia popularidade, a abordagem anterior tem problemas fundamentais, assim como a combinação supostamente não-problemática de ambas. Neste artigo, exploramos alguns desses problemas, e depois propomos uma forma um tanto diferente de entender o valor potencial da pesquisa para a política e para os formuladores de políticas, bem com para a prática e para os profissionais que a realizam. Os problemas podem ser examinados concentrando-se em três áreas: a natureza da pesquisa e do conhecimento, sua relação com as políticas e sua relação com a prática. Dedicamos mais tempo à primeira, por ser fundamental para entender as outras.

PESQUISA, CONHECIMENTO E INCERTEZA ENDÊMICA

Uma visão convencional e profundamente arraigada de pesquisa é a de que, se for realizada corretamente, ela poderá chegar mais perto da verdade do que outras formas de desenvolvimento do conhecimento. As práticas de pesquisa rigorosas e objetivas podem separar fatos de valores e estabelecer o que é real e aquilo em que se acredita subjetivamente. Esse tipo de conhecimento "seguro" é sempre provisório, no sentido de que sempre pode ser superado por um melhor entendimento ou uma compreensão superior da verdade, mas é inerentemente superior a outras formas de melhorar o conhecimento. De muitas maneiras, a forma ideal de pesquisa, dessa perspectiva, é o experimento controlado (Oakley, 2000). Todas as variáveis são mantidas constantes, com exceção daquela que está sob investigação. Em termos ideais, essa variável específica é alterada deliberadamente em duas situações exatamente paralelas como, por exemplo, quando um novo medicamento é testado em relação a um placebo. Caso se observe uma diferença, são conduzidos testes rigorosos para minimizar as chances de que seja coincidência. Repetem-se os experimentos de laboratório para garantir que os resultados sempre saiam da mesma forma. Quando houver populações humanas envolvidas, usam-se estatísticas inferenciais para determinar a probabilidade de um resultado baseado em coincidência. Essa é a visão de pesquisa que está na base do movimento pela prática informada por evidências, e do TLRP.

Particularmente nos últimos 30 anos, a visão de pesquisa e conhecimento foi atacada em três áreas. Elas são:
(i) questionamento filosófico da objetividade pura e da separação entre pesquisador como sujeito do objeto sob investigação;
(ii) argumentos de que o conhecimento é cada vez mais produzido fora da academia, nas práticas cotidianas;
(iii) argumento de que a vida social é inerentemente complexa e relativa, e que o conhecimento deve ser encontrado na forma como as inúmeras variáveis interagem e se reconstituem.

Nós examinamos cada um desses separadamente.

Incerteza epistemológica

Os nomes dos associados ao que muitas vezes se chama de pós-empirismo, ou a virada interpretativa na filosofia da ciência ou nas ciências sociais, são bem-conhecidos: Hanson (1958), Winch (1958), Kuhn (1962), Rorty (1979), Taylor (1980), Putnam (1981) e Bernstein (1983), alguns entre muitos. A idéia mais crucial proposta por essas pessoas era de que não havia possibilidade de conhecimento sem teoria e de observação sem teoria. Não importando como o argumento fosse apresentado, todos concordavam que os observadores/pesquisadores não eram espectadores neutros do mundo, e sim participantes desse mundo. Essa foi a idéia central que levou Kuhn, por exemplo, a falar de influências da Gestalt nas ciências naturais, Giddens (1976) a propor a idéia de dupla hermenêutica, Nagel (1986) a desconsiderar a possibilidade de uma visão a partir de lugar nenhum, Goodman (1978) a nos falar de formas de construção de mundo e Winch, escrevendo diretamente sobre investigação social, a dizer que os conceitos centrais à predição científica estão fundamentalmente em desacordo com os conceitos importantes ao nosso entendimento da vida social.

Durante os últimos 30 anos ou mais, os pesquisadores tentaram chegar a um acordo a respeito das implicações dessa idéia de que nenhum conhecimento é livre de teoria para nosso entendimento da natureza, dos propósitos e das possibilidades da pesquisa social. Essa era produziu inúmeros argumentos, variações de argumentos e variações de variações de argumentos sobre quem somos e o que fazemos como pesquisadores. Esses argumentos e suas variações avançaram sob várias bandeiras – realismo transcendental, realismo científico, construtivismo, interpretativismo, hermenêutica, pragmatismo, falibilismo, teoria crítica, pós-modernismo e assim por diante. Dentro de toda essa agitação intelectual, duas abordagens distintivas podem ser discernidas: neo-realistas e relativistas.

Os neo-realistas iniciam pelo compromisso com a idéia de que existe um mundo real independente de nosso interesse ou conhecimento a seu respeito. Essa é uma realidade que pode ser conhecida, pelo menos em princípio, como realmente é. Os neo-realistas também aceitam, como fizeram seus predecessores empiristas, que as metáforas de "encontrar" e "descobrir" são apropriadas, até mesmo essenciais, para o processo de pesquisa. Onde eles se separam de seus predecessores é na tentativa de combinar seu realismo ontológico com um falibilismo epistemológico. Ou seja, desistiram da esperança de certeza, de uma teoria da verdade baseada na correspondência direta, e aceitam que o conhecimento, pelo menos em parte, é construído socialmente. O pós-empirismo não lhes deixou outra escolha além de aceitar que qualquer afirmação de conhecimento deve levar em conta a perspectiva da pessoa que a faz. Entretanto, para muitos neo-realistas, uma realidade social e educacional que exista de forma independente, acessível por meio de nossas investigações, estabelece limites sobre o que pode ser aceito como digno de apoio, plausível, crível e assim por diante.

Os relativistas, de qualquer tendência, não têm problema com o pressuposto de que há uma realidade externa, certamente física, independente de nosso interesse e conhecimento a seu respeito. Contudo, afirmam que esse pressuposto não pode cumprir a função que desejam dele os neo-realistas, porque, como até estes aceitam, nunca se pode saber se retratam a realidade de forma precisa. Dito de outra forma, caso se aceite a inexistência de observação livre de teoria e se continue a pressupor que a realidade pode validar nossas interpretações, deve-se ser capaz de especificar, no caso de qualquer afirmação de conhecimento, onde termina a observação carregada de teoria e começa a realidade. Para os relativistas, o pressuposto sobre uma realidade social e educacional independente é boa, mas é um pressuposto que não pode ser usado para discriminar interpretações diferenciadas das motivações, intenções, experiências, ações e propósitos das pessoas – no local de trabalho ou em qualquer parte.

Para os relativistas, as metáforas de descobrir e encontrar devem dar lugar às de construir e formular. Ao mudarem essas metáforas, descobriram que uma de suas tarefas mais difíceis é responder à acusação de que são relativistas do tipo "vale-tudo". Seus críticos acusam com freqüência a idéia de que, uma vez abandonada uma concepção séria do real como o teste da verdade, a única possibilidade é o vazio de conceber todas as coisas como iguais. A resposta dos relativistas a essa crítica, referenciando-se em Rorty (1985) e Gadamer (1995), entre outros, é afirmar que não são antifundacionistas, e sim não-fundacionistas. Para eles, não-fundacionismo significa nada mais do que o fato de que sermos seres humanos finitos, que devem aprender a viver com incerteza e contingência e renunciar à esperança de que se pode evocar algo que esteja além da interpretação, que venha a nos permitir transcender nossa finitude humana.

Essa questão da definição do relativismo demanda mais comentários porque é o ponto em que muitas discussões entre pesquisadores se desencontram. Para os críticos do relativismo, este termo é quase sempre definido como valetudo, tudo dá na mesma, ou que não se podem fazer julgamentos diferenciados. Disso se deve ter receio porque, acreditam os críticos, essa postura significaria o fim da racionalidade, da razão e mesmo da própria pesquisa. Para os relativistas, contudo, o termo *relativismo* se refere apenas à nossa inescapável condição de finitude humana, e não implica de maneira alguma que se considerem todas as coisas como iguais. Todos fazemos julgamentos e preferimos uma coisas às outras, e assim continuaremos a fazer pelo futuro previsto. Na verdade, é impossível imaginar qualquer conceito sério sobre a condição de pessoa sem julgamento e preferência. O único argumento apresentado pelos relativistas nesse caso é que não temos acesso a uma realidade extralingüística, a fatos brutos ou a elementos dados que nos possibilitassem basear nossos julgamentos e, assim, estabelecer nossas diferenças.

Em um excelente livro sobre critérios, Chisholm (1973) parafraseou Montaigne como segue:

> Para saber se as coisas são como parecem, devemos ter um procedimento para distinguir as aparências que são verdadeiras das que são falsas. Contudo, para saber se nosso procedimento é bom, temos que saber se ele realmente é capaz de distinguir aparências verdadeiras de falsas. Não temos como sabê-lo a menos que já conheçamos quais aparências são verdadeiras e quais são falsas. Assim, somos pegos em um círculo. (Chisholm, 1973, p.3)

Os neo-realistas, como descobridores do que está fora de nós, devem sustentar uma forma de sair desse círculo. Os relativistas, como construtores do conhecimento, devem sustentar que, embora certamente o círculo de nosso discurso interpretativo possa se expandir e aprofundar, e se tornar mais interessante, ou mesmo mais útil, não há saída.

Por essas razões, no atual momento, há pouco acordo dentro das comunidades de pesquisa social sobre quais poderiam ser os critérios da boa pesquisa. Muitas listas contrastantes são apresentadas. Elas se sobrepõem, mas também diferem. Nesse contexto, não há forma universalmente acordada ou fundamental de determinar que, por exemplo, os experimentos controlados são superiores aos estudos de caso interpretativos, ou vice-versa. Nem existe acordo universal sobre o que pode determinar exemplos melhores ou piores de muitas abordagens de pesquisa específicas, talvez especialmente aquelas que usam predominantemente métodos qualitativos. Nesse contexto, a identificação da pesquisa "segura", que implica uma separação clara do que é "inseguro", poderia ser considerada pouco mais do que a expressão de preferências por métodos ou abordagens de pesquisa específicos.

O crescimento de conhecimento de "Modo 2"

Gibbons e colaboradores (1994), em um texto muito citado e influente, afirmou que no mundo contemporâneo e cada vez mais globalizado, o conhecimento globalizado, acadêmico e baseado em pesquisa (Modo 1), especialmente o que se baseia em disciplinas acadêmicas separadas, está sendo superado. A maior complexidade do mundo (pós)moderno, a alta velocidade das mudanças, as formas como a tecnologia abriu o acesso à informação e à comunicação, as formas alteradas da atividade comercial e da produção, e assim por diante, fazem com que o conhecimento de Modo 1 seja desafiado pelo conhecimento construído fora das universidades e instituições de pesquisa, nas práticas sociais cotidianas de governos, empregadores e outras organizações.

Seu principal argumento consistia em as universidades mudarem sua prática, serem mais interdisciplinares, concentrarem-se mais em seu trabalho na solução de problemas e, com efeito, tornarem-se partes integrantes da sociedade do conhecimento de Modo 2.

Essa análise tem sido questionada, por exemplo, por Usher (2000), que afirmou que a distinção entre Modos 1 e 2 estava sendo estabelecida de forma nítida demais, e que o conhecimento de Modo 2 tinha uma história muito mais longa do que sugeriam Gibbons e colaboradores. Não obstante, seu trabalho nos alerta para o fato de que a pesquisa e os pesquisadores não são as fontes universais de conhecimento, seja ele visto como verdadeiro, útil ou ambos. Hager (2000) apresenta um argumento semelhante, de maneira diferente. Sem se referir diretamente a Gibbons e outros, sugerindo maior simpatia pela posição neo-realista do que pela relativista, o autor afirma que o conhecimento e sua formação não são apenas processos da mente. A academia, ele afirma, opera predominantemente como se a separação cartesiana de corpo e mente – e, nessa separação, a superioridade da mente – fossem de uma validade não-problemática. O autor afirma que, em lugar disso, todo o conhecimento e a produção de conhecimento são corporificados. Razão e racionalidade permanecem, mas não são e não podem ser puras. Argumenta ainda que uma forma de ver corpo e mente como sintetizados é vendo o conhecimento como processo de julgamento permanente. Afirma, ainda, que o conhecimento corporificado é inerentemente superior àquele em que se tenta separar a razão intelectual dessas dimensões mais profundas, mais práticas e emocionais. Esse tipo de análise se presta a mais ampliações: o conhecimento e a produção de conhecimento não apenas são corporificados; são também essencialmente sociais e culturais.

Se aplicarmos esse tipo de pensamento à distinção entre conhecimento de Modo 1 e de Modo 2, a mesma se apaga, como sugeriu Usher, e o relacionamento linear entre pesquisa e políticas ou práticas se desintegra, porque se pode afirmar – seguindo os tipos de análises de aprendizagem propostos em uma tradição vygotskiana, por exemplo, por Lave e Wenger (1991), Billett (1998) ou Engestrom (2001) – que ambos os modos de produção de conhecimento são culturais, sociais e corporificados. Dessa perspectiva, os pesquisadores fazem seu trabalho, não apenas por meio de racionalidade e razão puras, mas também de uma racionalidade parcial ou pragmática consciente e rigorosa (Hodkinson et al., 1996), baseada em suas pessoas corporificadas e situadas como parte de uma comunidade acadêmica de prática. Mais além, essa comunidade de prática é fragmentada ou, talvez mais precisamente, é um grupo de comunidades de prática que se sobrepõem.

Cada uma dessas comunidades contém seus próprios modos de comportamento e regras de procedimento parcialmente tácitas. A natureza desses procedimentos ou práticas muitas vezes só se torna aparente quando duas comunidades, com práticas que são parcial, mas significativamente distintas, encontram-se ou se reúnem. Isso costuma produzir entendimentos desencontrados, na medida em que não se comunicam, resultando difícil identificar onde residem os pontos de desentendimento. Isso acontece com freqüência quando grupos de pesquisadores se misturam com, digamos, grupos de formuladores de políticas ou de empregadores, mas também quando dois grupos diferentes de pesquisadores se encontram. Aconteceu com um de nós, recentemente. Dentro de nossa comunidade de prática interpretativista (Smith, 1989), um pressuposto fundamental é o de que, embora a boa pesquisa deva ter um foco definido, é essencial não prejulgar o que pode ser descoberto/construído, de forma a maximizar as chances de descobrir fatores significativos que não eram esperados. Na verdade, esses pesquisadores muitas vezes consideram a compreensão do inesperado, com suas mudanças, associada em termos de direção e de questão de pesquisa, como normal, e mesmo como sinal de êxito. Um de nós teve muita dificuldade, recentemente, ao tentar explicar essa abordagem a um colega com uma visão muito distinta, oriunda de uma comunidade de prática diferente. Este afirmava que a pesquisa deveria ser direcionada a perguntas precisas, e que as evidências necessárias para responder a essas perguntas tinham de ser identificadas com antecedência, adotando-se instrumentos robustos para avaliar a extensão de sua existência. Sem esse tipo de precisão antecipada, ele afirmava, não era possível uma boa pesquisa. A conversa que se seguiu foi extremamente difícil para ambas as partes.

A visão da criação de conhecimento como uma prática social corporificada muda as formas como vemos a relação entre pesquisa, políticas e práticas. Dessa perspectiva, a tarefa passa a ser compartilhar/integrar/mesclar (ou comparar, contestar e disputar) os conhecimentos produzidos em diferentes comunidades de prática. A noção de Hager de julgamento corporificado pode ser considerada como central nesse processo, pois essa integração ou intercomunicação implica a tomada de algumas decisões muito difíceis sobre qual conhecimento é seguro/válido/útil/moral. É importante lembrar-se de que essas decisões são julgamentos que não podem ser totalmente baseados na razão – e não questões de fato inquestionável.

Complexidade ou simplicidade?

O modelo de pesquisa, que está no centro do empirismo e da prática informada por evidências, é essencialmente reducionista, pressupondo que a melhor maneira de entender fenômenos complexos é isolar todas as variáveis significativas e testar seus efeitos, para construir uma melhor compreensão do todo: reduzir complexidade a partes mensuráveis. Para utilizar uma analogia simplista, o conhecimento é como uma parede, em que a qualidade do todo é determinada em primeiro lugar pela qualidade de cada tijolo, depois da argamassa, depois da forma como foram montados. No entanto, uma parede não é reflexiva, ou seja, a qualidade do tijolo não muda em função da qualidade da montagem, e a qualidade da argamassa não altera a qualidade do tijolo. No mundo da aprendizagem, assim como em outras relações humanas, a situação é diferente. Mesmo em uma sala de aula formal, sabemos que as maneiras como os professores e os alunos se comportam são influenciadas pela forma como eles reagem reflexivamente uns aos outros (Delamont, 1976; Bloomer, 1990), e a aprendizagem dos alunos é muito influenciada pelas coisas que acontecem fora da escola ou da faculdade (Bloomer e Hodkinson, 2000). Na aprendizagem no local de trabalho, a situação é ainda mais complexa. Essa complexidade tem levado um número cada vez maior de pesquisadores a se concentrar explicitamente nos inter-relacionamentos entre variáveis reflexivamente relacionadas, por exemplo, por meio de estudos de caso em profundidade. Às vezes, esses são etnográficos (Lave e Wenger, 1991); outras, fundamentam-se em entrevistas (Hodkinson et al., 1996; Eraut et al., 1998, 2000).

Quando esse tipo de pesquisa é comparado com a abordagem mais científica e analítica de separar as variáveis, enfrentamos, mais uma vez, sistemas de crenças e práticas contrastantes. Embora se possam apresentar – e se apresentem – muitos argumentos para legitimar a superioridade de um sobre outros, não há base para se declarar um deles como superior. Estamos mais uma vez no território dos julgamentos corporificados de Hager. A racionalidade ou a razão, por si sós, não são capazes de nos proporcionar a resposta. Há um acordo amplo de que, até agora, há muito poucas verdades científicas "seguras" sobre a aprendizagem que tenham sido produzidas atualmente. Onde está, por exemplo, o equivalente a uma cura para a pólio na aprendizagem? Contudo, as razões para essa ausência, assim como a solução recomendada, parecem diferentes quando vistas de posições distintas. Um argumento atualmente predominante no discurso da política de pesquisa do Reino Unido é que isso se deve ao fato de nossa ciência ter sido pobre demais, de escala pequena demais e insuficientemente rigorosa (Reynolds, 1998). O argumento contrário é que o comportamento social complexo e reflexivo não pode ser reduzido a variáveis medidas e passíveis de isolamento. Sob essa perspectiva, o que a ciência pode nos dizer é trivial, e o que importa deve ser pesquisado de outras maneiras.

PESQUISA E POLÍTICAS

Nesta seção, fundamentamo-nos muito em Kogan (1999). O autor produziu uma análise seminal da natureza problemática da relação entre pesquisa e políticas educacionais, e grande parte desse argumento se mantém se o centro de gravidade for redirecionado para focar a aprendizagem baseada no trabalho. Em um seminário de que um de nós participou recentemente, John Woolhouse, o ex-diretor da Technical and Vocational Education Initiative (TVEI), comentou, com base em sua longa experiência de trabalho no governo e com ele, que a atividade política não era racional. Com isso quis dizer que as políticas não eram estabelecidas por meio de um exame cuidadoso do que se sabe, digamos, sobre serviços de formação de jovens. Muitas vezes, afirmou ele, os ministros não sabiam muito e não queriam saber muito. Para usar o termo de Hager mais uma vez, eles estavam fazendo julgamentos corporificados, em que o foco principal estava na possibilidade eleitoral, na ideologia e na mensagem política corretas para seu partido, na necessidade de uma idéia de peso sobre a qual construir uma carreira e em um forte desejo de gerar transformações rápidas e duradouras, adequadas a suas crenças por vezes profundas sobre o que poderia ou não ser feito.

Dois exemplos ilustram esse processo. Gordon Brown anunciou a política de *New Deal* do Partido Trabalhista antes da eleição de 1997. Não há dúvida de que houve muita reflexão sobre a construção dessa política, e é possível que algumas pesquisas tenham tido influência no processo. Contudo, grandes quantidades de pesquisa sobre desemprego, exclusão, o estado da força de trabalho no Reino Unido e sua frágil infra-estrutura de formação/aprendizagem foram ignoradas ou, o que é mais plausível, nem ao menos conhecidas. Uma passada, nem que seja por um pequeno fragmento da pesquisa relevante, tal como a da educação e formação profissionalizantes (Brown e Keep, 1999), revela duas verdades desconfortáveis. Em primeiro lugar, parte importante da pesquisa lança sérias dúvidas sobre alguns dos pilares centrais da nova política. Em segundo, partes do corpo de pesquisa são, pelo menos parcialmente, contraditórias, e levar toda essa pesquisa ou grande parte dela a sério teria tornado mais difícil, em lugar de facilitar, a produção de uma idéia de peso que pudesse amealhar votos. Quando essas políticas estavam instaladas, as críticas a suas partes fundamentais teriam sido especialmente inoportunas para seus formuladores. Recursos de grande monta já haviam sido comprometidos, e havia promessas que não poderiam ser revertidas sem imensos danos políticos. Nesse momento, a única pesquisa útil aos políticos e aos que estavam encarregados de implementar sua proposta era a que confirmava que as políticas estavam corretas e mostrava como melhor implementá-las.

O segundo exemplo foi a criação, na Inglaterra, mas não na Escócia, em Gales ou na Irlanda do Norte, do Connexions Service, destinado a trazer de volta à educação e ao emprego os educacionalmente excluídos e, quase como uma idéia posterior, proporcionar um serviço de orientação holística a todos os jovens entre 13 e 19 anos. As origens dessa política estão bem documentadas (Watts, 2001). Em essência, a Social Exclusion Unit se baseou em algumas idéias anteriores de instituições, como parte de seu influente relatório, *Bridging the Gap* (Social Exclusion Unit, 1999). Esse relatório utilizou um significativo volume de pesquisa, principalmente em relação aos padrões da exclusão social, bem como às correlações entre exclusão e desemprego, e a uma ampla gama de outros fatores, incluindo baixo êxito educacional. O relatório também examinava o conhecido problema do atendimento fragmentado entre órgãos de governo aos jovens excluídos e sugeriu que uma única instituição como serviço de orientação, com uma nova profissão de orientadores holísticos ou consultores pessoais, deveria ser parte importante do serviço. O Connexions Service foi anunciado quase imediatamente após a publicação do relatório.

Entretanto, corpos de pesquisa amplos e importantes foram mais uma vez negligenciados ou ignorados. Por exemplo, os compiladores do relatório nada dizem acerca de racismo ou preconceito de gênero como fatores que influenciam o sucesso educacional ou o emprego e parecem não estar cientes de que o padrão de entrevistas únicas, de orientação universal, a todos os jovens de 16 anos, era uma recente imposição do governo sobre o recém-privatizado Careers Services.

Na melhor das hipóteses, a reflexão do relatório, sobre a qual o Connexions Service se baseava, era polêmica e contestada (Colley e Hodkinson, 2001).

Seria fácil usar esse exemplo para responsabilizar os envolvidos por não fazerem seu dever de casa com a dedicação necessária, ou os pesquisadores, por não manterem suas conclusões de pesquisa prontamente disponíveis. Contudo não é fácil tirar as lições de corpos de pesquisa complexos; isso leva tempo e se faz mais facilmente *a posteriori*, o que causa grandes problemas para o processo político. Em função do mundo atual de soluções instantâneas alardeadas pela mídia e dos ataques e retaliações da oposição, qual seria a viabilidade de se publicar o relatório, avaliar criticamente as idéias, examinar pesquisas em busca de evidências das implicações e reformular minuciosamente a política? Quanto mais difícil isso teria sido se, como é provável, diferentes pesquisadores oferecessem orientações distintas baseadas em conclusões de pesquisa e visões de mundo diferenciadas?

Como mostram ambos exemplos, não importando quais políticas sejam produzidas, parte do trabalho dos pesquisadores é proporcionar crítica externa independente, bem como, onde for o caso, assistência para implementar as políticas e melhorar sua eficácia. Fazer um desses trabalhos ou ambos pode ser confuso. Acima de tudo, a relação entre pesquisa e política é, em si, política. Ela não pode ser linear, e nenhuma delas pode ser subsumida dentro da outra.

A RELAÇÃO ENTRE PESQUISA E PRÁTICA

A relação entre pesquisa e prática é tão problemática quanto aquela entre pesquisa e políticas, por razões, em parte, diferentes. Cada vez mais se entende que a prática é um fenômeno cultural e social. Alguns dos argumentos propostos em torno do conhecimento de Modo 2 são diretamente relevantes aqui. Há uma riqueza de pesquisas, algumas das quais já citadas, sugerindo que aquilo que as pessoas aprendem no trabalho se constitui na cultura e nas práticas do local de trabalho. Mais do que isso, a aprendizagem muitas vezes situa-se na consciência prática, ou é tácita. Estudo após estudo mostra que os trabalhadores consideram difícil expressar a forma como aprendem. Além disso, o primeiro propósito dos locais de trabalho raramente é a aprendizagem. Tarefas são cumpridas, e serviços prestados.

A aprendizagem, paradoxalmente, é onipresente, ao mesmo tempo em que é periférica à atividade principal, seja ela qual for. Assim como outros cenários sociais, os locais de trabalho também são lugares que comportam interesses conflitantes, relações de poder desiguais, luta e contestação, bem como cooperação e trabalho de equipe. A aprendizagem em local de trabalho muitas vezes tem uma dimensão coletiva e uma individual. De que forma a pesquisa pode contribuir para melhorar esses processos complexos?

Em princípio, deveria ser capaz de proporcionar visões que possam ter valor para aqueles que gerenciam, organizam e apóiam a aprendizagem, ou àqueles que estão sendo organizados. Todavia, suas práticas também são condicionadas culturalmente, e parte dessa cultura pode ser específica do empregador ou local de emprego específicos. No atual contexto do Reino Unido, o vínculo entre prática e pesquisa se dá de duas formas diferentes. Por um lado, alguns profissionais podem realizar, eles próprios, um pouco de pesquisa-ação. Há duas subvariantes. No ensino escolar, há uma longa tradição, completa, com suas próprias tradições e comunidades de prática, com foco em como a pesquisa realizada por um profissional (sozinho ou com outros) pode trazer a esse mesmo profissional maior conhecimento de sua própria prática. Essa pesquisa, embora rigorosa em termos ideais, é intencionalmente subjetiva. Na segunda variante, a pesquisa feita por profissionais situa-se principalmente na solução de problemas no local de trabalho, muitas vezes sob o comando do empregador ou gerente de linha. Isso pode ser visto, por exemplo, no crescimento do movimento pela aprendizagem baseada em local de trabalho na educação superior (Boud, 1998; Symes e McIntyre 2000). Ambas as formas de pesquisa por parte de profissionais são muito idiossincráticas, voltadas a melhorar as práticas de um determinado local de trabalho ou de um profissional, ou de ambos. Não são projetadas para ser cientificamente seguras ou generalizáveis e, assim, não cumprem uma parte importante da intenção de Desforges (2000b), já citada.

A outra abordagem ampla é dizer aos profissionais aquilo que a pesquisa "segura" descobriu e buscar mecanismos que façam com que se apropriem das conclusões, transformando-as, de alguma forma, em parte de sua própria prática. Há muitos problemas envolvidos nisso. Geralmente, até mesmo a leitura dos sumários de conclusões seguras toma tempo, e a transformação em práticas alteradas, ainda mais. Mesmo assim, em muitos locais de trabalho, o tempo é o recurso mais escasso. A seguir, se a maior parte da prática é internalizada e/ou tácita, de que forma o profissional deve identificar quais conclusões seguras publicadas são relevantes para que possa começar o processo de transformação? Ou, o que é ainda mais difícil, de que forma aqueles que publicam pesquisa segura saberão como descrever suas conclusões de maneiras que se relacionem com a consciência prática de profissionais ou comunidades de prática específicos? Em terceiro, a pesquisa pode muito bem ser segura da forma definida pelo processo de prática baseada em evidências, mas parecer qualquer coisa, menos segura, para uma comunidade de prática. Pode muito bem haver boas razões para que, mesmo as melhores conclusões de pesquisa, seja como se defina "melhor", devam ser ignoradas em um determinado contexto. Por exemplo, um empregador ou gerente de recursos humanos pode saber a partir de pesquisa (Hewison et al., 2000) que o tempo para aprender é um problema específico para as mulheres empregadas, mas rejeitar agir a partir desse conhecimento, porque em sua comunidade de prática a redução das horas de trabalho ou licenças extras para aprendizagem pode ser cultural e/ou economicamente inaceitável.

Conforme este exemplo ilustra, assim como acontece com os políticos, a identificação de qual pesquisa transformar e utilizar terá, muitas vezes, pouco a ver com sua "segurança". Na educação continuada de inglês, os inventários de estilos de aprendizagem de Honey e Mumford (1986) passaram a ser, recentemente, quase onipresentes. Os questionários são administrados rotineiramente a milhares de alunos, de forma que os professores possam identificar seus estilos preferenciais de aprendizagem para adequar o ensino. No entanto, na literatura sobre aprendizagem, as premissas de que as pessoas têm estilos de aprendizagem inerentes, que o instrumento de Honey e Mumford os mede de forma precisa (há muitos instrumentos e configurações rivais, como Kolb, 1984; Riding, 1997), que não mudam e que são um determinante importante do processo de aprendizagem, são todas contestadas. Nenhuma dessas premissas é cientificamente segura ou sustentada por pesquisas sobre a natureza da aprendizagem. Assim, por que esses instrumentos foram adotados de forma tão ampla? Uma explicação plausível é que os atuais regimes de inspeção de educação continuada exigem que os orientadores apresentem evidências de que atendem as necessidades individuais de todos os aprendizes em suas turmas. O uso do questionário é um meio fácil para demonstrar que eles têm levado essa exigência a sério.

Mais uma vez, há duas reações a essa situação, além de uma defesa dos estilos de aprendizagem como conhecimento seguro. O pressuposto das políticas atuais seria o de que precisamos usar a pesquisa para encontrar o conhecimento sobre aprendizagem que seja seguro, de forma que isso possa ser dito aos profissionais e a abordagem de Honey e Mumford desapareça nos anais da história da educação continuada ou seja confirmada como cientificamente legítima. A leitura alternativa, a qual preferimos, indica que a história mostra que a escolha das evidências de pesquisa pelos profissionais é tão não-racional quanto a feita pelos políticos, e por razões semelhantes. Eles identificam e utilizam as conclusões que se ajustam a suas práticas culturais e suas atuais crenças, ou que parecem ajudar a atender a uma demanda atual, quase que independentemente da qualidade da própria pesquisa – seja como for que se julgue. Demonstrar que atender às demandas individuais dos alunos é complexo e que as abordagens aos estilos de aprendizagem não funcionam teria bem poucas probabilidades de fazer muita diferença em sua ampla adoção.

USANDO A PESQUISA PARA AUMENTAR OS NÍVEIS DE ENTENDIMENTO

Quando observamos esses vários conjuntos de fatores sobre a natureza contestada e incerta das conclusões de pesquisa, sobre a natureza política das relações entre pesquisa e política e sobre as práticas implicadas no uso de pesquisa para influenciar a prática, fica claro que o modelo linear dominante de conclusões seguras, que informa as políticas e/ou é transformado em prática, tem pouquíssimas probabilidades de dar certo. Em seu lugar, apresentamos uma configuração alternativa: a de que os pesquisadores, alguns formuladores de políticas e alguns profissionais podem trabalhar juntos de forma útil para construir um melhor entendimento da aprendizagem baseada em trabalho.

Nesse melhor entendimento, não há hierarquia clara. O conhecimento dos tipos que Gibbons e colaboradores. (1994) chamam de Modo 1 e Modo 2 pode ser mesclado de forma útil, mas o conhecimento de pesquisa não é inerentemente superior a todas as outras formas. Central a esse processo é a necessidade de aumentar a capacidade de fazer melhores julgamentos sobre a prática, sobre políticas e sobre pesquisa. Isso está diretamente vinculado a uma parte da abordagem do TLRP que ainda não descrevemos, porque o programa também está concentrado em aumentar a capacidade de pesquisa. Por vezes, isso parece significar a capacidade das pessoas de realizar pesquisas de alta qualidade. Talvez com mais ganhos, também se pode considerar que signifique a capacidade de entender melhor o que a pesquisa pode e não pode fazer, e a capacidade de fazer julgamentos mais informados sobre qual pesquisa poderia ser útil, como e por quê. Obviamente, essa compreensão maior também facilitaria aos que tivessem de realizar eles próprios pesquisa de alta qualidade, seja pesquisa-ação ou alguma outra forma.

Há várias formas de se melhorar essa mescla de política, prática e conhecimento de pesquisa. Uma delas é por meio de um número crescente de fóruns, nos quais se pode compartilhar conhecimento e especialização e avançar a reflexão. Os seminários *Working to Learn*[1] tentaram fazer isso. O fórum VET, na Universidade de Warwick no início da década de 1990, fez isso de forma bem mais substancial, atraindo mais apoio financeiro. Outra forma, que também está presente no TLRP, é o envolvimento de alguns profissionais e formuladores de políticas em todas as etapas do processo de pesquisa, de forma que os conhecimentos de Modos 1 e 2 sejam cada vez mais mesclados. Outra maneira é em programas adequados em nível de mestrado ou doutorado, nos quais esses dois grupos possam sair das pressões de trabalho do dia-a-dia e se envolver em novas idéias e formas de entender problemas. Esses programas não precisam, é claro, levar a uma graduação para atingir o propósito desejado. O importante é o nível de envolvimento. Outra linha é a pesquisa por parte de profissionais ou formuladores de políticas, que pode ajudar os envolvidos a entender as complexidades não apenas dos problemas que estão investigando, mas também da natureza da pesquisa e dos processos de julgamento relacionados a ela. Contudo, esse entendimento não é conseqüência automática de qualquer forma de envolvimento em pesquisa. As abordagens de pesquisa que abstraem as técnicas do entendimento e ocultam a problemática mais profunda da pesquisa e da construção de conhecimento pouco irão contribuir e podem, na verdade, solapar o desenvolvimento de uma melhor capacidade de julgamento.

Há dois problemas principais. Seria difícil, no clima atual, obter tempo ou financiamento nas quantidades adequadas para esses tipos de desenvolvimento. O impacto seria muito desigual, dependendo de quem tem a disposição e os recursos para se envolver. O impacto sobre o desempenho seria muitas vezes impossível de medir, assim como raramente seria possível separar os impactos desse processo e o de outros processos paralelos.

Contudo, o que alguns podem considerar como o problema mais sério também poderia ser descrito como um ponto forte, dado que tal processo abriria a mais profissionais e formuladores de políticas a natureza fragmentada, incerta e contestada do conhecimento de pesquisa, por exemplo, em relação à aprendizagem. Da mesma forma, abriria a alguns pesquisadores o entendimento profissional daqueles envolvidos no campo da aprendizagem baseada em trabalho. Esse processo produziria raras respostas cientificamente seguras, embora alguns indivíduos ou grupos possam se utilizar dele para ajudar a guiar futuras ações. Todavia, pode contribuir para a construção de perguntas melhores e engendrar um clima em que haja uma compreensão muito mais profunda daquilo que a pesquisa pode ou não fazer, bem como maior compreensão da natureza da aprendizagem baseada em trabalho e como ela pode ser aprimorada. Acima de tudo, aumentaria a capacidade da comunidade de aprendizagem baseada em trabalho de fazer julgamentos informados sobre seu próprio trabalho e o de outros. A pesquisa e os pesquisadores têm um papel valioso a cumprir nessa comunidade de prática, principalmente porque ela tem mais tempo e independência para se distanciar dos contextos e das pressões imediatas das políticas e práticas no campo. Com outros, podem, por exemplo, ajudar a manter perspectivas críticas no discurso e garantir que as lições de experiências recentes não sejam esquecidas completamente.

NOTA

1 Este capítulo é uma adaptação de um artigo apresentado no seminário *Working to Learn,* no London Institute of Education, em 15 de junho de 2001.

12

Tornando educativa a prática baseada em evidências

———————————————————————— *John Elliott*

COLOCANDO A PESQUISA EDUCACIONAL A SERVIÇO DA EDUCAÇÃO BASEADA EM RESULTADOS

Segundo alguns observadores atuais, como David Hargreaves, a pesquisa educacional precisa ser redirecionada a um desenvolvimento sistemático de um corpo de conhecimentos que seja capaz de informar os julgamentos práticos dos professores. A idéia da "prática baseada em evidências" é central a esse redirecionamento. Hargreaves (1997, p.413) afirma que "a pesquisa deve fornecer evidências decisivas e conclusivas de que, se os professores fizerem x em lugar de y em sua prática profissional, haverá uma melhoria significativa e duradoura em termos de resultados".

Mais recentemente, Hargreaves (1999b) demonstrou uma crescente sensibilidade a acusações de "positivismo" (Hammersley, 1997). Ele aprimora a idéia de "prática baseada em evidências" sugerindo que "a prática informada por evidências" é uma expressão menos ambivalente, que indica com mais clareza que a pesquisa relevante *informa* em lugar de *substituir* o julgamento dos professores. O autor também parece qualificar a injunção de que as evidências devem ser *decisivas e conclusivas* para a prática. Essas evidências não supõem a existência de leis causais universais como base para a geração de regras meios-fins que estejam além de qualquer dúvida.

Hargreaves considera que o futuro da pesquisa educacional requer mais estudos experimentais e testes controlados randomizados, na busca de *o que funciona* na prática para produzir melhorias em resultado. Esses estudos investigam "algumas 'relações razoavelmente estáveis'" (1999b, p.247), mas estão abertos à revisão à luz de exceções e mudanças nas circunstâncias. Suas conclusões generalizáveis trabalham apenas com probabilidades estatísticas.

Além disso, ao discutir a relação entre pesquisa e formulação de políticas, Hargreaves reconhece que as decisões práticas são condicionadas pelo contexto. O autor afirma que elas precisam ser baseadas em uma gama mais ampla de considerações do que "a pesquisa relevante". O conhecimento derivado da pesquisa "serve como complemento, e não como substituto, ao atual conhecimento dos formuladores de políticas" (1999b, p.246).

Ao tentar desacoplar os experimentos educacionais sobre *o que funciona* de pressupostos positivistas, Hargreaves (1999b) pretende fortalecer o argumento em favor de um "modelo de engenharia" para a pesquisa educacional, em oposição ao "modelo do iluminismo". Aquele, segundo o autor, visa a exercer uma influência direta sobre a ação educativa nas áreas de políticas e prática, gerando evidências *do que funciona*; este, por sua vez, visa apenas a moldar a forma como as pessoas pensam sobre as situações e os problemas que levantam. A influência dessa pesquisa em suas decisões e ações concretas é, na melhor das hipóteses, indireta. Hargreaves reconhece que a "pesquisa do iluminismo" pode, a longo prazo, ter um impacto indireto nas políticas e nas práticas ao permear o clima de opinião predominante. Entretanto, esse "fato polêmico," ele afirma, não é desculpa para uma *postura de eremita*, "na qual o pesquisador se retira do mundo caótico dos problemas práticos de curto prazo, para obscuridades intelectuais mascaradas de profundidades, enquanto sonha com o reconhecimento final" (1999b, p.243). Na verdade, Hargreaves afirma que a transmissão de teorias e idéias, por si só, para "iluminar" os profissionais, é um empreendimento perigoso. Como exemplo, aponta para o monopólio intelectual que os cientistas sociais exerceram, "até recentemente", sobre a formação inicial dos professores. No processo, apresentavam as idéias de pesquisadores como Piaget, Skinner e Bernstein (1999b, p.244) de formas distorcidas. Pode-se dizer, afirma ele, que isso causou "danos incomensuráveis" às práticas profissionais dos professores.

Hargreaves apresenta o "modelo do iluminismo" como uma postura de oposição a um "modelo de engenharia" definido por pressupostos positivistas ingênuos. Ao desacoplar o "modelo de engenharia" desses pressupostos, aspira a desarmar a oposição na academia, e a recolocá-lo no centro da pesquisa em ciências sociais, em termos gerais, e na pesquisa educacional, em particular. Desta forma, o futuro da pesquisa social e educacional pode ser redirecionado à geração de *conhecimento para a ação* para formuladores de políticas e profissionais.

Hargreaves conseguiu, em seu último trabalho, finalmente desacoplar seu apoio a um "modelo de engenharia" para a pesquisa social e educacional da acusação de que presume um positivismo cru e ingênuo? O autor expôs ali, como mera racionalização, as bases para se opor a tal modelo? Eu afirmaria que teve sucesso apenas parcial.

Do ponto de vista da filosofia social, seus argumentos não são exatamente novos. Fazem eco, em alguns aspectos, àqueles desenvolvidos por Alasdair MacIntyre (1981) no Capítulo 1 de seu texto seminal chamado *After virtue*. Discutindo *The character of generalizations in social science and their lack of predictive power*, MacIntyre identifica a descoberta de regularidades estatísticas como uma fonte importante de previsibilidade no comportamento humano. O autor afirma que as generalizações desse tipo, apresentadas em termos de probabilidades em lugar de leis causais rígidas, não implicam explicabilidade em termos dessas leis.

Esse ponto é repetido por Hargreaves (1997) em sua réplica à afirmação de Martyn Hammersley (1997) de que muitos pesquisadores da educação perceberiam sua descrição de "prática baseada em evidências" como positivista. MacIntyre também afirma que o conhecimento de regularidades estatísticas cumpre um papel importante em informar as escolhas humanas, em termos de suas chances de sucesso e fracasso. Elas constituem o que Hargreaves chama de *conhecimento para a ação*. Entretanto, diferentemente de Hargreaves, MacIntyre não considera que a existência de exceções constitua uma plataforma para melhorar a previsibilidade das conclusões de pesquisa e, assim, sua utilidade como *conhecimento para a ação*.

Segundo Hargreaves (1999b, p.247-248), as evidências da pesquisa educacional sobre *o que funciona* em salas de aula deveriam ser cumulativas e baseadas em um processo de investigação contínua de exceções. Ele parece supor que essas exceções constituem contra-exemplos, no sentido de que expõem deficiências nas generalizações originais que precisam ser melhoradas com base em mais pesquisa. Entretanto, MacIntyre afirma que as generalizações probabilísticas das ciências sociais são diferentes das obtidas em áreas das ciências naturais como a mecânica estatística. Diferentemente desta, as generalizações probabilísticas nesses campos das ciências naturais não consistem simplesmente em uma lista de casos nos quais há exceções; em lugar disso, "implicam condicionantes contrafatuais bem definidos e são refutadas por contra-exemplos precisamente da mesma maneira e no mesmo grau de outras generalizações com caráter de lei" (MacIntyre, 1981, p.91).

Dada essa diferença, a premissa de Hargreaves, segundo a qual as exceções às generalizações das ciências sociais podem funcionar como contra-exemplos e, assim, constituir uma base para a pesquisa cumulativa, que melhore a capacidade de se colocarem em ação suas conclusões, é equivocada. MacIntyre enfatiza a afirmação de Maquiavel de que as pessoas podem agir "com base no melhor estoque disponível de generalizações" e ainda assim, quando se deparam com exceções imprevistas, não ver maneira de melhorá-las ou razão para as abandonar (MacIntyre, 1981, p.93). De forma relativa, essas generalizações são previsivelmente frágeis. A opinião de Hargreaves de que elas podem ser melhoradas, mais do que simplesmente ampliadas ou modificadas, de maneira que levem a uma redução da imprevisibilidade nas questões da vida humana, sugere que ele não tenha abandonado por completo os pressupostos do positivismo.

Seja o quanto for que Hargreaves tenha modificado sua posição em resposta a acusações de "positivismo," há um tema que perpassa constantemente seus escritos desde a palestra para a TTA que deu em 1996. É que a principal tarefa da pesquisa educacional consiste em melhorar a *capacidade de desempenho* dos professores com relação aos resultados de seu ensino. À primeira vista, esta visão do objetivo da pesquisa educacional parece uma questão de bom senso e não estaria sujeita a questionamentos. O ensino é uma atividade intencional dirigida a gerar resultados de aprendizagem para os alunos. O que se discute (ver Stenhouse, 1970, 1975) é uma linha de idéias originadas de *Taxonomy of educational objectives* (1956), de Bloom e colegas, e das pesquisas do autor sobre *Mastery learning* (1971). Na década de 1980, essas idéias foram mais desenvolvidas sob o nome de *educação baseada em resultados*. Entre as linhas de pensamento que fazem parte, estão as orientações de que os resultados da aprendizagem deveriam ser os mesmos para todos os estudantes, definidos operacionalmente como *comportamentos de saída*, e o progresso em direção a eles, medido em relação a *padrões de referência*. A terminologia empregada tende a mudar com o tempo e com o contexto, mas seu significado permanece constante. Dessa forma, dentro do currículo nacional do Reino Unido, especificações de estruturas de *resultados para todos os estudantes* são chamadas de "padrões", os *comportamentos de saída*, de "metas" e *padrões de referência*, de "níveis de realização".

Um dos atrativos da educação baseada em resultados é o fato de que ela parece proporcionar uma estrutura de regras práticas para definir intervenções pedagógicas e medir a eficácia do ensino. Ao se aplicarem essas regras ao desenho da prática de instrução, os resultados do ensino são concebidos como *rendimentos* mensuráveis. Como tal, são especificados de forma que os torna passíveis de previsões de controle técnico por parte dos professores. Dentro da estrutura da educação baseada em resultados, o "ensino baseado em evidências" pode ser caracterizado como um meio para melhorar o ensino como modo de controle técnico sobre a produção de resultados de aprendizagem, tornando-os, portanto, cada vez mais passíveis de previsões. Apesar de diversos ajustes que Hargreaves fez a suas descrições de "prática baseada em evidências" e do papel da pesquisa educacional em relação a isso, elas continuam a assumir e endossar a ideologia de controle da educação baseada em resultados. Nesse aspecto, permanecem abertas à acusação de positivismo.

A seguir, a expressão *educação baseada em resultados* será usada para a corrente específica de idéias esboçada. Ao fazer isso, não quero, de modo algum, negar o truísmo de que o ensino envolve a intenção de gerar resultados úteis para os alunos. Eu discordaria é de que o ensino, para se tornar eficaz, tenha que assumir a bagagem ideológica da educação baseada em resultados. O truísmo mencionado não implica necessariamente que o professor deva ter os mesmos resultados em mente para todos os alunos, ou que deva especificar os resultados na forma de comportamentos ou rendimentos de saída, ou, ainda, avaliar a eficácia de seu ensino medindo o progresso dos alunos em termos de aprendizagem em relação a padrões de referência. A descrição de Hargreaves do papel da pesquisa educacional pode ser interpretada como uma tentativa de reposicioná-la como a linha auxiliar da educação baseada em resultados e das políticas educacionais que são cada vez mais moldadas pela ideologia que a embasa.

Em seguida, voltarei à questão de o que constitui *conhecimento para a ação* no contexto das práticas sociais como a educação. Antes disso, quero explorar a visão de Hargreaves sobre o papel da *pesquisa educacional* no contexto predominante das políticas. Farei isso à luz da visão de MacIntyre sobre o uso das generalizações das ciências sociais na gestão da sociedade.

Hargreaves apóia intervenções políticas para definir práticas em sala de aula, desde que sejam informadas por evidências de pesquisa em lugar de ideologia. O autor escreve:

> Na Inglaterra e em Gales, os formuladores de políticas costumavam ser limitados, ou se limitar, principalmente, às decisões sobre a estrutura do serviço de educação. As atividades internas do que os professores faziam nas salas de aula, mesmo o próprio currículo, eram deixadas em grande parte aos critérios dos próprios professores, que desfrutavam de um alto grau de autonomia. Hoje em dia, está se forjando um novo vínculo entre o que até agora haviam sido principalmente áreas distintas [de políticas e práticas], marcando o fim da convenção pela qual os ministros permanecem longe da prática de sala de aula.
> As intervenções dos formuladores de políticas nas atividades de sala de aula aumentarão, suspeito, especialmente se as estratégias nacionais de alfabetização e ensino de aritmética conseguirem elevar os níveis do desempenho medido dos alunos. Os ministros agora reconhecem que os padrões de ensino e aprendizagem têm poucas probabilidades de ser elevados por ações e políticas que nunca penetram na sala de aula. Isso é menos perigoso do que parece inicialmente, desde que os ministros mantenham alguma distância, por meio de uma atenção pragmática a "o que funciona" e de um reconhecimento de que a descoberta de "o que funciona" é mais uma questão de evidências, e não apenas de ideologia ou preferência em termos de políticas.
> (Hargreaves, 1999b, p.246)

Do ponto de vista de MacIntyre, o otimismo de Hargreaves sobre os usos da pesquisa educacional no contexto de políticas, como descrito, pareceria carecer de bases. MacIntyre afirma (1981, p.106-108) que as afirmações de políticos e burocratas sobre seu conhecimento da "engenharia social" da sociedade são um disfarce para uma imitação histriônica do controle social cientificamente gerenciado. Essas afirmações, diz ele, surgem a partir da "dominação do modo manipulativo em nossa cultura", mas "não podem ser acompanhadas por muito sucesso real na manipulação" porque "nossa ordem social está, em um sentido muito literal, fora de controle e, na verdade, do controle de qualquer um". MacIntyre conclui que é "o sucesso histriônico que dá poder e autoridade em nossa cultura", e não as evidências científicas sobre como realizar uma engenharia da ordem social para atingir determinados propósitos. Ao fazê-lo, antecipa uma resposta provável de gestores sociais e burocratas que, curiosamente, fazem eco à visão de Hargreaves sobre o papel da pesquisa educacional:

> Não fazemos afirmações profundas [de nosso conhecimento] – temos tanta ciência das limitações das generalizações das ciências sociais quanto vocês.
>
> Cumprimos uma função modesta, com uma competência modesta e despretensiosa. Mas temos, sim, conhecimento especializado; isso nos autoriza, em nossos próprios campos limitados, a ser chamados de especialistas. (MacIntyre, p.107)

MacIntyre sustenta que essas afirmações modestas pouco fazem para legitimar a posse e os usos de poder "de qualquer maneira ou escala semelhante àquela em que o poder é utilizado" em sistemas burocráticos. Ele as vê como uma desculpa para continuar "a participar dos enigmas que são representados posteriormente". Sua descrição de como o poder político e gerencial é gerado em nossa cultura parece digna de crédito. Nesse caso, a descrição de Hargreaves sobre a contribuição significativa, ainda que modesta, da pesquisa educacional à produção do *conhecimento para a ação* no atual contexto das políticas se baseia em uma ficção com relação à capacidade dessa pesquisa de informar e moldar as intervenções materializadas em políticas. É uma ficção que, mesmo assim, proporciona uma desculpa para a ampliação sem precedentes da operação do poder político e burocrático com vistas a regular as atividades pedagógicas em que os professores envolvem seus alunos nas salas de aula. Hargreaves, assim parece, a partir desse ponto de vista, escalou os pesquisadores educacionais para que cumpram um papel na produção histriônica de poder e autoridade do estado e seus representantes sobre o processo de educação. MacIntyre "lembra" os pesquisadores educacionais de que eles também irão precisar ser bons atores quando escreve: "os talentos histriônicos do pregador com pequenos papéis secundários são necessários ao drama burocrático, como contribuições dos papéis dos atores que fazem os grandes gestores" (MacIntyre, 1981, p.108).

Eu contestaria isso argumentando que, ao dar ao "modelo da engenharia" da pesquisa educacional um papel central no futuro, Hargreaves parte de um conjunto de pressupostos dominantes sobre a natureza das práticas sociais, como "educação" e sua relação com resultados sociais desejáveis. Esses pressupostos estão embutidos em um clima de opinião que atualmente cerca a formação das políticas sociais nas nações pós-industriais e os sistemas de garantia de qualidade associados ao processo. No campo da educação, esses pressupostos estão embutidos na noção de *educação baseada em resultados* apresentada anteriormente. Podem ser resumidos da seguinte forma:

1. As práticas são atividades que precisam ser justificadas como meios *eficazes* e *eficientes* de produzir resultados desejados.
2. Meios e fins estão relacionados de forma contingente. É preciso determinar, com base em evidências empíricas, aquilo que constitui um meio adequado para gerar os fins que se têm em vista.
3. A determinação dos meios requer uma pré-especificação clara e precisa dos fins, na forma de resultados ou metas tangíveis e mensuráveis, que constituem os padrões de qualidade em relação aos quais o desempenho dos profissionais da área social deve ser julgado.

O atual contexto de políticas na educação, assim como em outras áreas das políticas sociais, tende a refletir esses pressupostos, dado que prioriza a *definição de metas* e formas de avaliação e garantia de qualidade que medem a *capacidade de desempenho* (eficiência) de práticas em relação a *indicadores* de sucesso na obtenção das metas. Em outras palavras, é um contexto em que as práticas são tratadas como dispositivos de manipulação (tecnologias) para gerar níveis de produção desejados.

A visão de Hargreaves acerca do futuro da pesquisa educacional se encaixa bem nesse contexto de políticas e, aparentemente, ele não vê qualquer problema nisso. O autor pressupõe claramente que as restrições à autonomia dos professores a partir das intervenções de formuladores de políticas para moldar as práticas de sala de aula são justificadas, desde que informadas e disciplinadas por evidências empíricas sobre *o que funciona* para gerar um dado nível de produção. O que ele não leva em consideração é o argumento de MacIntyre, de que essas evidências jamais poderão proporcionar aos "gestores da sociedade" a quantidade de poder preditivo adequado ao conceito de *eficácia gerencial*. Esse conceito, segundo MacIntyre (1981, p.106-107), é uma ficção moral. Se aceitamos sua linha de argumentação, em um contexto de políticas que se caracteriza por "gerencialismo", as evidências empíricas sobre as regularidades estatísticas são apenas *histrionicamente úteis* como uma máscara para preferências arbitrárias. Nesse caso, a visão de Hargreaves sobre os ministros do governo se distanciarem de suas preferências ideológicas e se dedicarem pragmaticamente às evidências de *o que funciona* é um pouco fantasiosa e não constitui base alguma na qual sustentar as restrições à autonomia dos professores. Na verdade, o fato, evidenciado pelas formas limitadas de generalizações empíricas produzidas pelas ciências sociais, de que a vida humana é acompanhada por um alto grau de imprevisibilidade como condição permanente, é uma boa razão para se dar aos professores certa autonomia do controle político e burocrático. Acreditar em suas capacidades de exercer a sabedoria e o julgamento em circunstâncias imprevisíveis, as quais eles encontram regularmente no decorrer de suas atividades, é a política sábia.

Precisamos de uma terceira visão sobre a pesquisa educacional como uma alternativa tanto ao modelo do "iluminismo" quanto ao da "engenharia". É à formulação dessa terceira visão que se dedicará o restante deste capítulo.

O CONCEITO DE EDUCAÇÃO E O PAPEL DA PESQUISA EDUCACIONAL

A visão de Hargreaves sobre o futuro da pesquisa educacional ignora uma tradição de refletir sobre as práticas sociais, como a educação, que data de Aristóteles e é exemplificada no pensamento contemporâneo pela obra *After virtue*, de MacIntyre. Segundo o autor, (MacIntre, 1981, p.187), essa tradição filosófica define uma prática social como:

> qualquer forma coerente e complexa de atividade humana cooperativa, estabelecida socialmente, através da qual benefícios internos àquela forma de atividade acontecem ao se tentar atingir esses padrões de excelência que são adequados e parcialmente definidores daquela forma de atividade, com o resultado de que os poderes humanos para atingir excelência e as concepções humanas dos fins e benefícios envolvidos são sistematicamente ampliados.

A partir dessa *perspectiva ética*, os benefícios internos a uma prática são distinguidos dos externos porque não se pode especificá-los independentemente das atividades e dos processos em que a própria prática consiste. São normas e valores que definem as atividades e os processos que são interessantes, que compõem a prática, e não alguns benefícios extrínsecos que podem resultar da participação nela. Além disso, diferentemente desta última, os benefícios internos a uma prática só podem ser identificados e reconhecidos "pela experiência de participar na prática em questão" (MacIntyre, 1981, p.189).

No campo da educação, essa perspectiva constituiu, na década de 1960 e no início da de 1970, importante recurso para dois corpos de trabalho altamente influentes e interligados. Refiro-me ao trabalho de Richard Peters para estabelecer a filosofia da educação como uma disciplina importante na educação (ver *Ethics & education*, 1966; *Aims of education – a conceptual inquiry*, 1973) e o uso que Lawrence Stenhouse fez do trabalho de Peters no desenvolvimento do ensino baseado em pesquisa como uma forma coerente e integrada de prática educativa (Stenhouse, 1970b, 1975, 1979, 1979b). Na verdade, o vínculo entre a teoria da educação de Peters e o trabalho de Stenhouse para situar o "ensino baseado em pesquisa" no centro do processo de desenvolvimento de currículo em escolas, como exemplificado por seu *Humanities Project* (1970b), não é suficientemente reconhecido por filósofos da educação nem por pesquisadores educacionais. Ainda assim, constitui uma exceção significativa à afirmação de Hargreaves (1999b, p.244) de que a transmissão das teorias da educação não foi acompanhada de um corpo sólido de evidências empíricas relacionadas às práticas de rotina dos professores (por exemplo, Stenhouse, 1970b, 1977, 1979b; Ford Teaching Project Publications, 1974; Elliott e MacDonald, 1975; Stenhouse, Verma, Wild e Nixon, 1979; Ebbutt e Elliott, 1985; Elliott, 1991).

Peters foi membro do Comitê Coordenador do Humanities Project, e Stenhouse considerava esse projeto como um exemplo de desenvolvimento de currículo baseado em uma filosofia bem formulada de educação. De maneira coerente com isso, Stenhouse enviou um membro de sua equipe (eu) para estudar filosofia da educação com Peters, em regime de tempo parcial, no London Institute of Education.

Nesta seção, revisitarei o trabalho de Peters sobre os objetivos e sua relação com os processos educativos e afirmarei que suas implicações para a pesquisa educacional e a prática baseada em evidências são muito diferentes da posição de Hargreaves. Na seção final, apresentarei a visão de Stenhouse sobre a relação entre pesquisa educacional e ensino e indicarei sua congruência com a teoria da educação de Peters.

Para Peters, os objetivos educacionais não se referem a fins aos quais "a educação possa levar ou os quais possa gerar" (1973). De seu ponto de vista, os fins econômico, como "proporcionar empregos aos estudantes" e "aumentar a produtividade da comunidade" são benefícios extrínsecos à educação. A *educação*, afirma o autor (1966, p.27), não é "um processo neutro, que serve de instrumento para alguma coisa de valor, que é extrínseco a ela". Essas finalidades extrínsecas são chamadas mais adequadamente de *propósitos* do que *objetivos da educação*. Este último termo se refere a normas e valores que definem o que significa para uma pessoa tornar-se *educada*, e o que conta, em termos procedimentais, como um processo educativo *que tenha valor* para concretizar esse estado. Elas definem "benefícios" que são intrínsecos à educação como um processo. Um processo direcionado unicamente para fins extrínsecos, como os econômicos, afirma Peters (1966), é mais bem descrito em termos de *treinamento* do que de *educação*. Entretanto, pode-se ensinar um corpo de conhecimentos às pessoas, como a ciência, ou uma habilidade prática, como marcenaria, tanto por "seus próprios valores intrínsecos quanto em função da contribuição que dá a fins extrínsecos" (Peters, 1966, p.29). *Educação* e *treinamento* não são necessariamente processos diferenciados.

Segundo Peters, as normas e os valores que definem os benefícios intrínsecos da educação estão em dois grupos intimamente conectados (1973, p.18-24). Em primeiro lugar, há os que fornecem critérios gerais de educação quando ela é vista como uma conquista. Peters afirma que o sucesso em se tornar uma pessoa educada envolve:

- Vir a gostar de uma atividade pelo "que há nela de diferenciado em relação àquilo a que ela pode levar", por exemplo, "a busca da verdade" ou "produzir algo que seja positivo" (Peters, 1973, p.18).
- Possuir "profundidade de entendimento" ao compreender os princípios que baseiam uma atividade.
- Não ser estreitamente especializado, e sim capaz de ver a conexão entre uma atividade da qual uma pessoa gosta e entende e um "padrão coerente de vida". Peters chama essa capacidade de fazer conexões entre atividades humanas específicas (por exemplo, ciência, história ou engenharia) e um padrão mais amplo de sentido na vida de *perspectiva cognitiva*.
- Ter a própria maneira de ver as coisas na vida em termos gerais, a própria *perspectiva cognitiva*, transformada pelo que se aprendeu na busca de atividades específicas de valor.

A implicação desse tipo de análise, do que significa ser educado, é que tornar-se essa pessoa envolve um processo qualitativamente diferente de simplesmente aprender corpos de conhecimento e habilidades valorizadas apenas por sua relação com propósitos econômicos e sociais extrínsecos. A *educação*, para Peters, envolve a transformação da maneira como uma pessoa vê o mundo em relação a si própria. É um processo holístico. O autor afirma que uma pessoa nunca é *educada* "em relação a qualquer finalidade, função ou modo de pensamento específicos" (1966, p.34). A aquisição de competências específicas nesses aspectos é descrita mais adequadamente em termos de *treinamento*. As pessoas também não se tornam educadas por adição, em função da grande quantidade de conhecimento e habilidades que adquirem. Indivíduos instruídos ou onicompetentes não são necessariamente *educados*. A partir disso, pode-se concluir que o atual projeto de nosso governo, de "elevar os padrões" nas escolas, pouco tem a ver com a qualidade da *educação* dentro delas, dado que a aquisição de competências específicas não significa, em si, *conquistas educacionais*. Estas se referem à maneira pela qual as pessoas aprendem e envolvem transformações qualitativas em sua visão geral da vida, cujas condições podem ser especificadas pelos tipos de critérios gerais para os quais Peters chamou nossa atenção. Seu propósito, ao tentar esclarecer objetivos que sejam intrínsecos ao processo de se tornar educado, é "esclarecer as mentes dos educadores em relação a suas prioridades" (Peters, 1973, p.21). A necessidade desse esclarecimento talvez seja maior atualmente, em uma época em que o contexto das políticas educacionais é movido por imperativos econômicos em uma era de globalização, e os professores em todos os níveis do sistema de educação são cobrados pelos resultados de ensino padronizados que se acredita que possuam *valor de mercadoria* no mercado de trabalho.

O segundo grupo de objetivos citado por Peters se refere a valores procedimentais e a princípios em lugar do aspecto de conquista em termos de educação. Alguns desses objetivos, declara, estão ligados à afirmação do indivíduo no processo de educação e chamam a atenção "a uma classe de *procedimentos* de educação, em lugar de prescrever qualquer conteúdo ou direção específicos a ela" (Peters, 1973, p.22). Objetivos como "auto-realização" e "crescimento do indivíduo" implicam princípios de procedimento como "aprendizagem pela descoberta", "aprendizagem pela investigação", "aprendizagem autônoma", "aprendizagem pela experiência". Outros objetivos procedimentais se referem às regras ou aos padrões embutidos em atividades de valor *educativo*, como o respeito pelas razões e pelas evidências (Peters, 1973, p.25). Os objetivos e os princípios procedimentais são enfatizados, afirma Peters, "quando o sistema educacional é orientado para as demandas do estado ou quando os indivíduos estão sendo moldados permanentemente segundo algum padrão inócuo e doutrinário" (1973, p.23). Sob essas condições, há uma razão para enfatizar a necessidade, por exemplo, de respeitar a individualidade dos aprendizes ao lhes conceder certo autodirecionamento e um controle dentro de qualquer processo de valor *educativo*. Também pode fazer sentido enfatizar o valor intrínseco dos padrões procedimentais embutidos em uma atividade, tais como "respeito pelas evidências", em contextos em que a atividade corre o risco de ser valorizada apenas por sua instrumentalidade como veículo para produzir benefícios extrínsecos à *educação*.

Se, para Peters, os objetivos gerais funcionam para lembrar os educadores de suas prioridades com relação ao que deveriam procurar obter em termos de *educar* os estudantes, ao contrário de simplesmente treiná-los, os valores e princípios procedimentais funcionam para lembrá-los de que seus métodos deveriam ser coerentes com os padrões que definem e disciplinam as atividades de valor *educativo* e com as afirmações morais dos indivíduos como aprendizes. Os princípios procedimentais baseados nestas últimas lembram os educadores dos limites éticos que a educação, como tarefa, apresenta aos métodos pedagógicos que empregam para estruturar a aprendizagem dos alunos.

Segundo Peters, os valores e princípios procedimentais não podem ser caracterizados independentemente dessa caracterização da educação como uma realização. Embora especifiquem critérios que caracterizam esses processos "por meio dos quais as pessoas gradualmente se tornam educadas", afirma Peter, eles não especificam "meios eficientes para produzir um fim desejado" (1973, p.15).

A conexão entre processos educativos e se tornar uma pessoa *educada* é conceitual em lugar de contingente. Por que, pergunta o autor, os princípios e valores embutidos em procedimentos *educativos* são tratados como objetivos na educação? A resposta, diz ele, "está ligada à impossibilidade de conceber processos educativos de acordo com um modelo de meios e fins e de se fazer uma separação absoluta entre conteúdo e forma, no caso da educação" (Peters, 1973, p.24).

Peters, neste caso, não nega que as considerações de eficácia instrumental na obtenção de resultados educativos específicos sejam pedagogicamente relevantes, e sim sua relevância para julgar a qualidade educacional dos métodos pedagógicos. Isso se dá porque, para ele, tanto a realização quanto os critérios procedimentais da educação caracterizam diferentes aspectos do mesmo processo de *iniciar* as pessoas "em um mundo público escolhido pela língua e pelos conceitos de um povo e estruturado pelas regras que governam os propósitos e as interações entre seus membros" (1973, p.26). Os critérios para a realização caracterizam os *resultados educacionais* de uma forma que os faz inseparáveis do processo de *tornar-se educado*. Eles caracterizam *qualidades de ser* que se manifestam *em* um processo de *tornar-se educado*, e não podem ser descritos independentemente dele. Tal processo, afirma Peters, é incoerente com a visão dos professores como operadores que moldam as mentes "segundo alguma especificação ou 'as enchem' de conhecimento" e com a visão de que sua função é simplesmente "estimular a criança a 'crescer'" como se fosse um "organismo que está desenvolvendo alguma forma privada de vida" (1973, p.26). A função dos critérios procedimentais, segundo Peters, é funcionar como guia para os professores ajudarem os aprendizes, vistos como centros de consciência ativos e em desenvolvimento, "a desenvolver e compartilhar um mundo público cujos contornos têm sido demarcados por gerações que precederam a ambos" (1973, p.26).

O problema pedagógico central para os professores, na condição de educadores, afirma Peters, é o procedimental, de como fazer com que os alunos entrem nesse mundo público e desfrutem de sua herança pública. Os valores e princípios procedimentais expressos como *objetivos da educação* os lembram de que isso só pode ser obtido por métodos que reconheçam os padrões internos que governam as atividades em que as pessoas estão sendo iniciadas e os padrões morais adequados a sua condição de "centros de consciência em desenvolvimento".

Como existem múltiplos critérios para se julgar o que significa se tornar *educado* e o que se devem considerar métodos ou procedimentos *educativos*, é óbvio, afirma Peters, que alguns serão enfatizados mais do que outros em determinados momentos, "segundo os defeitos e as necessidades da situação contemporânea" (1973, p.20). A demanda por objetivos na educação serve para concentrar atenção em uma prioridade negligenciada. A existência de múltiplos critérios, para Peters, significa que os educadores podem ser puxados para diferentes direções por prioridades educacionais conflitantes, e que esses dilemas não podem ser resolvidos pela formulação de um único objetivo geral de educação com que todos pudessem concordar. A decisão sobre que objetivo(s) deve(m) ser enfatizado(s) em qualquer circunstância específica deve ser deixada para o critério e o conhecimento prático do(s) professor(es) envolvido(s) (1973, p.27-29). Exploremos brevemente, agora, as implicações da teoria da educação de Peters para uma futura direção da pesquisa educacional que é muito diferente daquela enunciada por Hargreaves.

A descrição de Hargreaves acerca do tipo de evidência de pesquisa que pode ser usado para informar o desenvolvimento pedagógico se limita à evidência da "eficácia instrumental". Contudo, a partir da descrição de Peters acerca dos objetivos e princípios procedimentais implícitos no conceito de educação por si só, pode-se argumentar que a pesquisa educacional, para que possa informar a prática *educativa*, deve priorizar a coleta de evidências empíricas que possam informar os julgamentos dos professores sobre a coerência ética do processo de ensino e aprendizagem com os valores e princípios procedimentais que definem o que se considerar como processo de *educação* que tem valor (Elliott, 1989). A função básica da pesquisa *educacional*, quando entendida como pesquisa dirigida à melhoria da prática *educativa*, não é descobrir conexões contingentes entre um conjunto de atividades de sala de aula e resultados de aprendizagem padronizados de antemão, e sim investigar as condições para realizar um processo *educativo* coerente em determinados contextos práticos.

Tanto a natureza indeterminada dos valores e princípios educacionais quanto a natureza contextualizada dos julgamentos sobre quais métodos e procedimentos concretos são coerentes sugerem que a pesquisa *educacional* tome a forma de estudos de caso em lugar de testes controlados randomizados. Estes, via processo de agregação estatística, abstraem as práticas e seus resultados dos contextos em que estão situados. Os estudos de caso implicam uma colaboração íntima entre pesquisadores externos e professores que estão "do lado de dentro" da prática educativa.

Como indica Alasdair MacIntyre, a identificação e o reconhecimento de benefícios que são internos a uma prática dependem da experiência "de participar da prática em questão" (1981, p.189). No contexto da pesquisa direcionada ao aprimoramento da prática *educativa*, os professores devem ser envolvidos na priorização de seus objetivos *educativos* em uma dada situação, na definição do que deve contar como evidências relevantes do grau no qual estão sendo realizados e na interpretação da importância prática para eles. Em outras palavras, a pesquisa *educacional*, ao contrário da simples pesquisa *sobre* educação, envolverá os professores em sua construção e execução, e não simplesmente na *aplicação de suas conclusões*. Os professores se *envolvem* na pesquisa *educacional*, e não simplesmente com ela.

As implicações da teoria educacional de Peters para a pesquisa educacional indicadas, são altamente coerentes com o *modelo de processo* de Stenhouse para desenvolvimento de currículo e o papel central do *ensino baseado em pesquisa* dentro dele.

STENHOUSE SOBRE O ENSINO BASEADO EM PESQUISA

Stenhouse serviu-se do trabalho de Peters sobre *Ethics and education* (1966) para desenvolver seu *modelo de processo* sobre currículo e pedagogia, em oposição aos "modelos de objetivos" que surgiam, que formavam a base do que agora passou a ser amplamente conhecido como "educação baseada em resultados". Demonstrando o modelo de processo na prática, por meio do *The humanities curriculum project*, Stenhouse viu-se abordando a seguinte pergunta: "o currículo e a pedagogia podem ser organizados de forma satisfatória por uma lógica que não a do modelo meios/fins?" (Stenhouse, 1966, p.84-85).

O autor deduziu essa lógica alternativa substancialmente a partir dos argumentos delineados por Peters em *Ethics and education*.

> Peters (1966) defende veementemente a justificação intrínseca do conteúdo. O autor começa pela posição de que a educação "implica a transmissão daquilo que tem valor àqueles que se comprometem com ela" e que "deve envolver conhecimento e entendimento, e algum tipo de perspectiva cognitiva, que não são inertes" (45). Acreditando que a educação envolve a participação em atividades de valor, Peters afirma que essas atividades têm seus próprios padrões embutidos de excelência, e assim "podem ser avaliadas por causa dos padrões imanentes a eles, em lugar daquilo a que levam". Pode-se dizer que elas valem a pena em si, em não como meios em direção a objetivos. (Stenhouse, 1975, p.84)

Stenhouse foi enfático ao dizer que os "padrões de excelência" intrínsecos, que Peters vincula ao desenvolvimento de "conhecimento e entendimento", não poderiam ser especificados como "objetivos". O termo *objetivos de processo*, usado por alguns teóricos do currículo para se referir a padrões intrínsecos ao processo de aprendizagem, também era confuso (Stenhouse,

1975, p.39). Ao selecionar conteúdo para exemplificar "os procedimentos mais importantes, os conceitos e os critérios fundamentais e as áreas e situações a que os critérios se aplicam" (Stenhouse, 1975, p.85), não se designam objetivos a ser aprendidos pelos alunos.

> Visto que os procedimentos, conceitos e critérios fundamentais em qualquer assunto – *causa, forma, experimento, incidente dramático* – são, e são importantes precisamente por serem, problemáticos dentro do tema. São foco de especulação, e não objeto de proficiência. Em termos educativos, também são importantes porque chamam ao entendimento em uma série de níveis. É a construção do currículo a partir de estruturas como procedimentos, conceitos e critérios, que não podem ser adequadamente traduzidos nos níveis de desempenho dos objetivos, o que possibilita a "tradução solidária" de Bruner do conhecimento e permite aprendizagem que desafie todas as capacidades e interesses em um grupo diversificado... a tradução de estruturas profundas de conhecimento em objetivos comportamentais é uma das principais causas da distorção do conhecimento nas escolas. (Stenhouse, 1975, p.85-86)

Para Stenhouse, a natureza dinâmica dos padrões e princípios procedimentais que estruturam atividades de valor intrínseco implica que elas constituam *recursos para pensar* sobre a experiência e deixem espaços para a *individualidade, criatividade* e *imaginação* dos alunos. Elas estruturam o pensamento de maneira a abrir, em lugar de fechar, a mente a novas formas de interpretar o mundo. Stenhouse afirma que "os princípios aceitos para o conhecimento dentro de um campo são problemáticos dentro daquele campo" e, portanto, pedagogicamente, deveriam ser sempre tratados como "provisórios e abertos ao debate". Isso faz eco à visão de Peters, de que os princípios procedimentais se referem tanto aos padrões internos a uma atividade quanto às afirmações de indivíduos como aprendizes que tomam parte nela.

Já afirmei (Elliott, 1988, p.51 e 1998, Capítulo 2) que a tradução das estruturas de conhecimento em objetivos por meio do currículo nacional inglês foi um erro considerável e negou aos estudantes aquela "tradução solidária do conhecimento" que é uma condição para dar a eles igualdade de acesso a nosso patrimônio cultural. Previ que resultaria em amplo afastamento da escola, e isso parece estar se manifestando agora, mesmo para os formuladores de políticas. As propostas do Secretário de Estado para revisar o currículo nacional reconhecem que esse currículo "não estava conseguindo envolver uma minoria significativa de jovens de 14 a 16 anos, que estavam, como conseqüência disso, afastando-se da aprendizagem" (Elliott, 2000).

Stenhouse não desconsidera a adequação de um modelo de objetivos de desenho de currículo em contextos específicos. Ele afirma (1975, p.80) que a educação, num sentido amplo, inclui pelo menos quatro processos diferentes:

treinamento, instrução, iniciação e *indução*. O treinamento está relacionado à aquisição de habilidades específicas, como falar uma língua estrangeira ou lidar com equipamentos de laboratório. O uso de um modelo de objetivos nesse contexto é bastante adequado, afirma Stenhouse. A instrução diz respeito à retenção de informações, por exemplo, aprender a tabela periódica, datas na história, os nomes de países, verbos irregulares em alemão e receitas de comida. Nesse contexto, também, o modelo de objetivos é adequado. Ao contrário de Peters, Stenhouse vê a iniciação como a "familiarização com valores e normas sociais" levando a uma capacidade de "interpretar o ambiente social".

Na condição de processo, ele tem lugar adequadamente como subproduto da vida em comunidade e opera nas escolas como o "currículo oculto". A indução, segundo Stenhouse, descreve adequadamente a introdução de pessoas nos sistemas de pensamento da cultura e está relacionada com o desenvolvimento de sua "visão". Isso é "evidenciado pela capacidade de entender e formar para si relacionamentos e julgamentos". Para Stenhouse, a indução está no centro de qualquer *processo educativo*. Dentro de um tal processo, treinamento e instrução têm funções importantes, mas subsidiárias, porque "as habilidades e a informação são muitas vezes aprendidas no contexto do conhecimento, que é, em um de seus aspectos, uma organização de habilidades e informações". Segue que, ao elaborar um currículo que tenha valor educacional, há espaço para especificar objetivos em termos da informação e das habilidades a ser aprendidas. O risco, para Stenhouse, reside em ampliar seu escopo para incluir o aspecto mais importante da educação, qual seja, o processo de induzir os alunos aos sistemas de pensamento de nossa cultura. Seu escopo, ele afirma, deve ser limitado a formular unidades subordinadas dentro do currículo, que cumpram um papel de serviço no processo de indução.

Uma implicação pedagógica da descrição de Stenhouse acerca da relação entre os modelos de "processo" e "objetivo" do desenho de currículo é que o raciocínio técnico meios/fins sobre os métodos de instrução e treinamento mais *eficazes* e *eficientes* tem seu lugar, embora subsidiário, nas decisões dos professores sobre como melhorar o ensino e a aprendizagem em uma situação *educativa*. Sua descrição não nega o valor de uma forma de pesquisa voltada a descobrir as correlações estatísticas entre os processos de ensino e a aprendizagem e a aquisição de habilidades e informações específicas. Esses estudos podem cumprir papel subordinado em informar os julgamentos dos educadores. Explorarei as visões de Stenhouse sobre esse ponto mais adiante. Por enquanto, quero examinar seus argumentos centrais para o ensino baseado em pesquisa.

A idéia de Stenhouse de "ensino baseado em pesquisa" está vinculada a um "modelo de processo" acerca do desenho de currículo. Este, por sua vez, baseia-se na crença de que as estruturas de conhecimento às quais os estudantes devem ser induzidos são intrinsecamente problemáticas e contestáveis e, portanto, objeto de especulação. Isso implica que os professores devam escalar-se para o papel de aprendizes junto com seus alunos. Stenhouse (1975, p.91) afirma que:

> O professor deve ser um especialista ou um aprendiz junto com seus alunos. Na maioria dos casos, o professor não pode ser o especialista na natureza do caso. Sendo assim, deve se colocar na condição de aprendiz. Pedagogicamente, isso pode, na verdade, ser um papel preferível ao de especialista. Ele implica ensinar por métodos de descoberta ou investigação.

Para Stenhouse, o professor que se coloca no papel de aprendiz junto com seus alunos deve ter "algum domínio e um refinamento permanente de uma visão filosófica do tema que está ensinando e aprendendo, de suas estruturas profundas e seus argumentos" (1975, p.91). É essa profundidade de visão em relação ao tema que torna o professor um aprendiz com algo a oferecer aos alunos, qual seja, uma postura de pesquisa em relação ao conteúdo que ensina. A partir dessa postura, demonstram-se como tratar o conhecimento como um objeto de investigação. Stenhouse afirma que um professor que se coloca na posição de especialista, representando o conhecimento como *autorizado* e, assim, acima de dúvida e especulação, está representando de forma equivocada e distorcendo aquele conhecimento. Sua principal objeção ao uso do "modelo objetivo" para mapear a aprendizagem nos campos do conhecimento é que ele reforça o ensino autorizado e, no processo, gera erro.

Para Stenhouse, *o ensino baseado em pesquisa* é uma implicação de uma teoria da educação que coloca a indução às estruturas de conhecimento no centro, e depois as caracteriza como *objetos para pensamento especulativo*. Essa teoria da educação implica uma estrutura lógica para um processo de ensino e aprendizagem. No centro dela está um objetivo pedagógico que ele caracteriza nos seguintes termos: "desenvolver um entendimento do problema da natureza do conhecimento por meio de uma exploração da origem e do fundamento do conhecimento específico que encontramos em nosso campo de estudo" (1979, p.7).

Como objetivo para todos os aprendizes, Stenhouse estava ciente de que alguns duvidariam de seu realismo. Entretanto, qualquer coisa abaixo disso relegaria muitas crianças a uma condição permanente de desvantagem educacional, porque "estamos falando da descoberta do conhecimento, que eleva a simples competência e a posse de informações à condição de poder intelectual de um tipo que pode emancipar". Esse objetivo, para Stenhouse, implicava determinados valores e princípios procedimentais que governam métodos de ensino e aprendizagem, por exemplo, a aprendizagem por "investigação" ou "descoberta", e o ensino "por meio da discussão". O ensino baseado em pesquisa também pode ser considerado como princípio procedimental implicado pelo objetivo, dado que caracteriza a postura pessoal em relação ao conhecimento que o professor deve adotar em apoio aos outros princípios do procedimento.

Como indicado anteriormente, Stenhouse não considerava sua metodologia de indução incompatível com a instrução. O autor afirma que, para dar conta do currículo, precisamos de instrução e de "livros-texto, também". A chave para a relação entre, por exemplo, métodos de "descoberta" ou "discussão" e instrução, diz ele, reside no objetivo pedagógico.

> A diferença crucial está entre um uso educado e um não-educado da instrução. O uso educado da instrução é cético, provisório, de caráter especulativo; o não educado confunde informação com conhecimento. A informação não é conhecimento até que o fator de erro, limitação ou seu estado de crueza sejam estimados adequadamente, e assimilados a estruturas de pensamento – o que nos dá os meios para entender. (1979, p.8)

Stenhouse estava preocupado com transformar o ensino no sistema público de educação de um tipo em que a grande maioria das crianças vivenciava seu professor como uma *autoridade* no conteúdo da educação para um em que o professor estivesse *na posição de autoridade* com relação ao processo de educação e à manutenção de procedimentos que sejam coerentes com seu objetivo pedagógico como educador. Isso envolvia a investigação, em contextos específicos, sobre como efetuar essa transformação na prática.

Ele apresenta o problema de forma a transformá-lo em uma agenda para a pesquisa *educacional*: "o problema é como projetar um padrão praticável de ensino, que mantenha a autoridade, a liderança e a responsabilidade do professor, mas não transmita a mensagem de que essa autoridade é a garantia do conhecimento" (1979, p.7).

A principal tarefa da pesquisa educacional é mostrar de que forma o ensino e a aprendizagem podem tornar-se mais *educativos*. Para Stenhouse, essa pesquisa produziu *evidência para a ação* como base para o ensino, mas incluiu evidências de um tipo diferente daquele visualizado por Hargreaves – evidências relevantes ao problema de como tornar as atividades concretas de ensino e aprendizagem mais *eticamente coerentes* com os critérios que definem o que significa tornar-se educado (por exemplo, os citados por Peters). As evidências que são relevantes a simplesmente tornar o ensino e a aprendizagem um processo mais eficaz e eficiente para a produção de resultados de aprendizagem específicos não são suficientes como base para induzir os alunos às estruturas profundas do conhecimento. Na verdade, os requisitos éticos deste podem impor limites às estratégias que o professor emprega para garantir determinados resultados de instrução ou treinamento.

A pesquisa educacional do tipo que Stenhouse visualiza como base para o ensino demanda do professor uma postura semelhante à que ele descreve em relação à sua disciplina.

> Da mesma forma com que a pesquisa em história ou literatura ou química proporciona uma base para ensinar essas disciplinas, a pesquisa educacional pode proporcionar a base para ensinar e aprender sobre o ensino.
> As habilidades e o saber profissional podem ser tema de dúvida, ou seja, de conhecimento e, assim, de pesquisa. (1979, p.18)

A visão de Stenhouse acerca da pesquisa educacional implica *fazer* pesquisa como parte integrante do papel do professor, assim como o *uso*, por professores, da pesquisa em sua disciplina como base para o ensino implica que *façam* pesquisa na disciplina *através* de seu ensino. Nesse aspecto, ambas as dimensões do ensino baseado em pesquisa são conceituadas de forma semelhante em termos de sua relação com a prática educativa. Nenhuma delas implica que a pesquisa, seja em história, seja em educação, só possa ser desenvolvida por "gente de dentro" que esteja ativamente envolvida na prática educativa. Entretanto, para Stenhouse, a pesquisa *educacional* implica, sim, que "gente de fora" envolvida em tal pesquisa tenha que colaborar com os profissionais da educação. Suas razões para isso são expostas de forma clara. A pesquisa *educacional* é uma forma de *pesquisa-ação*, e isso quer dizer que:

> [...] as salas de aula de verdade têm que ser nossos laboratórios, e elas têm professores no comando, e não pesquisadores – o ato de pesquisa deve estar de acordo com as obrigações do contexto profissional. É isso que queremos dizer com pesquisa-ação. É um padrão de pesquisa no qual os atos experimentais ou de pesquisa não podem ser isentos da demanda por justificação segundo critérios profissionais, bem como de pesquisa. O professor não pode aprender por meio de investigação sem trabalhar para que os alunos também aprendam; o médico não pode fazer experimentos sem tentar curar. Essa visão da pesquisa educacional declara que a teoria ou as descobertas geradas em colaboração por pesquisadores profissionais e professores profissionais é sempre provisória, a ser sempre ensinada em um espírito de investigação, e sempre a ser testada e modificada pela prática profissional. (1979, p.20)

Stenhouse concordaria com Hargreaves em relação às limitações de um "modelo de iluminismo" para a pesquisa educacional. Ele argumenta (1979, p.18) contra a "doutrina recebida" que "tem estado no centro da educação para o ensino" desde a década de 1950, a saber, deveria ser baseada "nas conclusões da pesquisa das 'disciplinas colaboradoras' de filosofia, psicologia e sociologia". Stenhouse propõe uma alternativa à abordagem das disciplinas constitutivas, que é "tratar a educação em si – ensino, aprendizagem, administração de escolas e sistemas educacionais – como o tema de pesquisa" (ver Elliott, 1978). Nesse aspecto, Hargreaves parece fazer eco a Stenhouse em uma aspiração comum de que a pesquisa educacional informe diretamente as atividades concretas da educação, em lugar de estudá-las pela contribuição que podem dar ao desenvolvimento de uma teoria dentro de uma determinada disciplina. Todavia, como já indiquei, suas idéias sobre o que constitui *evidência para a ação* oriunda de pesquisa são um pouco diferentes.

Stenhouse afirma que sua proposta alternativa não implica uma negligência em relação às disciplinas, porque a pesquisa em educação se baseia nelas de forma eclética, particularmente com relação a "métodos de investigação e análise juntamente com conceitos que tenham utilidade para uma teoria de educação". Em relação a este último aspecto, tentei mostrar como a idéia de Stenhouse sobre "ensino baseado em pesquisa" é informada pela teoria de Peters de educação como processo. O que diferencia sua idéia da de Hargreaves sobre "ensino baseado em evidências" é que "o que conta como evidência" não é simplesmente a evidência sobre a eficácia instrumental das estratégias empregadas para garantir determinados resultados de aprendizagem, e sim a evidência sobre até onde as estratégias de ensino estão de acordo com as finalidades *educacionais*. O que caracteriza a visão de Stenhouse acerca da pesquisa educacional é seu foco nos problemas de se entender uma forma de ensino em contextos específicos da prática profissional. O autor escreve que:

> Os problemas escolhidos para investigação o são em função de sua importância como problemas educacionais; ou seja, por sua importância no contexto da prática profissional. A pesquisa e o desenvolvimento orientados por esses problemas irão dar uma contribuição básica à compreensão da ação educativa por meio da construção de teoria da educação ou de uma tradição de entendimento. Apenas de forma secundária a pesquisa nesse modo irá contribuir para a filosofia, a psicologia ou a sociologia. (1979, p.19)

Aqui, Stenhouse faz uma alusão à inseparabilidade do desenvolvimento de uma visão teórica da ação educativa e a pesquisa educacional sobre os problemas práticos da educação. Se a pesquisa educacional se concentra nos problemas que surgem na tentativa de realizar uma forma de prática *educativa*, então ela irá apresentar questões sobre quais ações no contexto são constitutivas dessa prática e sobre os critérios educativos empregados ao se decidir isso. A pesquisa educacional, na descrição de Stenhouse, é um processo que envolve o desenvolvimento conjunto de prática educativa e teoria da educação, em interação.

Em outro artigo chamado *Using research means doing research* (Usar pesquisa significa fazer pesquisa), Stenhouse (1979b) examina explicitamente a utilidade para os professores do tipo de evidência que Hargreaves defende como base para o ensino, qual seja, as generalizações probabilísticas. O autor o faz no contexto de sua própria pesquisa sobre o ensino de relações raciais nas escolas, que comparou os efeitos de duas estratégias de ensino nas atitudes dos alunos. A pesquisa foi desenvolvida na onda da publicidade em torno do Humanities Project de Stenhouse. Nesse projeto, pediu-se que alguns professores adotassem um papel "procedimentalmente neutro" no trato das relações de raça como questão polêmica no currículo escolar.

Alguns membros do público fizeram objeções ao uso de uma pedagogia aberta nessa área, com base no fato de que era papel do professor inculcar "atitudes positivas" em relação aos membros de outras raças, adotando uma postura anti-racista em sala de aula. Insistiam nisso, apesar de evidências de avaliação que demonstravam que um ensino procedimentalmente neutro não acirrava as atitudes racistas nos alunos e, na verdade, parecia alterá-las nas meninas, em direção a uma maior tolerância de diferenças raciais na sociedade. Nesse contexto, Stenhouse entendia que os efeitos de uma estratégia aberta, voltada a "questões de entendimento", precisavam ser comparados com uma que fosse explicitamente voltada a combater o racismo. Se esta última provasse ser mais eficaz nesse aspecto, então a primeira seria inadequada, não importando o quão defensável pudesse ser em bases puramente *educativas*. Dessa forma, Stenhouse desenvolveu a pesquisa de acompanhamento na forma de um teste experimental.

Tendo coletado e analisado as evidências estatisticamente, o autor tentou imaginar como poderiam informar a decisão de um professor sobre qual estratégia adotar. Seu professor imaginário havia adotado uma postura "procedimentalmente neutra" (estratégia A) dentro do projeto de pesquisa. Outros haviam experimentado uma estratégia que era explicitamente anti-racista (estratégia B).

No cenário desenhado por Stenhouse, as discriminações estatisticamente importantes, "quando apresentadas por meio de meios e desvios-padrão", sugerem que "a estratégia B não parece ser marcadamente superior à estratégia A". O professor imaginário conclui que "não parece que seja necessário mudar o estilo de ensino". Entretanto, ele examina uma outra página do relatório de pesquisa que apresenta os mesmos dados de uma maneira diferente "para mostrar a situação em escolas individuais". Isso complica a questão para o professor. A análise da variância para ambas as estratégias mostra que, em uma série de escolas, os resultados de cada estratégia são duvidosos ou alarmantes. Além disso, quando dados sobre os alunos são examinados em detalhe, parece que "o mesmo estilo de ensino e a mesma disciplina tornam algumas pessoas piores, ao mesmo tempo em que tornam outras melhores". O professor conclui que: "o que preciso descobrir agora é se o ensino sobre relações de raça segundo a estratégia A é bom para os meus alunos, na *minha* escola" (1979b, p.6).

O que Stenhouse faz, por meio desse cenário, é mostrar que a pesquisa psicoestatística não substitui o desenvolvimento de *estudos de caso* por parte dos professores acerca de sua própria atividade de ensino. Entretanto, pode informar o ensino como uma fonte de *hipóteses* para que os professores façam testes por meio de pesquisas conduzidas sistematicamente na forma de estudos de caso. Stenhouse não discordaria da afirmação de Hargreaves de que as evidências probabilísticas de regularidades estatísticas podem informar as decisões dos professores e constituir conhecimento para a ação. O que ele faz é descrever as condições nas quais os professores podem fazer melhor uso dessas evidências para informar suas decisões. Isso envolve a adoção de uma postura de pesquisa em relação a seu ensino e a coleta de evidências de estudos de caso sobre seus efeitos. A pesquisa de Stenhouse, *Teaching about race relations*, combinava testes experimentais com base estatística e estudos de caso, nos quais os professores colaboravam com pesquisadores profissionais.

Em *Using Research Doing Research,* Stenhouse parece nos oferecer uma perspectiva do ensino baseado em pesquisa que não está simplesmente focada em medir até que ponto as estratégias dos professores, são eticamente consistentes com objetivos educacionais. Em um contexto em que se espera que os professores produzam determinados resultados para o benefício da sociedade, o problema que se lhes apresenta é se eles serão capazes de ensinar de formas eticamente afins com seus objetivos *educacionais* e instrumentalmente eficazes. Esse problema pode ser definido como *educacional,* já que os valores e princípios educacionais são colocados em jogo pela demanda de que o ensino e a aprendizagem sirvam a propósitos que são extrínsecos à educação. Isso introduz uma terceira dimensão no *ensino baseado em pesquisa.* Se, e como, os resultados com atribuição social podem ser gerados por meio de um processo de ensino e aprendizagem que tenha valor educacional é um problema de ensino baseado em pesquisa, do qual se deve tratar. Ao dar uma resposta sábia e inteligente ao problema, os professores precisam basear seu ensino em evidências sobre sua *eficácia instrumental* e sua *coerência ética* com os objetivos e procedimentos educativos.

Embora Stenhouse exclua as considerações *educacionais* de seu cenário imaginário sobre um professor, explorando as conclusões de um teste experimental, fica claro em seu artigo que o desenho de pesquisa foi informado por valores educacionais, que a reação do público ao "professor neutro", como estratégia para ensinar sobre relações de raça, havia colocado em jogo.

Em seu cenário imaginário sobre a utilidade das evidências probabilísticas para um professor, Stenhouse (1979b, p.11) afirma que uma condição para que o professor faça bom uso dessas evidências é se envolver na pesquisa com estudos de caso, que requer uma análise qualitativa de ações e interações significativas em situações específicas. Sendo assim, *usar* pesquisa significa *fazer* pesquisa. Esta será, em grande parte, qualitativa porque envolve o estudo de *ações significativas*, ou seja, ações que não podem ser definidas simplesmente com base no comportamento observado, "sem interpretação dos significados atribuídos na situação pelos participantes". Muito embora, afirma Stenhouse, essa análise situacional possa se servir de generalizações probabilísticas, além de organizações intuitivas da experiências e da teoria, não são capazes de constituir a base única de evidências para o ensino. Os próprios professores, acredita o autor, teriam papel fundamental na construção de uma base de evidências para informar os julgamentos profissionais. Ele escreve:

> Dado que, ao participar nos cenários educacionais, ele está em posição de interpretar significados em ação, e não é capaz de cumprir seu papel profissional com base em generalizações probabilísticas, mas, ao contrário disso, espera-se que exerça seu julgamento na análise situacional. (1979b, p.11)

Tomando o trabalho de Stenhouse sobre ensino baseado em pesquisa como um todo, fica claro que a análise situacional a que ele se refere pode envolver um professor em um exame dos resultados de aprendizagem e da qualidade *educacional* dos processos de sala de aula em contexto de ação significativa. Essa análise será baseada nas evidências sobre as transações complexas entre o professor e seus alunos e entre os "atores contextuais" (pais, diretores, outros professores e assim por diante). Tais evidências incluirão as do comportamento observável dos participantes e os sentidos que eles atribuem a seu próprio comportamento e ao de outros na situação (Stenhouse, 1979b, p.11).

A partir dos escritos de Hargreaves, não fica claro até onde ele concordaria com a visão de Stenhouse de que *usar* pesquisa significa *fazer* pesquisa. Ele reconhece os limites das generalizações probabilísticas como evidência na qual basear a prática, donde a noção de "prática baseada em evidências". Ele também reconhece a importância da *reflexão* sobre a situação prática como vínculo entre evidência e julgamento. Entretanto, para Hargreaves, a "prática reflexiva" não cumpre as condições para ser chamada de "pesquisa". Ele tende a redefinir os pesquisadores-professores de Stenhouse como profissionais reflexivos. Talvez a principal diferença entre eles seja de perspectiva. Enquanto Hargreaves está preocupado principalmente com *definir a pesquisa como base para a prática*, Stenhouse está basicamente preocupado com *definir a prática como base para pesquisa*.

CONCLUSÃO

Neste capítulo, as idéias de David Hargreaves sobre a natureza da prática baseada em evidências e a direção futura da pesquisa educacional foram exploradas à luz do trabalho de Richard Peters sobre os objetivos da educação e de Lawrence Stenhouse sobre formato de currículo e ensino baseado em pesquisa. Isso envolveu revisitar um corpo de pensamento que já foi influente sobre a natureza da educação e da pesquisa educacional, respectivamente.

Elemento central do trabalho de Peters e Stenhouse é a visão sobre a relação entre objetivos e processos educacionais, negligenciada na descrição de Hargreaves sobre o papel da pesquisa educacional para informar a prática educativa. A explicação parece residir no compromisso não-questionado de Hargreaves com uma visão de educação baseada em resultados. Tentei mostrar como Stenhouse se fundamentou na teoria da educação de Peters para construir uma visão abrangente da pesquisa educacional como "ensino baseado em pesquisa".

O que falta no discurso contemporâneo sobre a futura direção e a utilidade prática da pesquisa educacional é alguma consideração da contribuição da teoria da educação e do currículo para conceituar seus objetivos e processos.

O discurso atual não é informado por qualquer teoria sobre a natureza da prática *educativa* e, portanto, exclui qualquer consideração das implicações dessa teoria para a pesquisa educacional. Ao retificar essa situação, poderíamos começar revisitando o trabalho de Richard Peters e Lawrence Stenhouse. Este capítulo é uma contribuição a esse "começo". Ao chamar atenção ao trabalho que definiu "uma nova direção" para o ensino e a aprendizagem *e* para a pesquisa educacional no passado recente, tentei demonstrar que seu potencial como recurso para conceituar conexões para o futuro ainda não se esgotou.

13

Usando a pesquisa-ação para gerar conhecimento sobre a prática educativa

Harry Torrance

INTRODUÇÃO

O debate sobre as políticas e a prática baseada em evidências deixa espaço para muitas perguntas em termos de definição e intenção. Quem poderia ser contrário a políticas baseadas em evidências? Quem iria querer defender a prática baseada em superstições? A pressão do governo pelo desenvolvimento baseado em evidências dos serviços públicos e, particularmente, da educação é, pelo menos em nível retórico inquestionável. Contudo, o que significa exatamente uma prática baseada em evidências permanece sendo uma questão polêmica. O foco do governo nas "revisões sistemáticas" das atuais conclusões de pesquisa, conduzidas segundo um determinado conjunto de procedimentos e produzidas como evidência irrefutável de uma determinada política, parece fundamentar-se em um modelo clássico, do tipo centro-periferia, de pesquisa, desenvolvimento e disseminação, que atraiu muitas críticas ao longo dos anos em função de sua conceituação rígida do processo de mudanças (por exemplo, Schön, 1971; Havelock, 1973). A operacionalização específica dessas revisões também pode ser problemática, dado que os procedimentos são estabelecidos de forma tão estreita que por vezes se pode descobrir pouca pesquisa relevante sobre uma determinada questão relacionada a políticas (Evans e Benefield, 2001). A comunidade de pesquisa pode ou não ser culpada aqui, mas, se novas pesquisas são encomendadas, isso certamente significa que os formuladores de políticas terão de esperar muito pela fase de disseminação. Se é que esse modelo foi adequado um dia, não parece sê-lo muito agora, dado o ritmo da mudança que está sendo engendrada em nossa vida social e econômica, a qual, por sua vez, é demandada de nossos serviços públicos. O atual imperativo parece ser por formas muito mais reativas de pesquisa e desenvolvimento, realizadas em nível local, embora isso, por sua vez, levante questões sobre como se pode construir mais conhecimento público formal de problemas e eficácia.

Em educação, a idéia apresentada na palestra anual de David Hargreaves para a Teacher Training Agency (TTA) em 1996, "Teaching as Research-based Profession," parecia muito próxima desse modelo pesquisa-desenvolvimento-disseminação, em que a pesquisa produziria uma "base de conhecimento de comum acordo para os professores" (Hargreaves, 1996, p.2) que "demonstre conclusivamente que, se os professores mudarem sua prática de x para y, haverá uma melhoria significativa e duradoura no ensino e na aprendizagem" (Hargreaves, 1996, p.5).

Alguns professores foram colocados no centro na visão de Hargreaves, ajudando a definir a agenda de pesquisa, mas a maioria era vista na periferia – recebendo e implementando os resultados dessa pesquisa nas escolas. Mais recentemente, Hargreaves tem sido atraído a um modelo muito mais local de prática baseada em pesquisa, a Knowledge Creating School (Hargreaves, 1998, p.7), na qual os professores "experimentariam" com "o que funciona", no molde de engenheiros trabalhando em empresas de alta tecnologia. A TTA e o Department for Education and Skills (DfES) têm sido igualmente ambivalentes no curto período em que a prática baseada em evidências ou em pesquisa recebeu alguns recursos. Patrocinaram trabalho de pesquisa e desenvolvimento de pequena escala via TTA Research Consortia e o esquema Best Practice Research Scholarship, do DfES, que estavam no modo de "experimentação", ainda que também aspirassem à produção de conhecimento formal por meio de mecanismos de relatório e disseminação, incluindo a colocação de relatórios BPRS no *site* do DfES/BPRS (http://www.teachernet.gov.uk/Professional Development/opportunities/bprs/; ver, também, Cordingley, 2000a, e o Capítulo 6.

O dilema, então, parece ser que a "evidência" tem de ser bem fundamentada e considerada como tal, mas também tem de ser útil e oportuna, para que possa ajudar a melhorar a prática. Sendo assim, parece que estamos enfrentando uma dicotomia entre a busca de conhecimento formal, propositivo, *teórico*, sobre educação – que é tema de intenso debate, mas mesmo assim, com definições metodológicas razoavelmente bem entendidas (método derivado da natureza do problema, conclusões sujeitas ao exame público e assim por diante) – e a busca de conhecimento *prático*, oportuno e útil, que pode não estar sujeito a esses imperativos metodológicos e ao exame. Mais do que isso, enquanto a crítica do conhecimento público diz que ele pode se tornar muito divorciado da prática, teórico demais, e pode levar tempo demais para ser assimilado do modo pesquisa-desenvolvimento-disseminação clássico, a crítica ao conhecimento local é precisamente a oposta – pode ser trivial, limitado pelo contexto e, principalmente, incapaz de conceber perguntas fundamentais sobre a natureza do problema que a experimentação pode melhorar.

Entretanto, também há uma versão diferente da prática baseada em pesquisa ou evidências que está disponível: a aplicação de *métodos* de pesquisa em lugar de conclusões de pesquisa a empreendimentos e problemas educacionais. Uma revisita a Stenhouse (1975), Elliott (2002; ver também Capítulo 12) proporcionará uma referência a essa tradição. Partindo da idéia de Stenhouse de um currículo ser uma hipótese sobre o conhecimento a ser testada por meio da prática, Elliott (2002) nos lembra de que, de forma semelhante, tanto pesquisadores quanto professores podem produzir conclusões de pesquisa substanciais, mas elas deveriam ser tratadas como hipóteses a ser testadas na sala de aula por profissionais, e não simplesmente aceitas como conclusões a se implementar.

A validade e a confiabilidade da afirmação de conhecimento é garantida tanto pelo teste da prática quanto pela sofisticação metodológica do desenho de pesquisa original. Na verdade, afirma Elliott, as relações entre produtores e usuários da pesquisa deveriam estar incluídas em qualquer definição da metodologia de pesquisa aplicada. Nesse aspecto, a pesquisa-ação, com freqüência concebida como uma abordagem um tanto estreita e empirista do desenvolvimento profissional e da solução de problemas em sala de aula, pode ser vista como um empreendimento mais público e "é mais bem interpretada em termos mais gerais como uma forma de pesquisa aplicada, voltada a gerar conhecimento para a ação" (2002, p.10).

PRIMARY RESPONSE: INVESTIGANDO E DESENVOLVENDO A AVALIAÇÃO FORMATIVA NA ESCOLA FUNDAMENTAL

Foi com idéias como essa em mente que meu colega John Pryor e eu elaboramos um projeto de pesquisa-ação para investigar e desenvolver abordagens formativas para a avaliação de alunos nas escolas fundamentais – o projeto Primary Response, como veio a ser conhecido na equipe.[1] Havíamos completado um projeto de pesquisa anterior, mais "básico", explorando de que forma os professores conduziam avaliações de rotina, cotidianas, nas salas de aula das primeiras séries. Essa pesquisa indicou que a eficácia da avaliação de sala de aula para ajudar as crianças a melhorar seu trabalho não poderia ser tida como algo dado, e que havia grandes diferenças entre crianças na mesma turma, dependendo de suas percepções das regras sociais implícitas da sala de aula e de sua orientação em relação ao alcance de objetivos. Os professores muitas vezes não deixavam claros os propósitos das tarefas de sala de aula, nem, na verdade, os processos pelos quais elas poderiam ser completadas. Muito menos deixavam claros os critérios pelos quais essas tarefas poderiam ser realizadas *com sucesso* – ou seja, o que seria considerado como "bom trabalho". Exemplos interessantes de abordagens mais explícitas e positivas à avaliação de sala de aula também foram relatados, mas a pesquisa como um todo concluiu que a atenção à construção social e à realização da avaliação de sala de aula era um pré-requisito para qualquer tentativa sistemática de melhorar a qualidade da interação e o impacto positivo da avaliação sobre a aprendizagem (Torrance e Pryor, 1996, 1998).

Ao relatar nosso trabalho em conferências e seminários, os dados eram considerados intrigantes, mas também frustrantes – "como se podem superar esses problemas?" era a pergunta feita com freqüência. Como se pode trabalhar com professores de sala de aula para desenvolver avaliação eficaz e formativa? O projeto de pesquisa original também produziu uma tipologia dicotômica de avaliação formativa de sala de aula, comparando abordagens "convergentes" e "divergentes" à avaliação formativa (ver Torrance e Pryor, 1998), que pensávamos que poderia ser a base para trabalhos posteriores – submetendo as conclusões da pesquisa básica ao teste da prática em um desenho de pesquisa-ação.

Os professores reconheceriam a validade dos conceitos de avaliação "convergente" e "divergente" e seriam capazes de usá-los, bem como suas implicações para a prática a fim de desenvolver suas próprias estratégias de avaliação em sala de aula? Foi com perguntas como essas em mente que desenvolvemos o desenho do segundo projeto de pequisa-ação, mais "aplicado" (Torrance e Pryor, 1999, 2001).

Estávamos interessados em investigar, por meio da pesquisa-ação conjunta, se, e até que ponto, os professores poderiam desenvolver suas práticas de avaliação em sala de aula e as integrar em um modelo mais conscientemente formulado de pedagogia de sala de aula, para testar as afirmações de avaliação formativa em ambientes comuns de sala de aula. Também queríamos explorar se, e até que ponto, uma abordagem de "pesquisa-ação" poderia ajudar a realizar o processo de desenvolvimento.

METODOLOGIA E DESENHO DE PESQUISA

Descrições mais substanciais das conclusões do projeto são relatadas em Torrance (2001) e Torrance e Pryor (2001). Este capítulo se concentra nas origens e implicações metodológicas do projeto. A equipe de pesquisa incluía professores-pesquisadores (PPs), realizando pesquisa sobre suas próprias práticas de sala de aula, e pesquisadores universitários (Torrance e Pryor) que combinavam mais entrevistas e observação de sala de aula com a coordenação do desenvolvimento e direção geral da equipe. A abordagem de "pesquisa-ação" envolvia discutir com os professores-pesquisadores suas teorias implícitas de aprendizagem e avaliação, ao mesmo tempo em que eram apoiados na investigação da prática em suas próprias salas de aula e, assim, no desenvolvimento de conhecimento sobre determinados eventos e práticas. Dessa forma, o projeto buscava explorar até onde essa abordagem de desenvolvimento profissional e de criação de conhecimento poderia ser utilizada nesse campo (Elliott, 1991, 1994; Altrichter et al., 1993).[2]

Uma equipe de 11 professores-pesquisadores foi recrutada em colaboração com uma autoridade local de educação. Enviou-se um folheto a todas as escolas fundamentais na região subordinada a essa autoridade, resultando em uma primeira reunião que incluiu dois professores que haviam participado do projeto de pesquisa básica inicial e desejavam continuar. O único critério de seleção foi o interesse dos professores-pesquisadores no projeto e o apoio de seu diretor: dessa forma, a equipe incluiu um grupo do que se pode chamar de professores escolares bastante "comuns" (dez mulheres e um homem) em termos de suas qualificações e desenvolvimento profissional, embora, é claro, se oferecessem como voluntários para participar de um projeto de pesquisa.

O trabalho se desenvolveu por meio de dois ciclos ou fases, em termos de desenho "clássico" de pesquisa-ação: Fase 1, reconhecimento; Fase 2, intervenção para desenvolvimento.

Os dados foram coletados pelos professores-pesquisadores por meio de gravações de áudio e vídeo de interações de avaliação em suas salas de aula e de diários de pesquisa e exemplos dos trabalhos dos alunos. Um núcleo de sete professores-pesquisadores completou sete investigações iniciais de sua prática de avaliação de sala de aula (Fase 1) e cinco deles continuaram, explorando intervenções específicas e novas abordagens (Fase 2). Dessa forma, dos onze professores-pesquisadores recrutados inicialmente, cinco completaram dois ciclos de atividade de pesquisa, resultando em relatórios de projeto; dois completaram um ciclo e um relatório, ao passo que quatro se retiraram durante os oito primeiros meses do projeto sem produzir qualquer relatório escrito – seja em função de pressões do trabalho na escola (como promoções), seja por problemas de saúde.

Uma parte central da abordagem metodológica foi que o desenvolvimento dos "argumentos práticos" dos professores-pesquisadores (Fenstermacher, 1986) deveria ser possibilitado e facilitado por meio da introdução de recursos teóricos fundamentais. Em particular, os conceitos de avaliação convergente e divergente deveriam compor os recursos principais. Entretanto, a Fase 1 do projeto contribuiu para um maior desenvolvimento desses recursos, que puderam ser testados e mais desenvolvidos na Fase 2. Durante a Fase 1, os pesquisadores universitários também trabalhavam no manuscrito de um livro do projeto anterior (Torrance e Pryor, 1998). Em parte como resultado das discussões da Fase 1, usamos dados do projeto de pesquisa básico para desenvolver uma estrutura descritiva e analítica dos processos de avaliação formativa que eram parte importante do capítulo que concluía o livro. Quando os relatórios dos professores-pesquisadores haviam sido distribuídos a todos os membros da equipe, o manuscrito final do livro também estava disponível a eles. A estrutura analítica foi usada, então, pelos membros da equipe para descrever e analisar suas próprias práticas. Embora vistas subseqüentemente de forma mais crítica, em especial com relação a como era necessário integrar aspectos da estrutura em um modelo mais holístico de avaliação de sala de aula, a utilidade dessa estrutura tornou-se uma das principais conclusões do projeto como um todo. Assim, a equipe usou, testou e modificou os conceitos originais de avaliação convergente e divergente, bem como a estrutura analítica. Modificações subseqüentes da estrutura representaram um aspecto fundamental do processo transformativo da pesquisa de sala de aula para uma prática mais consciente, informada teoricamente (Torrance e Pryor, 1998, 2001, para uma descrição detalhada da estrutura descritiva e analítica dos processos de avaliação formativa de sala de aula).

DESENVOLVENDO "CONHECIMENTO PARA A AÇÃO"

À medida que a equipe de professores-pesquisadores começou a estudar suas próprias práticas de avaliação de sala de aula, uma descoberta significativa na fase de reconhecimento foi a de que, em muitos casos, seu ensino parecia fechar as oportunidades para explorar o conhecimento dos alunos, em lugar de abrir.

Um segunda conclusão coerente nessa fase de abertura foi a de que muito pouco do propósito de atividades de sala de aula havia sido esclarecido aos alunos, e muito menos o que contaria como sucesso em termos de qualidade. Os professores-pesquisadores ficaram surpresos ao descobrir quão pouco se concentravam em objetivos de aprendizagem em lugar de objetivos comportamentais e gestão de sala de aula. E essa é uma questão particularmente intrigante para o desenvolvimento da prática, já que revela uma descontinuidade entre teoria e prática – os PPs sabiam que deveriam se concentrar em objetivos de aprendizagem e pensavam que assim estavam agindo, mas descobriram que, na prática, isso não acontecia. Assim, outra conclusão fundamental do projeto como um todo é que os professores precisam de uma oportunidade para monitorar e refletir sobre suas próprias práticas de sala de aula – para investigá-las em detalhe – antes de que estejam prontos para desenvolver da melhor forma estratégias de intervenção mais de acordo com os princípios.

A partir dessa fase de abertura, foram identificados determinados conceitos centrais para investigação no segundo ciclo da pesquisa-ação:
  (i) a necessidade de tornar mais explícito o que era o propósito de certas atividades e aquilo que seria considerado como bom desempenho (por exemplo, tarefas e critérios de qualidade);
  (ii) a necessidade de responder de forma mais flexível aos alunos em sala de aula e pensar sobre desenvolver uma abordagem mais "divergente" acerca da avaliação formativa; em particular, isso se manifestou em uma preocupação com o desenvolvimento de diferentes abordagens acerca da argüição dos alunos por parte do professor, a observação dos alunos em sala de aula e do retorno que se lhes dá.

A primeira fase havia destacado a consciência dos professores-pesquisadores (PPs) acerca da complexidade das interações em sala de aula, e uma grande quantidade daquilo que eles faziam rotineiramente era agora questionada. A estrutura introduzida no início da Fase 2 proporcionou uma descrição analítica da gama de atividades possíveis incluída na avaliação formativa de sala de aula e um vocabulário com o qual interrogar, expressar e organizar seus dados e as idéias resultantes para desenvolvimento. As distinções conceituais, tais como aquela entre "critérios para tarefas" e "critérios de qualidade", passaram a ser consideradas ferramentas analíticas importantes. Não apenas proporcionaram um meio de descrever e explicar as áreas de sua prática nas quais já haviam se concentrado, mas também trouxeram à tona outros elementos de sua prática implícita intuitiva. Sendo assim, a estrutura foi usada em paralelo com dados que os próprios professores-pesquisadores haviam coletado em suas salas de aula, como um dispositivo para revelar sua prática e a sujeitá-la a uma análise detalhada ao identificar a freqüência e a importância de cada um dos diferentes processos.

Aqui, é importante observar que os PPs começaram a usar o vocabulário (e, pelo menos por associação, as conceituações embutidas nele) de avaliação convergente e divergente e da própria estrutura para avaliação formativa. Submeteram de forma muito explícita sua própria prática à análise nesses termos, embora posteriormente tenham ficado insatisfeitos com o detalhe da estrutura e, assim, gerado uma crítica (pelo menos implícita) da conceituação exageradamente detalhada contida nela.

A transcrição a seguir demonstra uma tentativa de tratar de questões de "comunicação" e, então, usar um exemplo para ilustrar critérios e tarefas de qualidade para a turma. O processo de avaliação formativa, resumido e italicizado pelo professor-pesquisador no parágrafo final, deriva-se diretamente do vocabulário usado na estrutura.

Agora estou me deslocando pela sala, observando as crianças que trabalham. As crianças levantam as mãos ou vêm até mim, como quando precisam de ajuda ou

orientação. Rebecca chega perto de mim com um rascunho do livro em que está trabalhando com Selena.
P: É isso que eu gosto de ver! Onde você está sentada, Rebecca? *Sigo Rebecca até sua mesa e abro o livro.*
P: Certo *(lê)* – Cuidando de cachorros. Número I – Tipos. A gente pode ter muitos tipos de cachorros, como labradores pretos, *spaniels, golden retrievers*. Comida e bebida, carne, água, ração de cachorro, pode ser útil perguntar – descobrir quantas vezes por dia se deve alimentar um cachorro – sim, porque eles não têm café da manhã, almoço ou jantar, têm?
[...] Tente procurar em algum lugar ou pergunte a alguém que saiba [...] alguém como o Daniel – ele tem um cachorro, não é? Você também precisa levar o cachorro para caminhar todos os dias – às vezes duas vezes por dia, com cachorros grandes. *Continuo lendo.*
Tratar o pêlo – para tratar o pêlo, precisa de uma escova, e tem que escovar o cachorro. Por quê? Por que isso é importante?
R: Para que ele fique limpo.
P: Para que ele fique limpo – é isso mesmo, para tirar insetos e, hummm – para que ele fique saudável [...] e treinar. Para treinar um cachorro é preciso fazer com que ele se sente e pule por cima de coisas. Por que é importante que eles aprendam a fazer o que são mandados? Tem que explicar um pouco, mas fora isso, é muito bom.
S: A gente deve usar aqueles livros lá? *Aponta para a seção de livros de consulta na estante.*
P: Isso. Você pode ir à biblioteca o quanto quiser.
(para a turma) Dá para todo mundo parar! Sei que nem todos vocês estão fazendo livros como este e não querem que eles sejam organizados desta forma, mas é neste momento que eles podem começar a fazer disso um livro. Está muito bom – eles têm a capa, com o título e é óbvio do que ele trata, não é? [continua]
Esse pode parecer um trecho longo de transcrição, mas, na verdade, foram menos de três minutos de interação. Ainda assim, dentro dele, várias estratégias de avaliação formativa podem ser identificadas.
Inicialmente, examino o trabalho de Rebecca e Selena para *ter uma idéia* do que elas têm feito, depois faço *perguntas relacionadas aos princípios* (pedindo-lhes que considerem por que isso é importante) para entender seu conhecimento e sua visão, e também tento *transmitir critérios para tarefas*, sugerindo que elas precisam ampliar suas informações. Em seguida, atribuo um *julgamento* ao trabalho, referindo-me a ele como "ótimo", antes de *reforçar os critérios para as tarefas para toda a turma*; exemplificando a estrutura do livro, demonstro critérios de qualidade; por fim, sugiro o que precisa ser feito para se chegar nesta etapa. (PP 5)

É claro que se pode argumentar que esse pesquisador-professor está simplesmente relatando o que acha que deve relatar – a clássica resposta do tipo "objetivo de desempenho" à avaliação, em lugar de uma resposta do tipo "objetivo de aprendizagem" (Dweck, 1989). Contudo, muitas outras evidências desse professor-pesquisador (PP) e de outros na equipe demonstram um envolvimento crítico com os conceitos; e, na verdade, a questão fundamental do trecho para este argumento é que "foram menos de três minutos de interação". Ao fim e ao cabo, enquanto a estrutura foi útil para analisar a prática e refletir sobre ela, no sentido de que ajudou a produzir "conhecimento para a ação" (Elliott, 2002), não foi uma prescrição diretamente útil para a ação, o que, por vezes, é o que o *lobby* da prática baseada em evidências parece querer que a pesquisa produza.

Outro exemplo, mostrado na Tabela 13.1, deixa isso ainda mais claro, como se refere a PP 1, quase de passagem, à "vida real" da sala de aula:

> "F" costuma seguir "E" na "vida real" da sala de aula: argüir/fazer vir à tona/esclarecer é uma parte essencial da interação de rotina entre professor e aluno. Isso identifica o entendimento das crianças acerca do conhecimento que obtiveram. Sua eficácia depende da qualidade da argüição por parte do professor. Em minha experiência, isso flutua segundo meus níveis de energia. A informação obtida nesse tipo de argüição pode proporcionar mais informação para mudanças planejadas no desenvolvimento da criança.
> A seguinte conversação breve mostra claramente um exemplo de como peço que se esclareça o que foi dito. Não é uma pseudopergunta; ela envolve verdadeiramente o interesse do aluno ao mesmo tempo em que dá mais uma oportunidade para usar a resposta com vistas a reiterar a tarefa e os critérios que eu queria que as crianças usassem. A simples pergunta "por quê" é baseada nos princípios e esclarecedora, desde que esteja relacionada à comunicação de critérios.
> Abe: Acho que está legal.
> P: Por quê?
> Abe: Porque eu gosto de fantasmas.
> P: Certo, então parece bom para você. Então, que tal descrever como os personagens se sentem de verdade, que é a questão principal da lista? (PP 1)

Tabela 13.1 Um pesquisador-professor usa elementos da estrutura para analisar seu ensino e o retorno que dá aos alunos

E: Argüir/Trazer à tona

Descrição	Possíveis intenções do professor	Efeito resultante possível para o aluno
C. Professor faz pergunta de princípios (busca trazer à tona evidências de o que o aluno sabe, entende ou sabe fazer). Aluno responde	Visão no conhecimento, entendimento ou habilidades do aluno.	Ensaio de conhecimento, entendimento ou habilidades; articulação de entendimento para realizar entendimento.

F Esclarecimento

Descrição	Possíveis intenções do professor	Efeito resultante possível para o aluno
F Professor faz perguntas para esclarecimento com relação ao que tem sido/está sendo feito. Aluno responde.	Ganho de entendimento do que o aluno fez.	Rearticulação de entendimento; melhoria da consciência de si mesmo e habilidades de síntese, reflexão, previsão, especulação.

Aqui, o professor-pesquisador se refere a uma "lista" de itens necessários para estruturar uma história e torná-la interessante, que ele havia desenvolvido por meio de uma atividade anterior com a turma – tentando tornar explícitos os critérios da tarefa e de qualidade ao discuti-los prolongadamente e fazendo com que a turma chegasse a um acordo em relação a uma lista de itens a que todos pudessem se referir. Mais importante para esta discussão, todavia, é a referência à "vida real" e aos contextos transitórios nos quais julgamentos instantâneos sobre intervenções "de princípios" na aprendizagem devem ser feitas. A "experimentação" pode descrever o que esse professor está fazendo, mas se trata de experimentação com um propósito e informado por uma quantidade considerável de reflexão e discussão anteriores – com colegas na equipe do Primary Response e com sua turma.

Embora parecesse constituir um importante pré-requisito para a melhoria da prática, o envolvimento com a estrutura não representava, em si, nem fornecia, um guia direto para a ação. Na verdade, ainda que os professores-pesquisadores tivessem se tornado cientes das distinções conceituais entre os diferentes processos da avaliação formativa e pudessem relacioná-los a exemplos de sua própria prática, eles enfatizavam que, em situações de sala de aula, esses processos muitas vezes estavam embutidos um no outro ou ocorriam em seqüências ou progressões encadeadas. Assim, elementos fundamentais das categorias analíticas se tornavam integrados em uma prática nova, teorizada de forma mais autoconsciente. As categorias da estrutura inicial foram um dispositivo útil para conceituação e referência mental, mas a realização concreta da avaliação formativa envolvia movimento dentro de categorias mais holísticas e permeáveis.

A Figura 13.1 tenta representar esse processo dinâmico, reintegrando em um modelo prático de sala de aula as categorias analíticas incluídas na estrutura original. Ela o faz usando linguagem gerada pelos professores-pesquisadores (perguntas de "ajuda" bem como "teste"). Em particular, coloca a clareza de critérios no centro da prática de sala de aula, mas estabelecidos de forma dinâmica, por meio da interação de argüição, observação e retorno, em lugar de simplesmente ser declarados ou afirmados, como um modelo mais seqüencial ou voltado à transmissão.

Dessa forma, a estrutura proporcionou um vocabulário para análise, mas o fez no contexto da própria necessidade percebida pelos professores-pesquisadores de entender o que haviam experimentado em sua fase de reconhecimento. A coleta exploratória de dados, combinada com amplas discussões em equipe, havia estimulado a que eles examinassem suas próprias teorias tácitas de aprendizagem e avaliação, e resultou em uma mudança em sua visão da avaliação formativa em sala de aula. Tendo começado pensando sobre explorar a validade das avaliações convergente e divergente, e impressionados com o quanto sua prática era convergente, a estrutura (que foi, ela mesma, desenvolvida em diálogo), capacitou-os para reavaliar suas práticas e lhes proporcionou um catalisador para mais desenvolvimento em sala de aula. Entretanto, ao contrário de um catalisador, a estrutura não sai ilesa da (re)ação. Ela demandou muita modificação para se tornar um modelo de ação mais representativo. Da mesma forma, embora quisessem explorar e desenvolver a abordagem "divergente" sobre a avaliação mais profundamente do que a abordagem "convergente", os professores-pesquisadores ainda afirmavam que as abordagens convergentes eram importantes e mesmo inevitáveis, dada a convergência do currículo e os limites de tempo dos professores.

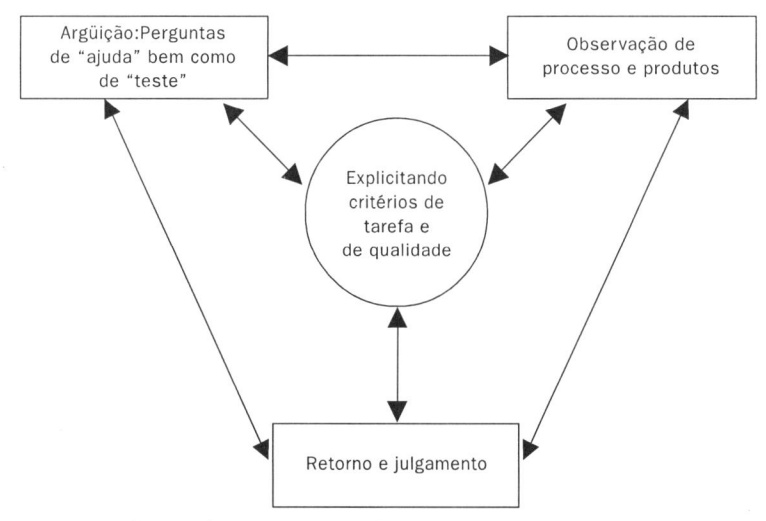

Figura 13.1 Avaliação formativa na prática.
Fonte: Torrance e Pryor (2001).

Eles compreenderam que poderiam desenvolver e usar um "repertório" de estratégias e práticas de avaliação e não tinham que "implementar" algo completamente novo. Usaram o conceito de avaliação divergente como dispositivo heurístico com o qual explorar e expandir as fronteiras de sua prática de sala de aula.

Assim, a segunda fase da pesquisa-ação envolveu o desenvolvimento e a implementação de novas práticas de sala de aula nas quais a análise era menos importante do que a necessidade de integrar e sintetizar novas visões e as várias categorias da estrutura. Resultaram formas teorizadas, modificadas, mas autoconscientes, de abordar a avaliação formativa, informadas pelo modelo convergente/divergente e a estrutura, mas que, na prática, estavam mais conformes com o processo mostrado na Figura 13.1. Uma ressalva importante neste caso, todavia, é que simplesmente começar com o modelo mais integrado apresentado na Figura 13.1 não seria tão produtivo, já que ocultaria tanto quando revelou acerca da complexidade do processo. Realizar a pesquisa-ação e gerar o modelo foi um importante ato transformativo para se avançar da teoria à prática.

A partir de Elliott (1991, 1994, 2002), Fenstermacher (1986) e outros, a relação de pesquisa conjunta pode ser representada como na Figura 13.2. Embora esse modelo de pesquisa conjunta deixe claro que os professores-pesquisadores tiveram um impacto nas conceituações dos pesquisadores da universidade e vice-versa, e, neste sentido, cumpriram um papel importante na geração de novos conhecimentos, foram os pesquisadores da universidade (incluindo a mim, é claro, neste capítulo) que "juntaram" esse conhecimento e o transformaram em uma forma pública comunicável.

DE CONHECIMENTO PARA A AÇÃO AO CONHECIMENTO SOBRE A AÇÃO

Onde, então, isso nos deixa em termos de desenvolvimento da prática baseada em evidências? A estrutura e a seqüência de colaboração entre pesquisadores da universidade e os professores-pesquisadores incluiu:
- contribuição introdutória por parte dos primeiros, levantando questões de avaliação e aprendizagem;
- discussões sobre a lógica e os métodos da pesquisa-ação;
- desenho de investigações específicas em salas de aula individuais;
- relato de avanços e discussão de dados;
- apresentação de conclusões que surjam – substantivas e metodológicas – em uma interrogação mais explícita dos problemas e possibilidades da avaliação formativa de sala de aula.

Claramente, os professores-pesquisadores desenvolveram sua prática com base em evidências, fornecidas pelos pesquisadores da universidade e por suas próprias investigações. Por sua vez, a pesquisa conjunta aplicada resultou na produção de categorias teóricas, em uma estrutura analítica e um entendimento mais informado sobre como elas podem interagir, heuristicamente, com a prática. Contudo, essa prática desenvolvida e esses entendimentos melhores foram produzidos como resultado de um significativo investimento de pesquisa e do compromisso com a produção de conhecimento por parte dos pesquisadores oriundos da universidade. As questões significativas foram levantadas, no primeiro caso, pela teoria e pelo projeto anterior de pesquisa básica. A transformação disso em conhecimento para a ação exigiu um trabalho direcionado por parte dos professores-pesquisadores, mas sua transformação, mais uma vez, em conhecimento sobre a ação exigiu mais reflexão sobre a teoria. Embora tenham sido integrados em uma equipe de apoio, os professores-pesquisadores permaneceram imersos em seus próprios projetos, desenvolvendo "conhecimento para a ação" sobre suas próprias salas de aula. O projeto permitiu que "problematizassem suas práticas educacionais, refletindo sobre seus sentidos subjacentes" (Elliot, McLure e Sarland, 1996), mas a generalização de conhecimento público, ou seja, a essência das conclusões, o estabelecimento de uma visão geral e a teorização em um metanível permaneceram como território dos pesquisadores universitários. Um importante elemento desse conhecimento público, todavia, é a confirmação de que os professores realmente precisam "fazer pesquisa para poder usar a pesquisa" de forma eficaz (Stenhouse, 1979). A investigação e a reflexão sobre suas próprias práticas de sala de aula foi fundamental para o desenvolvimento e a compreensão da "teoria na prática". Assim, as conclusões da pesquisa estão tão relacionadas à metodologia da implementação da prática baseada em evidências quanto ao tema do desenvolvimento de práticas da avaliação eficazes.

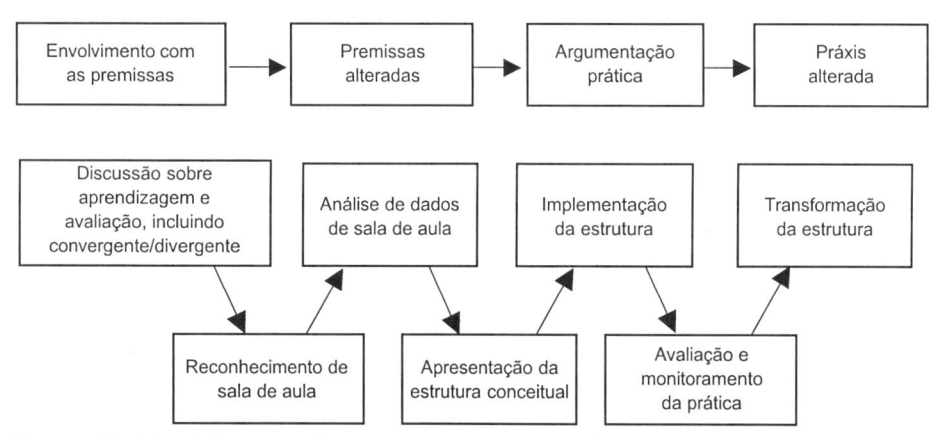

Figura 13.2 Modelo para ação conjunta entre pesquisadores universitários e professores-pesquisadores.

Em termos gerais, o trabalho conjunto bem-sucedido foi resultado do fato de que nem os professores-pesquisadores nem os pesquisadores universitários teriam conseguido o que conseguiram uns sem os outros. Essa parece ser uma forma realista de colaboração a se aspirar no futuro, mas também é muito mais informada pela teoria e faz uso muito maior de recursos do que se visualiza em muitos empreendimentos atuais de prática baseada em evidências. No decorrer da pesquisa-ação, as escolas e os professores passaram a sofrer uma pressão cada vez maior por desempenho e responsabilização – tabelas de classificação de escolas, estabelecimento de metas para melhoria de resultados nacionais de provas, inspeções do Ofsted (Office for Standards in Education), introdução de estratégias nacionais de alfabetização e ensino de aritmética. Foi difícil manter o trabalho devido a essas outras pressões sobre os professores-pesquisadores. Da equipe original três se retiraram em função de pressões de trabalho, e um, por causa de problemas de saúde. Dessa equipe principal de sete restantes, todos passaram por inspeções do Ofsted durante o desenrolar do projeto. O fato de que o trabalho foi mantido e tenha levado a algum tipo de conclusão bem-sucedida dá testemunho da determinação dos professores envolvidos e das recompensas intelectuais que esse tipo de trabalho pode trazer a um grupo profissional que trabalha num ambiente que considera cada vez mais utilitário e hostil. Entretanto, essas pressões (e questões de recursos) levantam problemas graves em relação à viabilidade de envolver professores em pesquisa, seja na condição de condutores de investigações, seja como usuários de resultados.

Da mesma forma, relações íntimas com as autoridades locais de educação que estejam colaborando, embora mantidas, não trouxeram tantos benefícios quantos se poderiam prever, porque a agenda de políticas da escola fundamental havia mudado, passando da implementação de avaliação formativa à implementação de estratégias de alfabetização e ensino de aritmética e estabelecimento de metas. Embora a autoridade de educação pretendesse usar os pesquisadores-professores como um "centro" de professores excelentes com relação à avaliação de sala de aula, isso não ocorreu, dado que a atenção da autoridade local de educação em termos de políticas (e de pessoal em posições importantes) teve que mudar.

Como se observou anteriormente, os professores-pesquisadores poderiam ser descritos como um grupo muito comum de professores de escola fundamental, representando diferentes idades e experiências e, inclusive, talvez, subqualificados em termos tradicionais de educação superior, por exemplo, trabalhos em nível de mestrado. Na maior parte, produziram investigações e relatórios excelentes em circunstâncias difíceis e demonstraram o que se pode obter com bons recursos e apoio. Entretanto, todo o processo de "vir a público" parecia distante de suas prioridades profissionais, bem como difícil de atingir dentro de suas vidas profissionais muito ocupadas. Meu envolvimento em outras atividades, como a orientação de bolsistas do programa Best Practice Research Scholarships, dar consultoria a escolas de formação de professores e assim por diante, embora com menos atenção sistemática à metodologia do que se informa aqui, indica da mesma forma que, sem se tratar de certas questões relacionadas à prescrição central de políticas e microgestão de sistema, à sobrecarga de esforços e aos termos e às condições do trabalho dos professores, grande parte do atual discurso sobre o desenvolvimento de prática baseada em evidências permanecerá sendo apenas isso – discurso político, que provavelmente prejudicará as atividades da pesquisa educacional em si, em lugar de ser uma contribuição significativa à reconstrução e à melhoria do empreendimento de pesquisa em seu conjunto.

Serão produzidos trabalhos que talvez sejam considerados como "pesquisa" (certamente como "evidência") e irão aproveitar a legitimidade da pesquisa como forma sistemática de investigação, enquanto produzem pouco mais do que descrições narrativas de implementação de políticas restritas. A produção de conhecimento para a ação nas escolas requer o fornecimento de recursos teóricos significativos e o uso de métodos de pesquisa para testar e modificar sua utilidade na ação. A produção de conhecimento sobre a prática requer a investigação sistemática dessa prática, bem como tempo e espaço para refletir sobre a importância dos problemas e incongruências e dos limites institucionais à ação que estão associados. A prática baseada em evidências deve necessariamente envolver essa dialética.

NOTAS

1 Apoiado pelo Economic and Social Research Council (ESRC: R000236860; 1997-99).
2 Sete professores-pesquisadores produziram os dados e relatórios escritos nos quais nos baseamos aqui: Julie Collins, Jane Cowley, Janice Gill, Margaret Maiden, Sandie Piper, Susie Round e Sally Turner. Devemos muito a todo o esforço e à contribuição intelectual dada ao projeto pelos professores-pesquisadores.

14

Conclusão: política e prática baseadas em evidências

Richard Pin

INTRODUÇÃO

A idéia de "serviços de saúde baseados em evidências", quando formulada pela primeira vez e se tornou a base para um curso de mestrado na universidade de Oxford, pareceu-me estranha, para dizer o mínimo. Foi uma surpresa saber que as decisões acerca da mais adequada forma de tratamento médico não eram necessariamente baseadas em evidências – já que é isso que parecia estar sendo sugerido. Os prognósticos e os tratamentos médicos, sempre imaginei, seriam baseados em pesquisa científica. Na verdade, para poder ser médico, era necessário ter uma rigorosa formação na ciência relacionada.

Entretanto, o Cochrane Centre, em Oxford, sob a liderança de Sir Ian Chalmers, não tinha tanta confiança nisso. Grande parte da prática era, por assim dizer, "conhecimento herdado". Outra parte, aparentemente baseada em evidências, conflitava com outras práticas, baseadas em outras evidências. Qualquer pessoa que já tenha buscado tratamento médico para problemas nas costas sabe o que isso significa.

Em muitos aspectos, isso não deveria ser surpresa. Um conhecimento meramente superficial da filosofia da ciência deixa claro que ela, a ciência, cresce a partir de tentativas constantes (e muitas vezes bem-sucedidas) de negar o estado presente do conhecimento científico. Todo esse conhecimento é, por assim dizer, provisório – a ser aceito até ser refutado e substituído por proposições científicas mais abrangentes e mais bem corroboradas. Essa evolução na ciência, essa "aproximação da verdade" de forma gradual, depende da aplicação de métodos científicos rigorosos nos quais o erro deve ser eliminado. O Cochrane Centre acreditava que esses métodos rigorosos muitas vezes deixavam a desejar no sentido de atingir "verdades" médicas, que informavam e moldavam a prática desse campo.

Esses métodos requeriam experimentos estritamente controlados, com grupos de controle e experimentais muito grandes, de forma que se pudesse ver com clareza a diferença que uma determinada intervenção pode fazer. Isso requeria uma formulação extremamente cuidadosa das hipóteses a ser testadas, o que, por sua vez, demandava um processo sofisticado de refinamento do problema sentido (sentido, ou não, com a mesma freqüência por pacientes e por pesquisadores da medicina) em um conjunto testável de hipóteses.

Esses experimentos de grande escala teriam que levar em conta as pesquisas que outros já haviam realizado em áreas semelhantes. Isso exigia que se juntassem peças de pesquisa que, com muita freqüência, baseavam-se em amostras diferentes ou faziam suposições um pouco diferenciadas. Assim, uma parte importante do processo de refinamento das evidências residia na revisão sistemática das pesquisas existentes, rejeitando as que não cumprissem critérios experimentais rigorosos, ignorando aquelas em que os dados e os métodos fossem menos do que claros, conciliando, onde fosse possível, as diferentes bases para as amostras, identificando onde era necessário fazer mais pesquisa para preencher as lacunas em nosso conhecimento cientificamente baseado. Essa revisões sistemáticas e as subseqüentes metanálises das pesquisas disponíveis (que são descritas por Davies, Gough e Andrews, neste volume) eram difíceis e demoradas, demandando trabalho conjunto entre continentes, bem como uma postura explícita e aberta diante do problema, das hipóteses, do processo de amostragem e dos dados. Elas estimulavam o debate aberto e crítico e o refinamento constante das conclusões à luz desse debate crítico e de novos dados. Na verdade, a expressão "baseado em evidências", assim concebida, tinha um tom bastante popperiano.

Tanto foi o sucesso do trabalho do Cochrane Centre que pessoas de outras áreas dos serviços públicos buscaram as lições que podiam ser aprendidas dele. A Campbell Collaboration, sediada nos Estados Unidos, com centros regionais no Canadá e na Dinamarca, ampliou o trabalho a outras áreas da vida social – por exemplo, educação e criminologia. Isso é muito bem descrito por Davies neste volume. Tanto o Secretário de Estado quanto o Ministério do Interior consideraram a abordagem da Cochrane e da Campbell como o necessário para melhorar a qualidade da pesquisa com vistas a informar as políticas do governo e a prática profissional. Isso foi considerado necessário em função das críticas daquela pesquisa, certamente na educação. As críticas eram várias, mas se podem resumir: a pesquisa era fragmentada demais (uma parte muito pequena das hipóteses de grande escala e consistentes era testada); baseada em pressupostos, amostras e dados diferentes; muitas vezes, pouco rigorosa em termos de método; não tratava de forma clara uma pergunta específica para a qual o formulador de políticas ou o profissional precisava de uma resposta.

A reação à transferência, para o campo da educação, da abordagem baseada em evidências da Cochrane e da Campbell variou entre hostil e receptiva, e isso se reflete neste volume. A essência dessas críticas e das diferenças entre elas é filosófica, diz respeito à natureza da pesquisa e esta, por sua vez, à natureza do conhecimento. O que conta como evidência para um determinado tipo de afirmação de conhecimento? Neste artigo, apresentarei de forma breve o que penso serem as dificuldades filosóficas fundamentais, não simplesmente da adoção de políticas e práticas baseadas em evidências, mas também de algumas das críticas a ela.

Essas questões filosóficas são: em primeiro lugar, a natureza da "evidência"; em segundo, a extensão dos métodos das ciências naturais ao entendimento dos seres humanos; em terceiro, a adoção do modelo meios/fins para o planejamento e tomada de decisões em educação.

EVIDÊNCIAS

Muito depende de como se interpreta a palavra "evidência". Há vários tipos diferentes de evidência, dependendo do tipo de afirmação que se faz. A evidência de que a água ferve a 100°C ao nível do mar seria muito diferente da evidência a indicar que uma pedra tem 100 milhões de anos, que César realmente atravessou o Rubicão, que o regime de Saddam Hussein era malévolo, ou que Freddie foi um menino que se comportou bem. Há formas diferentes de discurso, cada uma caracterizada por formas diferentes de ver o mundo, tipos diferentes de afirmação de verdade, formas diferentes de investigar a verdade. O que conta como evidência dependerá do tipo de discurso com que se está envolvido. As evidências históricas são diferentes daquelas da ciência, e mesmo dentro da ciência há diferentes tipos de discurso, cada um caracterizado por diferenças naquilo que se considera como constitutivo de evidência. Sendo assim, há um risco de se criticar uma evidência porque ela não cumpre os padrões de evidência em uma forma bastante diferente de discurso. Na verdade, essa é a causa de alguns problemas nos argumentos "a favor" e "contra" as políticas e práticas baseadas em evidências dentro da educação. Algumas pessoas, que defendem a idéia de "basear em evidências", fazem-no confundindo as fronteiras entre as formas de discurso científico e não-científico e, assim, rejeitando algumas afirmações porque não teriam fundamento. Por outro lado, certos críticos, ao identificar a base de evidências com apenas um tipo de evidência, rejeitam inteiramente e idéia de se "basear em evidências", considerada irrelevante aos problemas complexos das políticas e das práticas profissionais da educação. Mais do que isso, as "evidências" não devem ser confundidas com provas. Tenho evidências de que John mentiu, mas não posso provar. Pode-se construir gradualmente as evidências de uma crença, mas prová-la gradualmente parece um pouco estranho. Com base em evidências, algo pode ser *passível de prova* – embora possa haver contra-evidências que sejam menos persuasivas.

Esses comentários não são, de forma alguma, irrelevantes ao debate educacional. Os políticos, muitas vezes, parecem defender políticas baseadas em evidências, como se só se devesse agir quando se pudesse demonstrar que um determinado curso de ação está *provado* como correto. Eles se sentem decepcionados quando a pesquisa com base na qual uma determinada política é adotada acaba revelando-se menos do que adequada. Todavia, tudo o que se pode dizer, como resultado de pesquisa, é que, à luz de todas as evidências, e equilibrando as evidências contra e a favor, um curso de ação parece ser o mais racional a adotar.

Na verdade, esse pode muito bem ser o caso, até que se descubram evidências contrárias. Mais do que isso, as evidências com base nas quais se age podem ser frágeis ou fortes, e, muitas vezes, não se tem outra alternativa que não seja agir com base em evidências frágeis. O professor, tendo que tomar uma decisão rápida sobre como tratar um infrator, não tem tempo de encontrar evidências conclusivas. A "deliberação", seguida de "julgamento", requer um rápido levantamento de diferentes tipos de evidências muitas vezes frágeis antes de agir rapidamente – proximidade à cena, histórico anterior de comportamento semelhante, um motivo visível. Na verdade, as evidências, neste caso, são muito mais como a noção de evidência em uma história de detetive do que na pesquisa científica. Não se podem evitar as noções de "deliberação" e "julgamento prático" (o que vai além da evidência disponível).

Além disso, o discurso educacional é eclético e se baseia em diferentes tipos de evidência – certamente a científica, mas também a visão pessoal, histórica e pedagógica. O que deve contar como evidência em qualquer situação dependerá dos julgamentos educacionais específicos feitos, e as generalizações serão sempre negadas em casos particulares – um ponto que irei aprofundar na próxima seção. Dessa forma, a prática educativa requer julgamento sobre "desempenho", sobre como a "capacidade de realizar" e sobre a "aptidão de ter a capacidade de realizar". Requer julgamento sobre a intenção, bem como sobre motivação. Contudo, nenhuma quantidade de comportamento observado – embora logicamente relacionado, em circunstâncias normais, a certas intenções (por exemplo, a fazer o trabalho de casa) ou a estar motivado de uma determinada forma (por exemplo, a agradar os pais) – prova ou significa que essa seja a intenção ou, esse, o motivo para ação. Sempre há uma lacuna lógica entre a conclusão e as evidências para a conclusão.

Essas observações preliminares sobre o conceito de evidência precedem uma discussão das questões mais filosóficas que surgem a partir dos artigos contidos neste volume. Isso ocorre porque, no centro das visões acerca de políticas e práticas baseadas em evidências e, na verdade, dos argumentos sobre a importância que devemos dar a elas, estão questões filosóficas sobre a natureza da evidência, da prova, do conhecimento nas ciências sociais e do discurso e do julgamento educacionais.

QUESTÕES FILOSÓFICAS

Gostaria de escolher três questões filosóficas interconectadas que, de uma maneira ou de outra, surgem nas várias contribuições. Elas são:
1. A imprevisibilidade lógica de todas as conseqüências de um determinado curso de ação ou de uma política em particular.
2. A impossibilidade de conciliar o discurso científico (e, assim, as ciências sociais dentro de uma determinada tradição) com o que está relacionado a pessoas.
3. A separação lógica dos "fins" ou "objetivos" educacionais dos "meios" para atingi-los.

Imprevisibilidade

A primeira questão diz respeito à dificuldade de prever o que irá acontecer se... em situações sociais complexas. (É um argumento desenvolvido com muita eficácia por Luntley (2000), em conexão com a proposta de remuneração relacionada ao desempenho.) Dessa forma, o governo, à luz das evidências, acredita que uma determinada política terá resultados previsíveis. Na verdade, do ponto de vista do governo, as pesquisas poderiam indicar quais serão as conseqüências de determinadas políticas. Quais práticas são mais eficazes para se obterem os resultados desejados? Entretanto, há dois sentidos nos quais isso não é assim.

Em primeiro lugar, os agentes, cujas ações estão sendo previstas pela adoção dessas políticas, mudam o contexto no qual as previsões são feitas uma vez que estejam cientes do que se pretende. Uma vez que os alunos estejam cientes do raciocínio por trás da ênfase nas estratégias para a alfabetização (por exemplo, levantar os índices da escola e, assim, sua posição na tabela de classificação), são capazes e podem estar querendo subverter a política. Essa consciência modificada e seus efeitos não poderiam ser previstos no desenvolvimento da estratégia, não importa o quanto se baseasse em evidências à luz de práticas anteriores. O segundo sentido, conectado ao primeiro, é este. Segundo Luntley (2000, p.17), as salas de aula (e outras unidades educacionais) compartilham uma característica estrutural com outros sistemas sociais e naturais – a saber, a não-linearidade. Ignore isso e você terá uma lógica equivocada acerca do entendimento dos sistemas sociais em questão.

Dentro de sistemas muito complexos de elementos em interação, especialmente quando esse elementos são dotados de inteligência e onde se envolvem conscientemente nas interações, o impacto integral desses milhões de interações não pode ser previsto com precisão. A impossibilidade de fazê-lo não é só uma questão de tamanho e complexidade. Mais do que isso, é uma questão lógica, pois uma interação altera a natureza da situação de tal forma que o efeito de x sobre y não será o mesmo na segunda vez. Os muitos elementos diferentes na situação estão interagindo entre si de uma maneira que não pode ser controlada a partir do centro e, assim, estão mudando o contexto que o centro deseja controlar e influenciar. Em economia, as inúmeras interações no mercado mudam constantemente o contexto no qual deve acontecer a gestão macroeconômica. As mudanças nos impostos também cobram seus próprios "impostos" da imaginação daqueles que buscam formas novas e imprevisíveis de se evadir dos impostos, criando assim uma situação social e econômica diferente, a qual, por sua vez, coloca demandas imprevisíveis sobre a economia.

Devido a essa necessária imprevisibilidade das situações sociais complexas, há um limite com relação a até onde a acumulação de evidências pode garantir certas conseqüências a partir de intervenções cuidadosamente avaliadas.

Explicando o comportamento humano

As políticas e as práticas profissionais em educação dizem respeito, em última análise, a fazer com que as pessoas (geralmente jovens) aprendam algo – e algo que se considera como sendo de valor. Educar é desenvolver a capacidade de pensar, avaliar, entender, raciocinar, estimar. Esses são "estados de espírito", capacidades mentais, qualidades distintivamente humanas. Uma característica de tais "estados de espírito" é que eles constituem um tipo diferente de "realidade" daquela que é o tema das ciências naturais. Posso observar mesas e cadeiras, mas não posso observar da mesma maneira intenções, motivos e pensamentos. A mão levantada é vista por todos, mas pode muito bem ser interpretada de forma diferente – um aceno a um amigo, uma demanda de atenção, o sinal de uma revolução, uma expressão de exasperação. A compreensão do comportamento depende do conhecimento da intenção – e da motivação para essa intenção. Sendo assim, a demanda por atenção (a intenção para levantar o braço) poderia ser motivada por tédio ou pelo entusiasmo por uma descoberta, ou pelo desejo de incomodar. Explicar as ações humanas requer uma consulta a intenções e motivações, e não a causas (falando em termos gerais).

Mais do que isso, essas intenções e motivações pressupõem um contexto social de regras em que os comportamentos pretendidos serão interpretados por outros de uma determinada forma. Não há por que sinalizar uma revolução se os companheiros revolucionários não entendem o gesto. Para explicar as ações humanas, é necessário entender as regras sociais por meio das quais a interação social pode acontecer. Além disso, essas regras sociais mudarão de um grupo social para outro – na verdade, um grupo social é definido em parte em função das regras sociais pelas quais se relaciona internamente. Há um conjunto de expectativas entre proprietários de casas em um condomínio que define seus comportamentos de uma maneira que não seria totalmente entendida por aqueles que nunca foram familizarizados com essa forma de vida. Não há dúvida de que essas regras e expectativas variam de um condomínio a outro à medida que as populações e as circunstâncias econômicas mudam. (Jantares à luz de velas são promovidos por alguns proprietários de casas em nosso condomínio, mas ainda assim dentro de um contexto social que herda certas expectativas de proprietários anteriores desse tipo de moradia.) A explicação, sem referência a essas regras e a esse contexto sociais, e sem reconhecimento de sua variabilidade segundo circunstâncias sociais e econômicas diferentes, não é uma explicação do mundo *humano* em que habitamos.

Certas conseqüências sobre as políticas e práticas baseadas em evidências são deduzidas destas considerações – algumas são válidas, e outras, nem tanto. Em primeiro lugar, a natureza distintiva da explicação humana deve estabelecer limites lógicos a explicações de grande escala sobre o comportamento, sejam elas educacionais ou não. Essas explicações de grande escala não podem ser sensíveis à complexidade e à variabilidade das regras e expectativas sociais por meio das quais as decisões e ações são tornadas inteligíveis. A importância de ser alfabetizado ou dominar a aritmética, o valor da educação superior, o respeito pelo professor, um interesse em literatura, e assim por diante, serão diferentes de um grupo social para outro – quer esses agrupamentos sejam determinados por etnia, tradição religiosa, afiliação econômica, classe social, história regional ou lealdade familiar. Aquilo que pode "funcionar" em um contexto pode não funcionar em outro, e a razão pode ser explicada em parte pelas regras sociais e pela estrutura institucional (de família, de fé religiosa, de hábitos de convivência) pelas quais os agentes compreendem o mundo, encontrando valor em umas atividades, e não em outras, e desenvolvendo relações de um determinado tipo. É por isso que a prática baseada em evidências precisa examinar cuidadosamente os contextos particulares (as regras e expectativas implícitas que moldam o comportamento e que por vezes são corporificadas dentro das instituições a que os aprendizes pertencem) nos quais o julgamento e as decisões profissionais devem ser tomadas.

Entretanto, uma segunda conclusão falsa costuma ser tirada dessas considerações. Dá-se tanta importância à explicação institucional do comportamento ou da atividades humanos e, na verdade, à variabilidade do contexto social, que a explicação de grande escala da prática educativa é rejeitada totalmente. Um contraste nítido se estabelece entre o tipo de evidência pertinente à explicação de eventos físicos (e incluída nisso estaria a intervenção bem sucedida de drogas no tratamento de doenças) e o tipo de evidência pertinente à explicação do comportamento humano. Favorecidos pelo primeiro, mas não pelo segundo, estariam os grupos-experimentais e de controle de grande escala e cuidadosamente escolhidos, nos quais uma determinada intervenção dentro do grupo-experimental (mantidas todas as demais condições) demonstraria sua importância causal. Com certeza, esse tipo de experimento de grande escala é visto como o caminho a seguir por alguns para avançar nosso conhecimento de melhoria educacional. Há exemplos dessas intervenções na pesquisa sobre o início da aprendizagem (ver Sylva e Hurrell, 1995, sobre a eficácia do Reading Recovery e do treinamento fonológico de crianças com problemas de leitura). Contudo, os críticos apontam o fracasso desse tipo de evidências para tratar das particularidades das situações sociais que elas pretendem explicar. Esse fracasso é considerado de base filosófica – a adoção do que se costuma chamar de positivismo, que não tem lugar em nossa visão de seres humanos e instituições sociais. Não pode haver uma "ciência do homem" – o título de um artigo de um positivista lógico de muito destaque em certa época, A. J. Ayer.

Essa é com certeza, uma conclusão equivocada. Ela comete o que chamo de "falácia da singularidade". É correto apontar a singularidade de cada indivíduo, dado que ele é definido em parte pela forma particular como vê e aprecia o mundo (ninguém pode ter exatamente meus pensamentos e sentimentos). Da mesma forma, é correto apontar a singularidade de cada grupo social ou sociedade, refletida nas regras sociais ou expectativas que distinguem esse grupo. Todavia, embora cada pessoa ou cada sociedade possa ser única em alguns aspectos, não é verdade que todas sejam únicas em todos os aspectos. Sou único no sentido de que ninguém compartilha a mesma história de vida, mas não sou único como inglês, como professor universitário, como autor, como proprietário de casa em um condomínio. Pode-se, em todas essas coisas, dentro de certos parâmetros, prever que me comporte de uma determinada maneira. Mais do que isso, o que capacita para compreender (ainda que somente até certo ponto) as pessoas dentro de sociedades muito diferentes da minha é que todos os seres humanos, sejam quais forem suas diferenças, têm certas propensões, desejos, necessidades e quereres em comum. Existe uma coisa que se pode chamar de forma humana de vida reconhecível, que nos permite fazer previsões, ainda que em casos particulares as previsões possam estar erradas – a pessoa conscientemente vai contra a corrente. Mesmo as exceções podem ser entendidas à luz de mais explicações que nos ajudem a compreender a situação. As "explicações", por sua própria natureza, situam o caso único em um quadro mais amplo no qual a singularidade diminui um pouco. Uma pessoa deixa de agir como previsto porque ambicionava por um determinado reconhecimento, mas "ambição" é uma motivação humana reconhecível. Dizer que alguém agiu com base em ambição é situar suas ações em um quadro explicativo mais amplo.

Dessa forma, contrastar de forma tão clara as explicações de grande escala sobre o comportamento humano, caracterizadas por fatores de predição do que irá acontecer (tendo chegado a essa posição por meio de testes de controle randomizados), com a singularidade da condição humana individual, que escapa desse tipo de enquadramento, é um falso dualismo. Muita coisa é previsível em relação ao comportamento humano, e se podem identificar intervenções fundamentais que, falando em termos gerais, podem levar a certas conseqüências. Tirar conclusões diferentes é cometer a falácia da singularidade.

Obviamente, é preciso ser muito cuidadoso ao se expor às condições nas quais a intervenção tem probabilidades de fazer diferença. Essas condições podem estar relacionadas ao tipo específico de instituição ou configuração social. Uma intervenção em um sistema de ensino altamente seletivo pode ter pouco efeito em um sistema não-seletivo. O programa de alfabetização *literacy hour* pode ser eficaz em determinados ambientes de ensino, e não em outros. O ideal Cochrane não era determinar a prática profissional, e sim informá-la. O professor, ciente do que, falando em termos gerais, pode ser o caso, pode muito bem exercer julgamento profissional em relação às circunstâncias, que são julgadas como suficientemente diferentes da norma para criar uma exceção à regra geral.

Meios e fins

A preocupação com as políticas e práticas baseadas em evidências surge dentro de um clima de "melhoria," "elevar padrões", "tornar as escolas mais eficazes". Exige-se conhecimento sobre "o que funciona". Para fazer isso, assim se argumenta, há uma necessidade de estabelecer metas, o mais específicas possível. Essas metas são objetivos a ser buscados, os fins pelos quais se esforçar. Parece plausível argumentar que não se pode ser muito eficaz até que se saiba exatamente para onde se está indo. Só então se podem concentrar energia e esforços para atingir os objetivos. Tendo estabelecido esses objetivos, a escola, a autoridade ou o governo local podem descobrir (por meio da investigação empírica mais adequada) a forma como esses objetivos podem ser atingidos. Essa investigação se baseia em metas definidas e claras e requer pesquisas rigorosas sobre os meios mais eficazes de atingir esses objetivos.

Dentro de um clima desse tipo, tem havido, na última década, uma expansão maciça da pesquisa sobre eficácia escolar – as características de uma escola e de sua liderança que garantirão "sucesso". O sucesso é apresentado em termos de metas muito precisas (tais como uma dada proporção de alunos atingindo notas no GCSE e nível A). Da mesma forma, o ensino eficaz (claramente essencial para a escola eficaz) é definido em termos de desempenho dos alunos, que pode ser medido com precisão. Com coleta sistemática de evidências, pode-se desenvolver uma ciência do ensino eficaz (ver, por exemplo, Reynolds, 1998). Uma vez que o governo, ou quem quer que seja, esteja seguro, com base em experimentos rigorosamente conduzidos, das intervenções a fazer, implementará os mecanismos adequados para garantir um desempenho superior em relação aos padrões acordados. Na verdade, os professores receberão remuneração que está vinculada ao desempenho.

É neste clima que uma importante autoridade em políticas baseadas em evidências (Slavin, 2002) escreve com segurança sobre "transformar a prática e a pesquisa educacionais" e se refere com aprovação às várias iniciativas do governo que adotaram "comparações experimental/controle sobre medidas baseadas em padrões". Por exemplo, o programa No Child Left Behind do governo Bush menciona a pesquisa baseada cientificamente 110 vezes – "procedimentos rigorosos, sistemáticos e objetivos para se obter conhecimento válido [...] usando desenhos experimentais ou quase-experimentais, de preferência com atribuições randômicas".

Com o agora predominante discurso gerencial (um discurso de "indicadores de desempenho" e "auditorias", de "aplicação de currículo" e "ganhos de eficiência", de "metas" e de "valor agregado", de "clientes" e "interessados"), o modelo meios/fins do planejamento e envolvimento educacionais parece correto de uma maneira quase que auto-evidente. Há uma separação lógica entre os "fins" da educação dos "meios" para os atingir. A conexão é puramente contingente, uma questão unicamente de investigação empírica. No encontro educacional, o professor é o especialista (espera-se que com base nas evidências corretas) em saber quais "meios" serão mais eficazes a que se obtenham esses "fins". A especialização do professor não reside nas deliberações com relação aos próprios "fins".

Esse tipo de linguagem, que se presta a uma visão específica de políticas e práticas baseadas em evidências, é superficialmente plausível, mas é uma maneira um tanto empobrecida de falar e entender a educação, dado que os "fins" estão com muita freqüência embutidos nos "meios". A forma como se analisa um poema não é avaliada em termos de ser a forma mais eficaz de atingir objetivos, logicamente distinta da leitura e da análise do poema. O objetivo, finalidade ou propósito definem a maneira como o professor ensina – é captado e "mostrado" no próprio ato de ensinar. Ensinar é uma transação entre o professor e o aprendiz, e não a entrega de algo a este último. Uma prática *educativa* corporifica as metas e os valores, não é algo distinto deles. Na verdade, perguntar sobre os valores de uma tal transação é perguntar pelos valores que ela corporifica. Pode muito bem haver "subprodutos" do ensino de Macbeth, mas o principal propósito educativo reside no envolvimento com um texto de valor. A linguagem de "envolvimento" com um texto, de "transação entre professor e aprendiz", de "valor intrínseco" de uma atividade, de "luta para entender," de "enriquecimento pessoal" parece desfavorável à linguagem de metas e de indicadores padronizados de desempenho, ou de conclusões generalizadas tiradas de intervenções sistemáticas. É essa visão da prática educativa que baseia o trabalho seminal de Stenhouse (1975), mencionado e desenvolvido por Elliot no Capítulo 12.

CONCLUSÃO

Existem diferentes níveis nos quais se podem avaliar políticas e práticas baseadas em evidências na educação. As políticas educacionais voltadas a melhorar a qualidade da aprendizagem e a aumentar o número de pessoas que participam com sucesso na educação em diferentes fases necessitam de evidências para mostrar que uma delas, e não a outra, irá melhorar a situação. Os professores, nos muitos julgamentos que fazem todos os dias, tornar-se-iam mais profissionais caso se baseassem em evidências acumuladas em sua própria prática e na profissão como um todo. É claro que é isso que afirmam fazer. Conversas de salas de professores tratam tanto de o que funcionou, ou de aconselhar outros à luz do que se considerou como tendo funcionado, quanto de qualquer outra coisa. Assim, em um nível, não pode haver muita disputa sobre a idéia de políticas e práticas baseadas em evidências. Os professores, ministros e funcionários públicos dão razões para o que fazem, e essas razões necessariamente se baseiam em evidências.

Os defensores das políticas e práticas baseadas em evidências, contudo, afirmam que a coleta e a aplicação de evidências não têm sido rigorosas o suficiente. Elas carecem de investigação sistemática e, na verdade, do rigor científico que transformou outras áreas da vida pública. Os teóricos da educação são criticados por não buscar evidências de forma sistemática o suficiente. Assim, Slavin (2002, p.16) declara:

> Na alvorada do século XXI, a educação está finalmente sendo arrastada, esperneando e xingando, para o século XX. A revolução científica que transformou totalmente a medicina, a agricultura, os transportes, a tecnologia e outros cam-

pos em princípios do século XX passou quase que completamente ao largo da educação. Se Rip Van Winkle tivesse sido médico, agricultor ou engenheiro, não conseguiria arrumar emprego hoje [...] Não que não tenhamos aprendido coisa alguma desde a época de Rip Van Winkle; é que as aplicações das conclusões da pesquisa educacional permanecem, casuais e as evidências são respeitadas apenas ocasionalmente, e apenas se acontecer de corresponderem às modas educacionais ou políticas em curso.

Os problemas surgem, portanto, não em relação à necessidade de evidências na adoção de políticas ou na melhoria da prática, mas, em primeiro lugar, sobre o que deve ser considerado evidências; em segundo, com relação a até onde o rigor científico em algumas áreas é aplicável igualmente às políticas e práticas da educação e, em terceiro, se existe algo tão distintivo e peculiar em relação à "prática educativa" para que haja limites estritos à relevância do modelo meios/fins de melhoria e eficácia educacional.

Assim, afirmo, a evidência tem tipos diferentes em relação à forma de discurso por meio da qual um problema está sendo tratado. Para alguns (e há pistas disso na contribuição de Hodkinson e Smith no Capítulo 11), essa admissão leva ao tipo de relativismo que faz do movimento pelas evidências algo sem sentido. Mas isso não é assim. As diferentes formas de discurso não são desenvolvidas de forma arbitrária; são as melhores janelas que temos para o mundo e trazem em si os critérios de evidência adequada, sem os quais não seríamos capazes de nos envolver em qualquer debate inteligível – incluindo debates sobre políticas e práticas baseadas em evidências.

Dada a gama de discursos sobre educação, o risco reside no imperialismo de alguma forma, junto com sua forma distintiva de evidência. Duas falsas conseqüências são deduzidas freqüentemente disso, exemplificadas nas contribuições a este livro. Por um lado, adota-se uma noção estreita, e assim, exigente demais, de evidência, excluindo, como se fossem irrelevantes ou não-rigorosas, ou como arbitrárias, deliberações sobre políticas práticas na educação. Por outro lado, ao reconhecer a natureza distintivamente prática, limitada por contexto e carregada de valores das deliberações educacionais, muitos rejeitarão completamente a busca experimental de grande escala pelas evidências. Assim, cria-se o falso dualismo entre abordagens quantitativas e qualitativas da pesquisa, que causou tantas mudanças (ver Pring, 2000, onde este aspecto é desenvolvido minuciosamente).

Três conclusões devem ser tiradas disso ao olharmos o futuro. A primeira delas é que as políticas e as práticas baseadas em evidências precisam olhar com muito mais cuidado para os diferentes tipos de evidência que entram de forma legítima nas deliberações educacionais em níveis de política e prática profissional. Noções como deliberação, conhecimento pessoal e prático, bem como os diferentes tipos de evidências que entram no discurso educacional devem ser examinadas com cuidado. É importante explorar o que significa "sistemático" dentro desses diferentes tipos de apelo à evidência. Em segundo, apesar da natureza um tanto eclética do discurso educacional, há lições a ser aprendidas a partir da insistência dos defensores das políticas e práticas baseadas em evidências para a busca mais rigorosa de evidências. Há a tentativa constante de sintetizar e conciliar os diferentes resultados de pesquisa, a busca da conexão lógica entre conclusões tiradas de diferentes tipos de pesquisa, a estimativa do grau de confiabilidade da pesquisa para futuras políticas e práticas, a avaliação das conclusões à luz dos dados e da metodologia relatados explicitamente, o relato da pesquisa de maneira clara e direcionada. Em terceiro, o contexto político e muitas vezes altamente carregado da pesquisa educacional (refletido de forma tão intensa no artigo de Gallagher) precisa ser reconhecido. Não se pode afastá-lo só por que se quer. Esse contexto político invade não apenas as próprias políticas e práticas, mas também as diferentes posições políticas de diferentes tipos de pesquisa. Independentemente de quão pura e sistemática a pesquisa devesse ser em termos ideais, ela nunca o será. Slavin reconhece a forma como "as modas educacionais e políticas" afetam a pesquisa, impedindo a objetividade científica que ele tem tanta ansiedade de promover. No entanto, seu próprio artigo, ao nos convencer de sua posição, não está desprovido de sua retórica política para apresentar seu argumento.

Referências

Altrichter, H., Posch, P.and Somekh, B. (1993) *Teachers Investigate Their Work: An Introduction to the Methods of Action Research.* London: Routledge.
Andrews, R. (2002a) A hard road to measure, *The Times Educational Supplement/ TES Online* 26 April: 16.
Andrews, R. (2002b) ICT's impact on literacy learning in English: where's the research?, *Staff and Educational Development International,* 6(1): 87-98.
Andrews, R. (ed.) (forthcoming) *The Impact of ICT on Literacy Education.* London: Routledge Falmer.
Andrews, R., Burn, A., Leach, J., Locke, T., Low, G. and Torgerson, C. (2002) *A Systematic Review of the Impact of Networked ICT on 5-16 year olds' Literacy in English,* (EPPI-Centre Review), in *Research Evidence in Education Library.* Issue 1. London: EPPI-Centre, Social Science Research Unit, Institute of Education, 106 pp.
Andrews, R. and Elbourne, D. (eds) (forthcoming) *Evidence-based Education* (series). London: RoutledgeFalmer.
Anon (1995a) Evidence-Based Everything, *Bandolier,* 12: 1.
Anon (1995b) Evidence based medicine; in its place [editorial], *Lancet,* 346: 785.
Armstrong, E. (1999) The well-built clinical question: the key to finding the best evidence efficiently, *Wis Med J,* 98: 25-28.
Askew, M., Brown, M., Rhodes, V., Johnson D. and Wiliam, D. (1997) Effective teachers of numeracy, final report: report of the study carried out for the Teacher Training Agency 1995-1996 by the School of Education, King's College London. London: King's College.
Aucoin, P.(1990) Administrative reform in public management: paradigms, principles, paradoxes and pendulums, *Governance,* 3(2): 115-37.
Avis, J., Bloomer, M., Esland, G., Gleeson, D. and Hodkinson, P.(1996) *Knowledge and Nationhood: Education, Politics and Work.* London: Cassell.
Balint, M. (1957) *The Doctor, His Patient and the Illness.* London: Pitman.
Barton, S. (2000) Which clinical studies provide the best evidence?, *British Medical Journal,* 321: 255-256.
Barton, S. (2001) Using Clinical Evidence (letter), *British Medical Journal,* 323: 165.
Bates, R. (2002) The impact of educational research: alternative methodologies and conclusions, *Research Papers in Education,* 17: 403-408.

Batstone, G. and Edwards, M. (1996) Achieving clinical effectiveness: just another initiative or a real change in working practice?, *Journal of Clinical Effectiveness,* 1: 19-21.

Beach, L.R. and Lipshitz, R. (1993) Why classical decision theory is an inappropriate standard for evaluating and aiding most human decision making, in G.A. Klein et al. *Decision Making in Action: Models and Methods.* Norwood, NJ: Ablex.

BERA, (2001) Evidence based practice. Symposium at the British Educational Research Association annual conference. Leeds: University of Leeds.

Bernardo, J.M. and Smith, A.F.M. (1994) *Bayesian Theory.* London: John Wiley and Sons.

Bernstein, R. (1983) *Beyond Objectivism and Relativism.* Philadelphia: University of Pennsylvania Press.

Bero, L.A., Grilli, R., Grimshaw, J.M., Harvey, E., Oxman, D., Thomson, M.A. (1998) Getting research findings into practice: Closing the gap between research and practice: an overview of systematic reviews of interventions to promote the implementation of research findings, *British Medical Journal,* 317: 465-468.

Billett, S. (1998) Constructing vocational knowledge: situations and other social sources, *Journal of Education and Work,* 11(3): 255-273.

Black, P.and Wiliam, D. (1998) Inside the black box: raising standards through classroom assessment. London: School of Education, King's College.

Blaser, M.J. (1996) The bacteria behind ulcers, *Scientific American,* 274(2): 92-98.

Bloom, B.S. et al. (1956) *Taxonomy of Educational Objectives: 1 Cognitive Domain.* Longmans: London.

Bloom, B.S. (1971) Mastery Learning, in J.H. Block, *Mastery Learning: Theory and Practice.* Holt, Rinehart and Winston: New York.

Bloomer, M. (1997) *Curriculum Making in Post-16 Education: the Social Conditions of Studentship.* London: Routledge.

Bloomer, M. and Hodkinson, P.(2000) Learning Careers: Continuity and Change in Young People's Dispositions to Learning, *British Journal of Educational Studies,* 26(5): 583-598.

Blunkett, D. (1999) Secretary of State's address to the annual conference of the Confederation of British Industry.

Blunkett, D. (2000) Influence or irrelevance: can social science improve government? (speech to the Economic and Social Research Council, 2 February), *Research Intelligence,* 71: 12-21.

Boston Medical and Surgical Journal (1909) The reporting of unsuccessful cases. Editorial, 19 August 1909. From James Lind Library www.jameslindlibrary.org

Boud, D. (1998) How can university work-based courses contribute to lifelong learning?, in J. Holford, P.Jarvis, P.Griffin and C. Griffin (eds) *International Perspectives on Lifelong Learning.* London: Kogan Page.

Brantlinger, E. (1997) Using ideology: Cases of nonrecognition of the politics of research and practice in special education, *Review of Educational Research,* 67(4): 425-59.

Britten, N., Campbell, R.F., Pope, C., Donovan, J., Morgan, M. and Pill, R. (2002). Using meta-ethnography to synthesize qualitative research: a worked example, *Journal of Health Services Research and* Policy, 7(4): 209-15.

Brown, A. and Keep, E. (1999) *Review of Vocational Education and Training Research in the United Kingdom.* Luxembourg: Office for Official Publications of the European Communities.

Budge, D. (1998) Welcome to the new age of research, *Times Educational Supplement,* 13 November.

Bunn, F., Lefebvre, C., Li Wan Po, A., Li, L., Roberts, I. and Schierhout, G. (2000) Human albumin solution for resuscitation and volume expansion in critically ill patients. The Albumin Reviewers, *Cochrane Database Systematic Review,* (2) CD001208.

Buntic, C.G. (2000) Can teaching be a research-based profession?, Unpublished M. Litt. thesis. Oxford: University of Oxford.
Burnham, J. (1941) *The Managerial Revolution.* Harmondsworth: Penguin. Burrows, P.Gravestock, N., McKinley, R.K., Fraser, R.C., Baker, R., Mason, R., Zouita, L., Ayers, B. (2001) Assessing clinical competence and revalidation of clinicians, *British Medical Journal,* 322: 1600-1.
Cabinet Office (1999) *Modernising Government.* London: The Stationery Office.
Cabinet Office (2003a) What Do We Already Know? - Guidance Notes on Systematic Reviews, in *The Magenta Book: A Guide to Policy Evaluation,* Cabinet Office, www.policyhub.gov.uk.
Cabinet Office (2003b) The Quality of Qualitative Evaluation, Report undertaken by the National Centre for Social Research for the UK Cabinet Office.
Campbell, D.T. (1978) Qualitative Knowing in Action Research, in Brenner, P., Marsh, P., and Brenner, M. (eds) *The Social Context of Method,* London: Croom Helm.
Campbell, D.T. (1999a) The Experimenting Society, in D.T. Campbell, and Russo M. Jean (eds) *Social Experimentation.* Thousand Oaks: Sage Publications.
Campbell, D.T. (1999b) An Inventory to Threat to Validity and Alternative Designs to Control Them, in D.T. Campbell and Russo M. Jean (eds) *Social Experimentation.* Thousand Oaks: Sage Publications.
Campbell, D.T. (1999c) Sociology of Applied Scientific Validity, in D.T. Campbell, and Russo M. Jean (eds) *Social Experimentation.* Thousand Oaks: Sage Publications.
Campbell, R., Pound, P., Pope, C., Britten, N., Pill, R., Morgan, M. and Donovan, J. (2002) Evaluating meta-ethnography: a synthesis of qualitative research on lay experiences of diabetes and diabetes care, *Social Science and Medicine,* 56(4): 671-84.
Carnine, D. (1999) Campaigns for moving research into practice, *Remedial and Special Education,* 20(1): 2-6, 35.
Carr, W. and Kemmis, S. (1986) *Becoming Critical: Education, Knowledge and Action Research.* Lewes: Falmer.
Carter, Y.H., Shaw, S. and Macfarlane, F. (2002) Primary Care Research Team Assessment (PCRTA): development and evaluation. London, Royal College of General Practitioners: 1-72.
Chalmers, I. (2001) Invalid health information is potentially lethal, *British Medical Journal,* 322: 998.
Chalmers, I. (2003) Trying to do more good than harm in policy and practice: the role of rigorous, transparent, up to date, replica, ble evaluation. Paper commissioned for the Annals of the American Academy of Political and Social Science.
Chalmers, I., Hedges, L. V. and Cooper, H. (2002) A brief history of research synthesis. *Evaluation and the Health professions,* 25(1): 12-37.
Chandler, A. (1977) *The Visible Hand.* Cambridge, MA: Harvard University Press.
Chandler, A., with Takashi Hikino (1990) *Scale and Scope:* The *Dynamics of Industrial Capitalism.* Cambridge, MA: Harvard University Press.
Chapman, J. (2002) *System Failure: Why Governments Must Learn* to *Think Differently.* London: DEMOS.
Chisholm, R. (1973) *The Problem of Criteria.* Milwaukee, WI: Marquette University Press.
Cibulka, J., Coursey, S., Nakayama, M. Price, J. and Stewart, S. (2000) The creation of high-performance schools through organizational and individual learning. Part I: Schools as learning organisations: a review of the literature. Washington: Office of Educational Research and Improvement, US Department of Education.
Clarke, J. and Newman, J. (1997) *The Managerial. State,* London: Sage.
Coady, C.A.J. (1992) *Testimony: a Philosophical Study.* Oxford: Clarendon Press.

Cochrane Collaboration (2003) http:l/www.cochrane.org/cochrane/archieco.htm
Cochrane, A. (1972) *Effectiveness* and *Efficiency. Random Reflections on Health Services.* London: Nuffield Provincial Hospitals Trust.
Cochrane, A. (1989) Foreword, in I. Chalmers, M. Enkin and M. Keirse (eds) *Effective Care in Pregnancy and Childbirth.* Oxford: Oxford University Press.
Cohen, J. (1994) The Earth is round (pc.05), *American Psychologist,* 49(12): 997-1003.
Coles, G. (2002) *Reading the Naked Truth: Literacy, Legislation and Lies.* Boston: Heinemann.
Colley, H. and Hodkinson, P.(2001) The problem with 'Bridging the Gap': the reversal of structure and agency in addressing social exclusion, *Critical Social Policy,* 21(3): 335-359.
Commission on the Social Sciences (2003) *Great Expectations: The Social Sciences in Britain.* London: Academy of Learned Societies for the Social Sciences and at www.the-academy.org.uk/
Connolly, T. and Wagner, W.G. (1988) Decision cycles, in R.L. Cardy, S.M. Puffer and M.M. Newman (eds) *Advances in Information Processing in Organisations,* Vol. 3, pp. 183-205. Greenwich, CT; JAI Press.
Cook, T.D., Cooper, H., Cordray, D.S., Hartmann, H., Light, R.,J., Louis, T.A. and Mosteller, F. (1992) *Meta-Analysis for Explanation.* New York: Russell Sage Foundation.
Cooper, H. (1982) Scientific principles for undertaking integrative research reviews, *Journal of Educational Research,* 52: 291-302.
Cooper, H. and Hedges, L.V. (eds) (1994) *The Handbook of Research Synthesis,* New York: Russell Sage Foundation.
Cooper, H., DecNeve, K., and Charlton, K. (1997) Finding the Missing Science: The case for using institutional review boards as prospective registers of psychological research, *Psychological Methods,* 2: 447-52.
Cordingley, P.(2000a) Teacher Perspectives on the Credibility and Usability of Different Kinds of Evidence, Paper presented to the British Educational Research Association Annual Conference, Cardiff.
Cordingley, P.(2000b) Teacher Perspectives on the Accessibility and Usability of Research Outputs, Paper with the National Teacher Research Panel to the BERA 2000 conference. London: TTA.
Cordingley, P.and Bell, M. (2001) *Literature* and *Evidence. Search: Teachers' Use of Research and Evidence as They Learn to Teach and Improve their Teaching.* London: TTA.
Cordingley, P., Bell, M., Curtis, A., Evans, D., Hughes, S. and Shreeve, A. (2002) Bringing research resources to practitioner users via web technology: lessons learned to date. Paper presented at the British Educational Research Association Annual Confe-rence. Coventry: Centre for the Use of Research and Evidence in Education (CURE).
Crombie, 1. (1996) *The Pocket Guide to Critical* Appraisal. London: *British Medical Journal* Publishing Group.
Cronbach, L.J. (1975) Beyond the two disciplines of scientific psychology, *American Psychologist,* 30: 116-27.
David. PA. (2002) Public dimensions of the knowledge-driven economy. A brief introduction to the OECD/OERI project. Paper presented at the Knowledge Management in Education and Learning Forum, Oxford, March 2002.
Davies. H.T.O., Nutley, S.M., Smith, R.C. (eds) (2000) *What Works? Evidence-based Policy and Practice in the Public Services.* Bristol: Policy Press.
Davies, P.(1999) What is evidence-based education?, *British Journal of Educational* Studies, 47(2): 108-21.
Davies, P.(2000a) The relevance of systematic reviews to educational policy and practice, *Oxford Review of Education,* 26(3/4): 365-78.

Davies, P.(2000b) Contributions from qualitative research, in Davies, H.T.O. *et al.* (eds) *What Works? Evidence-based Policy and Practice in the Public Services.* Bristol: Policy Press.
Davies, P.(2003) Systematic reviews: how are they different from what we already do?, in L. Anderson and N. Bennett (eds) *Developing Educational Leadership for Policy and Practice.* London: Sage.
Davis, D.A., Thomson, MA., Oxman, A.D. and Haynes, R.B. (1992) Evidence for the effectiveness of CME. A review of 50 randomized controlled trials, *Journal of the American Medical Association,* 268: 1111-17.
Davis. D. A., Thomson, M.A., Oxman. A.D., Haynes, (1995) Changing physician performance. A systematic review of the effect of continuing medical education strategies, *Journal of the American Medical Association,* 274: 700-5.
De Bruyn Ouboter, R. (1997) Heike Kamerlingh Onnes's discovery of super-conductivity, *Scientific American,* 276(3): 84-9.
Decks, J.J., Altman, D.G. and Bradburn, M.J., (2001) Statistical methods for examining heterogeneity and combining results from several studies in meta-analysis, in M. Egger, G. Davey Smith, and D.G. Altman (eds) *Systematic Reviews in Health Care: Meta-Analysis* in *Context.* London: *British Medical Journal* Publishing Group.
Delamont, S. (1976) *Interaction in the Classroom.* London: Methuen.
Department of Education, Training and Youth Affairs (DETYA) (2001) *Educational Research: In Whose Interests,* Higher Education Series, Report no 39. Australia.
Department of Trade and Industry (dti) (2000) *Foresight: Making the Future Work for You: Information, Communications and Media (ICM) Panel,* London: dti Publications or www.foresight.gov.uk
Derrida, J. (1978) *Writing and Difference.* London: Routledge and Kegan Paul.
Desforges, C. (2000a) Knowledge Transformation. Paper presented to the ESRC Teaching and Learning Research Programme Seminar, Leicester University, November.
Desforges. C. (2000b) *Familiar Challenges and New Approaches: Necessary Advances in Theory and Methods in Research on Teaching and Learning,* The Desmond Nuttall/Carfax Memorial Lecture, BERA, Cardiff. Southwell: BERA.
Desforges. C. (2003) Evidence-informed practice in teaching and learning, in L. Anderson and N. Bennett (eds.) *Developing Educational Leadership: Using Evidence for Policy and Practice.* London: Sage.
Devine, RR, Lee, N., Jones, R.M. and Tyson, W.J. (1985) *An Introduction to Industrial Economics.* London: Unwin Hyman.
Dickersin, K. and Manheiner, E. (1998) The Cochrane Collaboration: Evaluation of health care and services using systematic reviews of the results of randomized controlled trials, *Clinical Obstetrics and Gynecology,* 41: 315–31.
Dillon, S. (1994) A class apart: Special education soaks up New York's resources, *The New York* Times,7 April: A 16.
Downie, R. and Maenaughton, J. (2000) *Clinical Judgement-evidence in Practice.* Oxford: Oxford University Press.
du Boulay, C. (2000) From CME to CPD: getting better at getting better?, *British Medical Journal,* 320: 393-4.
Dweck, C. (1989) Motivation, in A. Lesgold and R. Glaser (eds) *Foundations for a Psychology of Education.* Hillsdale, New Jersey: Erlbaum.
Dyson, A. and Desforges. C. (2002) Building research capacity: some possible lines of action. Paper commissioned by the National Education Research Forum at www.nerf-uk.org
Dyson, F. (1997) *Imagined Worlds.* Cambridge, MA: Harvard University Press. Earley. P.(ed.) (1998) *School improvement After Inspection? School and LEA Responses.* London: Paul Chapman.

Ebburt, D. and Elliott, J. (eds) (1985) Issues in Teaching for Understanding, Longmans/Schools Curriculum Development Committee (SCDC).

Edwards, A. and Elwyn G. (2001) *Evidence-based Patient* Choice – *Inevitable or Impossible*. Oxford: Oxford University Press.

Edwards, W. (1954) The theory of decision making, *Psychological Bulletin*, 51: 380-417.

Egger, M. Davey Smith, G. and Altman, D.G. (eds) (2001) *Systematic Reviews in Health Care: Meta-Analysis in Context*. London: British Medical Journal Publishing Group.

Elbourne, D., Torgerseon, C., Rees, R. and Andrews. R. (2002) *Quality Assurance in Systematic Reviews in Education: Experience from a New Review Group and From the Review Coordinating Centre*, 4th Symposium on Systematic Reviews: Pushing the Boundaries, University of Oxford, July 2002.

Elliott. J. (1978) Classroom Research: Science or Commonsense, in R. McAleese and D. Hamilton (eds) *Understanding Classroom Life*. Slough: NFER Publishing Company.

Elliott, J. (1988) The State v Education: The Challenge for Teachers, in H. Simons. (ed.) *The National Curriculum*, British Educational Research Association, pp. 46-62.

Elliott, J. (1989) *Teacher Evaluation and Teaching as a Moral Science*, in M. Holly and C.S. McLoughlin (eds) *Perspectives on Teacher Professional Development*, Falmer Press: London.

Elliott, J. (1991) *Action Research for educational Change*. Milton Keynes and Philadelphia: Open University Press.

Elliott, J. (1994) Research on Teachers' Knowledge and Action Research, *Educational Action* Research, 2(1): 133-7.

Elliott, J. (1998) *The Curriculum Experiment*: *Meeting the Challenge of Social Change,* Milton Keynes: Open University Press.

Elliott, J. (2000) Revising the National Curriculum: a comment on the Secretary of State's proposals, *Journal of Education Policy*, 15: 2.

Elliott, J. (2001) Making evidence based practice educational. *British Education Research Journal*, 27(5): 555–74.

Elliott, J. (2002) What is Applied Research in Education?, *Building Research Capacity*, Issue 3, July, 7–10.

Elliott, J. and Adelman, C. (eds) (1974) Ford Teaching Project Publications, CARE. Norwich: University of East Anglia.

Elliott, J. and MacDonald, B. (eds) (1975) People in Classrooms, CARE Occasional Publications No. 2, Norwich: University of East Anglia.

Elliott. J., MacLure, M. and Sadand, C. (1996) Teachers as Researchers in the context of award hearing courses and research degrees: Final Report to ESRC. Norwich: Centre for Applied Research in Education, University of East Anglia.

Ellis, J., Mulligan. L., Rower, J. and Sackett, D. (1995) Inpatient general medicine is evidence based, *Lancet*, 346: 407–10.

Ely, J.W., Osheroff, J.A., Ebell, M.A., Chambliss. L.A., Vinson, D.C., Stevermer, J.J. and Pifer, E.A. (2002) Obstacles to answering doctors' questions about patient care wills evidence: qualitative study, *British Medical Journal*. 324: 710.

Engestrom, Y. (2001) Expansive Learning at Work: towards an activity-theoretical rcconceptualisation, *Journal of Education and Work*, 14(1): 133-56.

Eraut, M. (2000) Non-formal learning and tacit knowledge in professional work, *British Journal of Educational Psychology*, 70: 113–36

Eraut, M. (2003) Transfer of knowledge between education and workplace settings, in H. Rainbird, A. Fuller and A. Munro (eds) *Workplace Learning* in *Context*. London: Rotnledge.

Eraut, M. and Du Boulay, B. (2000) Developing the Attributes of Medical Professional Judgement and Competence, Report to the UK Department of Health.

Eraut, M., Alderson, J., Cole, G. and Senker, P.(1998) Learning from other people at work, in F. Coffield (ed.) *Learning at Work*. Bristol: Policy Press.
Eraut, M., Alderson, J., Cole, G. and Senker, P.(2000) Development of knowledge and skills at work, in F. Coffield (ed.) *Differing Visions of a Learning Society*. Bristol: Policy Press, p.231–62.
Erikson, F. and Gutierrez, K. (2002) Culture, rigor, and science in educational research, *Educational Researcher,* 31(8): 21-4.
Essex County Council (2003) *The Research Engaged* School, FLARE, Forum for Learning and Research Enquiry, Chelmsford: Essex County Council.
Evans, J. and Benefield, P.(2001) Systematic Reviews of Educational research: does the medical model fit?. *British Educational Research Journal,* 27(5): 527-41.
Eve, R. (2000) Learning with PUNs and DENs a method for determining educational needs and the evaluation of its use in primary care. *Education for General Practice,* (11): 73-9.
Fenstermacher, G. (1986) The Philosophy of Research on Teaching: Three Aspects, in M. Wittrock (ed.) *Handbook of Research on Education* (3rd edition). New York: Macmillan.
Ferlie, E., Ashburner, L., Fitzgerald, L. and Pettigrew, A. (1996) *The New Public Management in Action,* Oxford: Oxford University Press.
Feur, M., Towne, L. and Shavelson, R.J. (2002) Scientific culture and educational research *Educational Researcher,* 31(8): 4-14.
Feyerabend, P.(1993) Against *Method* (3rd edition). London: Verso/New Left Books.
Figgis. J., Zubrick, A., Butorac, A. and Alderson. A. (2000) Backtracking practice and policies to research, in Department of Education, Training and Youth Affairs, Australia, *The Impact of Educational Research,* pp. 279-373. (Available at: http://www.dest.gov.au/highered/respubs/impact/pdf/impact.pdf)
Flanagin, A., Carey, L.A., Fontanarosa, P.B., Phillips, S.G., Pace, B.P., Lundberg, D. and Rennie, D. (1998) Prevalence of articles with honorary authors and ghost authors in peer-reviewed medical journals, *Journal of the American Medical Association,* 280(3): 222-5.
Foray, D. and Hargreaves, D. (2002) The development of knowledge of different sectors: a model and some hypotheses. Paper presented at the Knowledge Management in Education and Learning Forum, Oxford, March 2002.
Ford Teaching Project (1974) *Implementing the Principles of Inquiry/Discovery Teaching, Ford Teaching Project Publications.* Norwich: University of East Anglia.
Forness, S.R., Kavale, K.A., Blunt I.M. and Lloyd, J.W. (1997) Mega-analysis of meta-analysis: What works in special education and related services, *Teaching Exceptional Children,* 29(6): 4-9.
Fowler, P.B.S. (1995) Letter, *Lancet,* 346: 838.
Freeman, A. and Sweeney K. (2001) Why general practitioners do not implement evidence: qualitative study, *British Medical Journal,* 323: 1100.
Fuchs, D. and Fuchs, L.S. (1995a) What's 'special' about special education?, *Phi Delta Kap pan.* 76(7): 522-30.
Fuchs, D. and Fuchs, L.S. (1995b) Special education can work, in J.M. Kauffman, J.W. Lloyd, D.P. Hallahan and T.A. Astuto (eds) *Issues in Educational Placement: Students with Emotional and Behavioral Disorders.* Hillsdale, NJ: Lawrence Erlbaum Associates, pp. 363-77.
Fuchs, D. and Fuchs, L.S. (1995c) Counterpoint: Special education – ineffective?, immoral?, *Exceptional Children,* 61(3): 303-6.
Fuchs, D. and Fuchs, L.S. (2001) Editorial: The benefits and costs of like-mindedness, *The Journal of Special Education,* 35(1): 2-3.
Furlong, J. (1998) Educational Research: Meeting the Challenge. Inaugural lecture, University of Bristol.

Gadamer, H. (1995) *Truth and Method,* trans J. Weinsheimer and D. Marshall. New York: Crossroad.
Gage, N.L. (1972) *Teacher Effectiveness and Teacher Education: The Search for a Scientific Basis,* Palo Alto. CA: Pacific Books.
Galton, M. (2002) *The Role of Steerers in the Teacher Research Grant Scheme.* London: TTA.
Garfunkel, J.M., Ulshen, M,H., Hamrick, H.J. and Lawson, E.E. (1990) Problems identified by secondary review of accepted manuscripts, *Journal of the American Medical Association,* 263: 1369-71.
Gersten, R., Baker, S. and Lloyd, J.W. (2000) Designing high-quality research in special education: Group experimental design, *The Journal of Special Education,* 34(1): 2-18.
Gibbons, M., Limoges, C., Nowotny, H., Schwartzman, S., Scott, P.and Trow, M. (1994) *The New Production of Knowledge.* London: Sage.
Giddens, A. (1976) *New Rules of the Sociological Method.* London: Hutchinson.
Gillborn, D. and Gipps, C. (1996) *Recent Research on the Achievements of Ethnic Minority Children.* London: Office for Standards in Education, MSO.
Glass, G.V. (1976) Primary, secondary and mesa-analysis of research, *Educational Researcher,* 5: 3-8.
Glass, G.V. and Smith. M.L. (1979) Meta-analysis of research on class size and achievement, *Educational Evaluation and Policy Analysis,* 1:2-16.
Glass, G.V., McGraw, B. and Smith, M.L. (1981) *Meta-Analysis in Social Research.* Beverly Hills: Sage.
Glass, G.V., Cahen, L.S., Smith, M.L. and Filby, N.N. (1982) *School Class Size: Research and Policy,* Beverly Hills: Sage Publications.
Glasziou, P.and Irwig, L. (1995) An evidence based approach to individualising treatment, *British Medical Journal,* 311: 1356-9.
GMC and Department of Health (2002) The guide to appraisal and revalidation – The Toolkit.
Godlee, F., Gale, C. and Martini, C.N. (1998) Effect on the quality of peer review of blinding reviewers and asking them to sign their reports, *Journal of the American Medical Association,* 280(3): 237-40.
Goldstein. H. (2000) Excellence in research on schools – a commentary at www.ioe.ac.uk/goldstein
Goldstein, H. (2002) Designing social research for the 21st Century. Inaugural professorial address, University of Bristol. 14 October.
Goodman, N. (1978) *Ways of Worldmaking.* Indianapolis, IN: Hackett Books,
Gough D. and Elbourne, D. (2002) Systematic research synthesis to inform policy, practice and democratic debate, *Social Policy and Society.* 1(3):. 225-36.
Gough, D.A., Kiwan, D., Sutcliffe, S., Simpson, D. and Houghton. N. (2003) A systematic map and synthesis review of the effectiveness of personal development planning for improving student learning. London: EPPI-Centre, Social Science Research Unit.
Grahame-Smith, D. (1995) Evidence based medicine: Socratic dissent, *British Medical Journal,* 310: 1126-7.
Grant. J. (2002) Learning needs assessment: assessing the need, *British Medical Journal,* 324: 156-9.
Gray, J.A.M. (1997) *Evidence-Based Healthcare: How to Make Health Policy and Management Decisions.* London: Churchill Livingstone.
Grayson, L. (2002) *Working Paper 7: Evidence Based Policy and the Quality of Evidence: Rethinking Peer Review.* London: ESRC UK Centre for Evidence Based Policy and Practice.

Greenhalgh, T. (1997) *How to Read a Paper: The Basics of Evidence-based Medicine*, London: *British Medical Journal* Publishing Group.
Greenhalgh, T. (2000) What can we learn from narratives of implementing evidence? (Commentary), *British Medical Journal*, 320:1114-I8.
Guyatt, G.H., Meade, M.O., Jaeschke, R.Z., Cook, D.J., Haynes, R.R. (2000) Practitioners of evidence based care, *British Medical Journal* 320: 954-5.
Haas, C. (1996) *Writing Technology: Studies on the Materiality of Literacy*. Hillsdale, NJ: Lawrence Erlbaum Associates.
Hager, P.(2000) Knowledge that Works: Judgement and the University Curriculum, in C. Symes and J. McIntyre (eds) *Working Knowledge: The New Vocationalism and Higher Education*. Buckingham: SRHE/Open University Press.
Haines, A. and Donald, A. (1998) Making better use of research findings, *British Medical Journal*, 317: 72-5.
Hallahan, D.P. (1998) Sound bytes from special education reform rhetoric, *Remedial and Special Education*, 19(2): 67-9.
Hallahan, D.P., and Kauffman, I.M. (1997) *Exceptional Children: Introduction to Special Education* (7th Edition). Needham Heights, MA: Allyn and Bacon.
Hammersley, M. (1993) On the teacher as researcher, in M. Hammersley (ed.) *Educational Research: Current Issues*. London: Paul Chapman.
Hammersley, M. (1997) Educational research and teaching: a response to David Hargreaves' TTA lecture, *British Educational Research Journal*, 23(2): 141-61.
Hammersley, M. (2000) The sky is never blue for modernisers: the threat posed by David Blunket's offer of 'partnership' to social science, *Research Intelligence*, 72, June.
Hammersley, M. (2002a) On 'systematic' reviews of research literature: a 'narrative' response to Evans and Benefield, *British Educational Research Journal*, 27(5): 543-54.
Hammersley, M. (2002b) *Educational Research, Policy-making, and Practice*. London: Paul Chapman.
Hammersley, M. (2003) Media representation of social and educational research: the case of a review of ethnic minority education, *British Educational Research Journal*, 29(3): 327-344.
Hampton, J.R. (1997) Evidence-based medicine, practice variations and clinical freedom, *Journal of Evaluation in Clinical* Practice, 3(2): 123—31.
Hanson, N. (1958) *Patterns of Discovery*. Cambridge: Cambridge University Press.
Harden, A. (2002) Choosing appropriate criteria for assessing the quality of 'qualitative' research for inclusion in systematic reviews: a review of the published literature. Poster presented at the 1st Campbell Collaboration Methods Group Conference, Baltimore, 17 to 19 September.
Harden, A., Oliver, S., Rees, R., Shepherd, J., Brunton, G., Garcia, J. and Oakley, A. (2003) A new framework for synthesising the findings of different types of research for public policy. Paper presented at the 3rd Campbell Colloquium. Stockholm, February.
Hargreaves, D. (1996) Teaching as a Research-based Profession: possibilities and prospects, The Teacher Training Agency Annual Lecture, London, TTA.
Hargreaves, D. (1997) In Defence of Research for Evidence-based Teaching: a rejoinder to Martyn Hammersley, *British Educational Research Journal*, 23(4).
Hargreaves, D. (1998) The Knowledge Crealing School. Paper presented to the British Educational Research Association Annual Conference, Belfast.
Hargreaves, D. (1999a) The knowledge-creating school, *British Journal of Educational Studies*, 47(2): 122-44.
Hargreaves, D. (1999b) Revitalizing Educational Research: lessons from the past and proposals for the future, *Cambridge Journal of Education*, 29(2).

Hargreaves, D. (2003) From Improvement to Transformation. Keynote lecture, International Congress for School Effectiveness and Improvement, Sydney, Australia, 5 January.

Havelock, R. (1973) *Planning for Innovation Through Dissemination and Utilization of Knowledge Centre for Research on Utilization of Scientific Knowledge*. Ann Arbor: Michigan.

Haynes, R. and Haines, A. (1998) Barriers and bridges in evidence based clinical practice, *British Medical Journal*, 317: 273-6.

Haynes, R.B., Devereaux, P.J. and Guyattt, G.H. (2002) Physicians' and patients' choices in evidence based practice, *British Medical Journal*, 324: 1350.

Hearnshaw, L.S. (1979) *Cyril Burt: Psychologist*. London: Hodder and Stoughton.

Hedges, L.V. (1984) Estimation of effect size under nonrandom sampling: The effects of censoring studies yielding statistically insignificant mean differences, *Journal of Educational Statistics*, 6: 61-85.

Heshusius, L. (1989) The Newtonian mechanistic paradigm, special education, and contours of alternatives: an overview, *Journal of Learning Disabilities*, 22(7): 403-15.

Heshusius, L. (2003) *From Creative Discontent Toward Epistemological Freedom in Special Education: Reflections on a 25 Year Journey*, in D.J. Gallagher (ed.), *Challenging Orthodoxy in Special Education: Dissenting Voices*. Denver, CO: Love Publishing.

Hewison. J., Dowswell, T. and Millar, B. (2000) Changing patterns of training provision in the health service: an overview, in F. Coffield (ed.) *Differing Visions of a Learning Society*, Research Findings, Volume I. Bristol: Policy Press.

Hibble, A., Kanka, D., Pencheon, D. and Pooles. E. (1998) Guidelines in general practice: the new Tower of Babel?, *British Medical Journal*, 317: 862-3.

Higgins, S. and Moseley, D. (1999) Ways forward with ICT: effective pedagogy using information and communications techno ogy for literacy and numeracy in primary schools, Newcastle: University of Newcastle upon Tyne.

Hillage, J., Pearson, R., Anderson, A., and Tamkin, P.(1998) *Excellence in Research in Schools*. London: Department for Education and Employment/Institute of Employment Studies.

Hockenbury, J.C., Kauffman, J.M. and Hallahan, D.P. (1999-2000) What is right about special education, *Exceptionality*, 8(1):3-11.

Hodkinson, P.(2001) Response to the National Strategy Consultation Paper, for the National Educational Research Forum, *Research Intelligence*, 74, February.

Holton, G. (1995) The controversy over the end of science. *Scientific American*, 273(4): 168.

Honey, P.and Mumford, A. (1986) *Using Your Learning Styles*, 2nd edition. Maidenhead: Peter Honey.

Howard, G.S., Maxwell, S.E. and Fleming, K.J. (2000) The proof of the pudding: an illustration of the relative strengths of null hypothesis, meta-analysis, and Bayesian analysis, *Psychological Methods*, 5(3): 315-32.

Iano, R.P. (1986) The study and development of teaching: With implications for the advancement of special education, *Remedial and Special Education*, 7(5): 50-1.

Jackson, G.B. (1980) Methods for integrative reviews, *Review of Educational Research*, 50: 438-60.

Joyce, E. and Showers, B. (1988) *Student Achievement through Staff Development*. London: Longman.

Kamin, L.J. (1977) Burt's IQ data, *Science*, 195: 246–8.

Kauffman, J.M. (1994) Places of change: Special education's power and identity in an era of educational reform, *Journal of Learning Disabilities*, 27: 610-18.

Kauffman, J.M. (1996) Research to practice issues, *Behavioral Disorders*, (22): 55-60

Kauffman, J.M. (1999) Commentary: Today's special education and its message for tomorrow, *Journal of Special Education,* 32(4): 244–54.
Kauffman. J.M. (1999-2000) The special education story: Obituary, accident report, conversion experience, reincarnation, or none of the above?, *Exceptionality,* 8(1): 61-71.
Kavale, K.A. and Forness, S.R. (1998) The politics of learning disabilities, *Learning Disabilities Quarterly,* (21): 245-73.
Kerridge, I., Lowe, M. and Henry, D. (1998) Ethics and evidence based medicine, *British Medical Journal,* 316: 1151-3.
Klein, G.A. et al., (eds) (1993) *Decision-Making in Action, Models, and Methods.* Norwood, NJ: Ablex.
Kogan, M. (1999) The impact of research on policy, in F. Coffield (ed,) *Speaking Truth to Power: Research and Policy on Lifelong Learning.* Bristol: Policy Press.
Kolb, D.A. (1984) *Experiential Learning, Experience as the Source of Learning and Development.* New Jersey: Prentice Hall.
Kuhn, T. (1962) *The Structure of Scientific Revolutions.* Chicago, University of Chicago Press.
Kuhn, T. (1970) The Structure of Scientific Revolutions (2nd edition). Chicago: University of Chicago Press.
Kulik, J.A. and Kulik, C-L.C. (1989) Meta-analysis in education, *International Journal of Educational Research,* (13): 221-340.
Lagemann, E.C. (2000) *An Elusive Science: The Troubling History of Educational Research.* Chicago: Chicago University Press.
Laurance, J. (1998) Experts' 10 steps to health equality, *Independent:* 14.
Lave. J. and Wenger, E. (1991) *Situated Learning.* Cambridge: Cambridge University Press.
Leakey, L.B. and van Lawick, H. (1963) Adventures in the Search for Man, *National Geographic,* January: 132–52.
Levins, R. and Lewontin, R. (1985) *The Dialectical Biologist.* Cambridge, MA: Harvard University Press.
Light, R.J. and Pillemer D. (1984) Summing Up: *The Science of Reviewing Research*. Cambridge, MA: Harvard University Press.
Lilford, R.J., Pauker, S.G., Braunholtz, D.A. and Chard, J. (1998) Decision analysis and the implementation of research findings, *British Medical Journal,* 317: 405-9.
Lindblom, C. (1979) Still muddling, not yet through, *Public Administration Review,* 39: 517–26.
Lipman. T. and Price, D. (2000) Decision making, evidence, audit, and education: case study of and antibiotic prescribing in general practice, *British Medical Journal,* 320:1114-18.
Llewelyn, H. and Hopkins, A. (eds) (1993) Analysing how we reach decisions. London: Royal College of Physicians of London.
Lloyd, J.W., Forness, S.R. and Kavale, K.A. (1998) Some methods are more effective than others, *Intervention in School and Clinic,* 33(4): 195–200.
Louis, P.-C.-A. (1836/1986) *Researches on the Effects of Bloodletting in Some Inflammatory Diseases,* and on the Influence of Tartarized Antimony and Vesication in Pneumonitis. Boston: Hilliard Gray. Reprinted, Birmingham, AL: Classics of Medicine Library.
Lumley, M. (2000) *Performance, Pay and Professionals.* London: Philosophical Association of Great Britain.
Macdonald, G. (1996) Ice therapy? Why we need randomised controls, in Barnardos *What Works? Effective Social Interventions in Child Welfare.* Ilford: Essex, Barnardos.
MacIntyre. A. (1981) *After Virtue: A Study hr Moral Theory.* London: Duckworth.
Marris, R. (1971) The economic theory of 'managerial' capitalism, in G. Archibald (ed.) *The Theory of the Firm.* Harmondsworth: Penguin.

Matthews, R. (1998) 'Silly science', *Prospect,* December: 17-19.
Matthews, R. (2001) Methods for assessing the credibility of clinical trial outcomes, *Drug Info Journal*, 35 (4).
Mayne, J. and Zapico-Goni, E. (eds) (1997) *Monitoring Performance in the Public Sector.* New Brunswick: Transaction Books.
Mays, N. and Pope, C. (2000) Assessing quality in qualitative research, *British Medical Journal,* 320: 50-2.
McCall Smith, A. (2001) Obtaining consent for examination and treatment, *British Medical Journal,* 322:810-11.
McIntyre, D. (1997) The profession of educational research, *British Educational Research Journal,* Vol. 23(2): 127-40.
McIntyre, D. and McIntyre A. (1999) *Capacity for Research into Teaching and Learning,* Final Report to ESRC Teaching and Learning Programme, Cambridge: School of Education, University of Cambridge.
McMaster University, Evidence-Based Medicine Working Group (1992) Evidence – based medicine, a new approach to teaching the practice of medicine, *Journal of the American Medical Association,* 268 (17): 2420-5.
McNutt, R.A., Evans, A.T., Fletcher, R.H. and Fletcher, S.W. (1990) The effects of blinding on the quality of peer review, *Journal of the American Medical Association,* 263(10):1371-6.
McSherry, R., Simmons, M. and Abbott, P.(eds) *Evidence-Informed Nursing: A Guide for Clinical Nurses.* London: Routledge.
Medawar, P.(1982) *Pluto's Republic.* Oxford: Oxford University Press,
Medwell, J. Wray, D., Poulson, L. and Fox, R. (1998) Effective teachers of literacy: a report of a research project commissioned by the Teacher Training Agency. Exeter: University of Exeter.
Misakian, A.L. and Bero. L.A. (1998) Publication bias and research on passive smoking, *Journal of the American Medical Association,* 280(3): 250-3.
Morton, S. (1999) Systematic Reviews and Meta-Analysis, Workshop materials on Evidence-Based Health Care, University of California. San Diego, La Jolla: California, Extended Studies and Public Programs.
Mostert, M.P., and Kavale, K. (2001) Evaluation of research for usable knowledge in behavioral disorders: ignoring the irrelevant, considering the germane, *Behavioral Disorders;* 27(1): 53-68.
Moynihan. R., Heath, I. and Henry D. (2002) Selling sickness: the pharmaceutical industry and disease mongering, *British Medical Journal,* 324: 886-91.
Muir Gray, J.A. (1998) Where's the chief knowledge officer?, *British Medical Journal*, 317: 832-40.
Nagel, T. (1986) *The View from Nowhere.* Oxford: Oxford University Press.
Nastasi, B. and Schensul, S. (2001) Criteria for coding the use of qualitative research methods in studies, interventions and programs (Qualitative research coding criteria section of the procedural and coding manual for identification of evidence-based interventions), American Psychological Association and Society for the Study of School Psychology.
National College of School Leadership (2002) *Networked Learning Commnities.* Nottingham: NCSL.
National Educational Research Forum (NERF) (2000a) *A National Strategy Consultation Paper,* Nottingham: NERF Publications.
National Educational Research Forum (NERF) (2000b) *The Impact of Educational Research on Policy and Practice*, Sub-group report, London: NERF' and at www.nerf-uk.org.
National Institute of Child Health and Human Development (2000) Report of the National Reading Panel. Teaching Children to Read: An Evidence Based Assessment of the Scientific

Research Literature of Reading and its Implications for Reading Instruction. Washington DC: US Government Printing Office.

Newman, M., Hayes, N. and Sugden, M. (2001) Evidence-based practice: a framework for the role of lecture-practitioner, *Clinical Effectiveness in Nursing,* 5: 26-9.

Nicoll, A. (ed.) (2000) *Chapman's Homer: The Odyssey* (with preface by Garry Wills). Princeton: Princeton University Press, 208-24.

Noblit, G.W. and Hare, R.U. (1988) *Meta-Ethnography: Synthesizing Qualitative Studies.* Newbury Park: Sage Publications.

Noblit C. and Hare R. (1988) *Meta-Ethnography: Synthesizing Qualitative Studies.* London: Sage.

Norris, C. (1987) *Derrida.* London: Fontana.

Norris, N. (1990) *Understanding Educational Evaluation.* London: Kogan Page.

Nove, A. (1980) *The Soviet Economic System,* 2nd edition. London: Allen and Unwin.

NTRP (2000) Teacher perspectives on the accessibility and usability of research outputs: a paper prepared by Philippa Cordingley and the National Teacher Research Panel to the BERA 2000 Conference. Cardiff University: 7-9 September.

Nutley, S,, Davies, H.T. and Walter, I. (2002) What is a Conceptual Synthesis? ESRC Research Unit on Research Utilisation: (www.evidencenetwork.org).

Nutley, S., Percey-Smith, J. and Solesbury, W. (2003) *Models of Research Impact: A Cross-Sector Review of Literature and Practice.* London: Learning and Skills Research Centre.

O'Neill, O. (2002) *A Question of Trust.* London: BBC Publications.

Oakeshott, M. (1962) *Rationalism in Politics, and Other Essays.* London: Methuen.

Oakeshott, M. (1967) Learning and teaching, in R.S. Peters (ed.) *The Concept of Education,* pp. 156-76. London: Routledge and Kegan Paul.

Oakley, A. (1998) Public policy experimentation: lessons from America, *Policy Studies,* 19 (2): 93-114.

Oakley, A. (2000) *Experiments in Knowing: Gender and Method in the Social Sciences.* Cambridge: Polity Press.

Oakley A. (2001) Making evidence-based practice education: a rejoinder to John Elliott, *British Educational Research Journal,* 27, 5: 575-6.

Oakley, A. (2002) Research evidence, knowledge management and educational practice: lessons for all? Paper for High-level Forum on Knowledge Management in Education and Learning. Oxford: 18-19 March.

Oakley, A., Gough, D. and Harden, A. (2002) Quality Standards for Systematic Synthesis of Qualitative Research, Research project, EPPI-Centre, Institute of Education, University of London.

Oakley, A., Haden, W. and Andrews, R. (2002) Systematic Reviews in Education: myth, rumour and reality, British Educational Research Association annual confe-rence, University of Exeter: September.

OECD (2002) *Educational Research and Development in England: Examiners' Report.* Paris: OECD.

Oliver, S. (1999) Users of health services: following their agenda, in S. Hood, B. Mayall and S. Oliver (eds) *Critical Issues in Social Research: Power and Prejudice.* Buckingham: Open University Press.

Oxman, A.D., Thomson, M.A., Davis, D.A. and Haynes, R.B. (1995) No magic bullets: a systematic review of 102 trials of interventions to improve professional practice, *Can Med Assoc J,* 153: 1423-31.

Parlett, M. and Hamilton, D. (1987) Evaluation as illumination: a new approach to the study of innovatory programmes, in: R. Murphy and H. Torrance (eds) *Evaluating Education: Issues and Methods.* London: PCP, pp. 57-73.

Paterson, B., Thorne, S., Canan C. and Jillings, C. (2001) *Meta-study of Qualitative Health Research: A Practical Guide to Meta-analysis and Meta-Synthesis*. London: Sage.

Pawson, R. (2002a) Evidence and policy and naming and shaming, *Policy Studies,* 23(3/4): 211-30.

Pawson, R. (2002b) Evidence-based policy: the promise of 'realist synthesis'. ESRC Evidence Network, Queen Mary College, London (www.evidencc network.org)

Pawson, R. and Tilley, N. (1997) *Realistic Evaluation*. London: Sage.

Peile, E. (2000) Is there an evidence base for intuition and empathy? The risks and benefits of inviting an older person to discuss unresolved loss, *Journal of Primary Care Research and Development* 1:73-9.

Peters, R.S. (1966) *Ethics and Education*. London: Allen and Unwin.

Peters, R.S. (1973) Aims of Education – A Conceptual Inquiry, in R.S. Peters (ed.) *The Philosophy of Education. Oxford Readings in Philosophy* Oxford University Press, Ch. 1, pp. 11-57.

Petrosino, A., Turpin-Petrosino, S. and Buehler, J. (2003) 'Scared straight-and other juvenile awareness programs for preventing juvenile delinquency. Cochrane Review, in the Cochrane Library Issue 1. Oxford: Update Software.

Polanyi, M. (1959) *Personal Knowledge*. Manchester: Manchester University Press,

Polanyi, M. (1966) *The Tacit Dimension*. Garden City, NY: Doubleday.

Polanyi, M. (1969) The logic of tacit inference, in M. Grene (ed.) *Knowing and Being: Essays by Michael Polanyi*. London: Routledge and Kegan Paul.

Pottin. C. (1990) *Managerialism and the Public Services*. Oxford: Blackwell.

Popay, J., Rogers, A. and Williams, G. (1998) Rationale and standards for the systematic review of qualitative literature in health services research, *Qualitative Health Research,* 8(3): 341-51.

Popay *et al.* (2002) Putting effectiveness into context: Methodological issues in the synthesis of evidence from diverse study designs.

Poplin, M.S. (1987) Self-imposed blindness: The scientific method in education, *Remedial and Special Education*. 8(6): 31-7.

Power, M. (1997) *The Audit Society: Rituals of Verification,* Oxford: Oxford University Press.

Pressley, M. and Harris, K.R. (1994) Increasing the quality of educational intervention research, *Educational Psychology Review,* 6: 191-208.

Pring, R. (2000) *Philosophy of Educational Research*. London: Continuum.

Pring, R. (2002) False dualisms: quantitative and qualitative research, *Journal of Philosophy of Education,* 34(3).

Putnam, H. (1981) *Reason, Truth, and History*. Cambridge: Cambridge University Press.

Relyea, H.C. (1999) Silencing scientists and scholars in other fields: power, paradigm controls, peer review, and scholarly communication, *Government Information Quarterly,* 16(2): 193-5.

Rennie, D. (1998) Editorial: Peer review in Prague, *Journal of the American Medical Association,* 280, 3: 214-15.

Reynolds, D. (1998) Teacher Effectiveness: better teachers, better schools, Teacher Raining Agency Annual Lecture, reprinted in *Research Intelligence,* 66: Oct. 26-9.

Ridgeway J., Zaojewski J.S. and Hoover M.N. (2000) Problematising evidence-based policy and practice. Evaluation and Research in Education, 14, (3 and 4): 181-92.

Riding, R.J. (1997) On the Nature of Cognitive Style, *Educational Psychology,* 17: 29-49.

Roberts, K. (2002) Belief and subjectivity in research: an introduction to Bayesian theory, in *Building Research Capacity,* 3: 5-7, Cardiff: Cardiff University School of Social Sciences, Research Capacity Building Network, July.

Rorty, R. (1979) *Philosophy and the Mirror of Nature*. Princeton: Princeton University Press.
Rorty, R. (1985) Solidarity or objectivity, in J. Rajchman and C. West (eds) *Post-analytic Philosophy*. New York: Columbia University Press.
Rosenberg, W. (1995) Evidence based medicine: an approach to problem solving, *British Medical Journal,* 310: 1122-6.
Russell, B. (1956) Galileo and scientific method, in A.F. Scott (ed.) *Topics and Opinions*. London: Macmillan.
Sackett. D. and Haynes, R. (2002) Evidence base of clinical diagnosis: The architecture of diagnostic research, *British Medical. Journal,* 324: 539-41.
Sackett, D. and Straus, S. (1998) Finding and applying evidence during clinical rounds: the 'evidence cart', *Journal of the American Medical Association,* 280: 1336-8.
Sackett, D.L. et al. (1997) *Evidence-based Medicine.e* London: Churchill Livingstone.
Sackett, D.L., Richardson, W.S., Rosenberg, W. and Haynes, R. A. (1997) *Evidence-Based Medicine: How to Practise and 'Peach FEM*. New Ynrk: Churchill Livingstone.
Sackett. D.L., Rosenberg, W., Cray, J.A.M., Haynes, R.B. and Richardson, W. (1996) Evidence-based medicine: what it is and what it isn't, *British Medical Journal.* 312: 71-2.
Sackett, D.L., Straus, S.E., Richardson, W.S., Rosenberg, W. and Haynes, R.B. (2000) *Evidence-Based Medicine: How to Practise and Teach EBM*. Edinburgh: Churchill Livingstone.
Sargant. N. (1995) Consumer power as a pillar of democracy, in G. Dench, T. Flower and K. Gavron (eds) *Young at Eighty. The Prolific Public Life of Michael Young,* Manchester: Carcanet Press.
Sasso, G.M. (2001) The retreat from inquiry and knowledge in special education, *The Journal of Special Education,* 34(4):178-193.
Savage, J.D. (1999) *Funding Science in America: Congress. Universities, and the Politics of the Academic Pork Barrel,* Cambridge Cambridge University Press.
Schatzman, L. (1991) Dimensional analysis: notes on an alternative approach to the grounding of theory in qualitative research, in D.R. Maines (ed.) *Social Organisation and Social Process: Essays in Honor of Anselm Strauss,* pp. 303-14. New York: Aldine.
Schön, D. (1971) *Beyond the Stable State*. Temple Smith: London.
Schön, D. (1991) *The Reflective Practitioner: How Professionals Think in Action.* Aldershot: Avebury.
Schwandt, T.A. (1998) The interpretative review of educational matters: is there any other kind?, *Review of Educational Research,* 68(4): 409-12.
Sebba, J. (2003) A government strategy for research and development in education, in L. Anderson and N. Bennett, (eds) *Evidence-informed Policy and Practice in Educational Leadership and Management: Applications and Controversies.* London: Paul Chapman.
Shahan E. (1997) A Popperian view of 'evidence-based medicine', *Journal of Evaluation in Clinical Practice,* 3(2): 109-16.
Shapin, S. (1994) *A Social History of Truth*. London: University of Chicago Press.
Shapiro, J. P., Loeb, P., *Bowermaster,* D., Wright A., Headden, S. and Toch, T. (1993) Separate and unequal: How special education programs are cheating children and costing taxpayers billions each year, *U.S. News and World Report,* pp. 46-54.
Shavelson, R.J. and Towne, L. (eds) (2002) *Scientific Research in Education*. Washington, DC.: National Academy Press.
Sheldon, T.A., Guyatt, G.H. and Haines, A. (1998) When to act on the evidence, *British Medical Journal.* 317: 139-42.
Skrtic, T.M. (1991) *Behind Special Education: A Critical Analysis of Professional Culture and School Organization*. Denver, CO: Love Publishing.

Slavin, R.E. (1984) Meta-analysis in education: How has it been used?, *Educational Researcher,* 13(8): 6-15.
Slavin, R.E. (1995) Best evidence synthesis: an intelligent alternative to meta-analysis, *Journal of Clinical Epidemiology,* 48(91): 9-18.
Slavin, R.E. (2002) Evidence-based education policies: transforming educational practice and research, *Educational Researcher,* 31(7): 15-21.
Smith, A.F.M. (1996) Mad cows and ecstasy: chance and choice in an evidence-based society, *Journal of the Royal Statistical Society* A, 159(3): 367-83.
Smith, J.K. and Heshusius, L. (1986) Closing down the conversation: The end of the quantitative-qualitative debate, *Educational Researcher,* 15(1): 4-12.
Smith, J.K. (1989) *The Nature of Social and Educational Inquiry: Empiricism versus Interpretation,* Norwood, New Jersey: Ablex.
Smith, M.L. (1980) Publication bias and meta-analysis, *Evaluation Education,* 4: 22-4.
Smith, M.L. and Glass, G.V. (1980) Meta-analysis of research on class size and its relationship to attitudes and instruction, *American Educational Research Journal,* 17: 419-33.
Smith, M.L., Glass, G.V. and Miller, T.I. (1980) *The Benefits of Psychotherapy.* Baltimore: Johns Hopkins University Press.
Social Exclusion Unit (1999) *Bridging the Gap: New Opportunities for* 16-18 *Year Olds Not in Education, Employment or Training.* London: Stationary Office.
Southgate, L., Cox, J., David, T., Hatch, D., Howes. A., Johnson, N., Jolly, B., Macdonald, E., McAvoy, P., McCrorie, P.and Turner, J. (2001b) The assessment of poorly performing doctors: the development of the assessment programmes for the General Medical Council's Performance Procedures, *Medical Education,* 35 (suppl. I): 2-8.
Southgate, L. and Dauphinee, D. (1998) Maintaining standards in British and Canadian medicine: the developing role of the regulatory body, *British Medical Journal,* 316: 697-9.
Southgate, L., Hays, R. B., Norcini, J., Mulholland, H., Ayers, B., Woolliscroft, J., Cusimano, M., McAvoy, P., Ainsworth, M., Haist, S. and Campbell, M. (2001a) Setting performance standards for medical practice: a theoretical framework, *Medical Education,* 35:474-81.
Southgate, L. and Pringle, M. (1999) Revalidation: Revalidation in the United Kingdom: general principles based on experience in general practice, *British Medical Journal,* 319: 1180-3.
Spencer, L., Ritchie, J., Lewis, J. and Dillon, L. (2003) Quality in Qualitative Evaluation: A framework for assessing research evidence. Government Chief Social Researcher's Office, Occasional Papers Series No. 2. London: Cabinet Office.
Spiegelhalter, D.J., Myles, J.P., Jones, D.R. and Abrams, K.R. (1999) An introduction to Bayesian methods in health technology assessment, *British Medical* Journal, 319: 508-12.
Stenhouse, L. (1970) Some limitations of the use of objectives in curriculum research and planning, *Paedagogica Europaea,* 6: 73-83.
Stenhouse, L. (1975) *An Introduction to Curriculum Development and Research.* London: Heinemann.
Stenhouse, L. (1977) Problems and Effects of Teaching about Race Relations, a report to the Social Science Research Council on Project HR 2001-1. (lodged in the British Library).
Stenhouse, L. (1979a) Research as a Basis for Teaching, Inaugural Lecture at the University of East Anglia, Norwich, in L. Stenhouse (1983) *Authority, Education and Emancipation.* London: Heinemann Educational.
Stenhouse, L, (1979b) *Using Research Means Doing Research* (mimeo version), in H. Dahl, A. Lysne and P.Rand, (eds) *Spotlight on Educational Problems.* University of Oslo: Oslo Press: pp. 71-82.

Stenhouse, L., Verma, G. Wild, R. and Nixon, J. (1979) *Problems and Effects of Teaching about Race Relations.* London: Ward Lock.
Stenhouse, L. et al. (1970) The Humanities Curriculum Project: an introduction, Heinemann Educational, revised 1983 by Jean Rudduck, University of East Anglia School of Education, Norwich.
Straus, S. and Sackett, D. (1998) Getting research findings into practice: Using research findings in clinical practice, *British Medical Journal,* 317: 339-42.
Sweeney, K. (1996) Evidence and uncertainty, in M. Marinker (ed.) *Sense and sensibility in health care.* London: British Medical Journal Publishing, pp. 59-87.
Sylva, K. and Hurry, J. (1995) *The Effectiveness of Reading Recovery and Phonological Training for Children with Learning Problems.* London: Thomas Coram Research Unit.
Symes, C. and McIntyre, J. (eds) (2000) *Working Knowledge: The New Vocationalism and Higher Education.* Buckingham: SRHE/Open University Press.
Thomas, G. and Loxley, A. (2001) *Deconstructing Special Education and Constructing Inclusion.* Buckingham: Open University Press.
Tiner, R. (2002) The pharmaceutical industry and disease mongering (letter), *British Medical Journal,* 325: 216.
Tooley J. and Darby, D. (1998) *Educational Research – a Critique.* London: Office for Standards in Education,
Torrance, H. (2001) Assessment for Learning: Developing Formative Assessment in the Classroom, *Education,* 3-13, 29(3): 26-32.
Torrance, H. and Pryor, J. (1996) Teacher Assessment at Key Stage 1: Accomplishing Assessment in the Classroom. Final Report of Research Grant R000234668 to ESRC, ESRC, Swindon.
Torrance, H. and Pryor, J. (1998) *Investigating Formative Assessment: Teaching, Learning and Assessment in the Classroom.* Philadelphia: Open University Press.
Torrance, H. and Pryor, J. (1999) Investigating and Developing Formative Teacher Assessment in Primary Schools. Final Report of Research Grant No. R000236860 to ESRC, ESRC Swindon.
Torrance, H. and Pryor, J. (2001) Developing Formative Assessment in the Classroom, *British Educational Research Journal,* 27(5): 615-31.
Trinder, L. (ed.) (2000a) *Evidence-Based Practice: A Critical Appraisa*l. Oxford: Blackwell Science.
Trinder, L. (2000b) Introduction: the context of evidence-based practice, in L. Trinder (2000a).
TTA (1996) Teaching as a research-based profession: promoting excellence in teaching. London: TTA.
TTA (2002) Leeds primary schools consortium: summary of the final report. London: TTA.
Tuckett. D. et al. (1985) *Meetings Between Experts: An Approach to Sharing Ideas in Medical Institutions.* London: Tavistock Publications.
Usher, R. (2000) Imposing structure, enabling play: new knowledge production and the 'real world' university, in C. Symes and J. McIntyre (eds) *Working Knowledge: The New Vocationalism and Higher Education.* Buckingham: SRHE/ Open University Press.
Valentine, J.C. and Cooper, H. (2003) What Works Clearinghouse Study Design and Implementation Assessment Device (Version 1.0). Washington, DC: U.S. Department of Education.
Viadero, D. (2002) British researchers first to compile key findings, *Education Week,* 4 September.
Victor. R.H.K. (1994) *Contrived Competition: Regulation and Deregulation in America.* Cambridge, MS: Harvard University Press.

Von Neumann, J. and Morgenstern, O. (1947) *Theory of Games and Economic Behaviour.* Princeton, NJ: Princeton University Press.

Walker, H.M., Forness, S.R., Kauffman, J.M.. Epstein, M.H., Gresham, P.M., Nelson, C.M. and Strain, P.S. (1998) Macro-social validation: Referencing outcomes in behavioral disorders to societal issues and problems, *Behavioral Disorders,* 24(1): 7-18.

Walker, H.M., Sprague, J.R., Close, D.W. and Starlin, C.M. (1999-2000) What is right with behavior disorders: Seminal achievements and contributions of the behavior disorders field, *Exceptionality,* 8(1): 13-28.

Walter, I., Nutley, S. and Davies, H. (2003) Developing a taxonomy of interventions used to increase the impact of research. Unpublished paper, Research Unit for Research Utilisation, University of St Andrews, Scotland.

Watkins, S.J. (2000) Editorial: Conviction by mathematical error?, *British Medical Journal,* 320: 2-3.

Watts, A.J. (2001) Career guidance and social exclusion: a cautionary tale, *British Journal of Guidance and Counselling,* 29(2): 157-76.

Wax, M. (1979) *Desegregated Schools: An Intimate Portrait Based on Five Ethnographic Studies.* Washington DC: National Council of Education.

Weick, K.E. (1983) Managerial thought in the context of action, in S. Srivastva (ed.) *The Executive Mind.* San Francisco: Jossey-Bass.

Weinstein, M.C. and Fineberg, H.V. (1980) *Clinical Decision Analysis* Philadelphia: W.B. Saunders.

Wenneras, C. and Wold, A. (1997) Nepotism and sexism in peer review, *Nature,* 387: 341-3.

Wiliam, D. and Lee, C. (2001) Teachers developing assessment for learning: Impact on student achievement. Paper presented at the British Educational Research Association Conference, University of Leeds. London: King's College.

Winch, P.(1958) *The Idea of a Social* Science *and its Relation to Philosophy.* London: Routledge and Kegan Paul.

Winerip, M. (1994) A class apart: A disabilities program that got out of hand, *The New York Times.* 8 April.

Wright Mills, C. (1970) *The Sociological Imagination.* New York: Holt.

Wyatt, J. (2001) Management of explicit and tacit knowledge, Journal *of Research in Social Medicine,* 94: 6-9.

Índice

abordagens quase-experimentais, 36, 40-41
acessibilidade, 49-50
Altrichter, H., 204
alvos/objetivos, 147, 180, 183, 226
   vide, também, gerencialismo, educação baseada em resultados
amostragem, 107
análise de decisões, 127
análise de decisões clínicas, 105
Andrews, R., 23, 24, 45, 52, 79, 83, 218
Anon, 118, 119, 124
Armstrong, E., 119
Askew, M., 92
avaliação crítica em revisão, 33
Avis, J., 161

Balint, M., 110
Barton, S., 120
Bates, R., 52
Batstone, G., 125
Beach, L., 111
bem-estar social, 37
BERA, 92, 94, 98, 101
Bernardo, J., 88
Bernstein, R., 163, 178
Bero, L., 1ll
Best Practice Research Scholarships, 92, 96, 202
Billett, S., 166
Black, P., 52, 94
Blaser, M., 20
Bloom, B., 180
Bloomer, M., 168
Blunkett, D., 58, 150, 151, 161

Boston Medical and Surgical Journal, 65
Boud, D., 172
Brantlinger, E., 131, 133
Bricolagem, 19
bricoleurs, 13
Britten, N., 67, 68
Brown, A., 170
Budge, D., 45
Bunn, F., 59, 64, 65
Burrows, 126
busca na revisão, 33

Cabinet Office, 40, 58
Campbell Collaboration, 23, 31-43, 64, 67, 218
Campbell, Donald T., 31, 36-37
Campbell, R., 67, 68
capacidade de desempenho, 183
Carnine, D., 134
Carr, W., 162
Carter, Y., 128
Centre for Research and Dissemination, 41
CERUK (Current Educational Research in the UK), 47, 48
Chalmers, I. 60, 64, 66, 74, 75, 217
Chapman, J., 45, 54
Chisholm, R., 165
Cibulka, J., 99
ciclos baseados em evidencia, 17
cientistas sociais, 104
Clarke, J., 152
clientes, papel dos, 103-4
Cochrane Centre/Collaboration, 23, 31, 40, 43, 66-67, 107-118, 116-117, 122, 145, 217, 225

Cochrane, A., 114-117, 158
Cohen, J., 21
Colley, H., 171
Commission on the Social Sciences, 49, 53
Comte, 31
comunidade
  de avaliadores, 15-16, 119
  de investigação, 15-16
  de prática, 166-167, 172-173, 175
  intelectual, 11, 12
conhecimento
  baseado em pesquisa, 162-9
  para a ação, 25, 178, 179, 180, 182, 197, 203, 206-212, 215
  prático, 18, 59, 135, 229
  tácito, 18, 93, 126-127, 172
  teórico *versus* prático, 202
  modo 1 modo 2, 165-166, 174
  vide, também conhecimento para a ação
conjuntos de dados longitudinais, 53, 89
Connolly, T., 112
Cook, T., 35
Cooper. H., 35, 36, 48, 64, 66
Cordingley, P., 24, 46, 91, 101, 128, 202
corroboração, 12-13, 15-18, 217
crença racional, 15-16, 17
crime e justiça, 37
critérios de inclusão (para revisões sistemáticas), 68
Crombie, I, 149
Cronbach, L., 140

dados, 12
  contextuais, 62, 66
  extração, 69, 84, 88
  narrativos, 67
  quantitativos e qualitativos, juntos, 83
  relativos a casos específicos, 109
  tipos de, 31, 46, 54, 67-68
David, P., 23, 48, 57, 101, 106, 150, 161, 177, 199, 201
Davies, H., 143, 145, 152
Davies, P., 14, 23, 31, 36, 45, 64, 67, 149, 152, 218
Davis, D., 124
Dawson, R., 36, 40, 46, 67, 144
debate meios-fins, 26, 182, 192, 226-227
Deeks, 9, 36
Delamont, S., 168
Department of Education, 39, 95
Department of Trade and Industry, 48
Derrida, J., 14
descoberta, 19, 164
Desforges, C., 50, 94, 102, 161, 162, 172
Devine, P., 152

DfES (Department for Education and Skills), 45, 53, 92
Dickersin, K., 117
Dillon, S., 132
Downie, R., 118
Dweck, C., 209
Dyson, A., 51
Dyson, F., 10

e contra-exemplos, 179
Earley, P., 47
Ebbutt, D., 184
edição, papel da, 26, 27, 103, 134
educação
  baseada em resultados, 180, 182
  especial, 24, 129-140
  versus treinamento, 185
educadores de professores, 53
Edwards, A., 118, 124
Edwards, W., 111
Egger, M., 35
Einstein, A., 11
Elbourne, D., 57, 67, 73, 79, 90
Elliott, J., 16, 22, 25, 26, 74, 162, 177, 184, 189, 191, 195, 202-204, 209, 212-3, 227
Ellis, J. 123
Ely, J., 119
engenheiros, 13,
Engestrom, Y., 166
ensino baseado em pesquisa, 184, 190-199
epistemologia, 163-9
EPPI-Centre (Evidence for Policy and Practice Information and Co-ordinating Centre) and reviews, 41, 45, 47-50, 61, 67, 70, 72-73, 79, 81
EPPI-Centre English Review Group, 79-85, 90
Eraut, M., 11, 18, 24, 25, 103, 109, 114, 168
Erikson, F., 62
especialistas, 109, 111
especialização, 109, 121-2
ESRC (Economic and Social Research Council) Evidence Network, 41
ESRC Teaching and Learning Research Programme (TLRP), 96, 161, 162, 174
Essex County Council, 54
estrutura conceitual, 68
estrutura teórica, 17
Estruturas analíticas, 34
estudo de caso, 72, 88, 92, 93, 95, 100, 123, 127, 165, 168, 189-190 197-199
  vide, também estudos/pesquisa qualitativos/a
estudos/pesquisa qualitativos, 36, 36, 40, 67, 85, 88, 120, 144-145, 149. 158
  vide, também estudo de caso

Evans, J., 75, 90, 101, 201
Eve, R., 128
Evidence for Policy and Practice Information and Co-ordinating Centre, vide EPPI-Centre experience, 146, 157
  vide, também conhecimento prático, especialistas, especialização, conhecimento/experiência profissional/experiência
evidências, 9-22
  base de evidências, 47
  baseadas na prática, 24, 103-114, 127
  científica, 104
  combinadas de fontes distintas, 105, 152
  contexto interpretativo das, 15-16, 157
  corroboração das, 15-17
  credibilidades das, 104
  de pesquisa, 17-18, 47, 62-64, 104, 108, 145-146
  distorção das, 12, 27
  e discursos, 219
  e jurisprudência, 15-6
  formativas/aditivas, 40
  hierarquia das, 82, 85, 120
  idiográficas, 13, 14
  natureza das, 219-21
  para a ação, 194, 196
  peso das, 72-73
  prima facie, 13, 16
  profissionais da medicina e, 103-114
  qualidade das, 19
  relevância das, 13
  resistência a certos tipos de, 22
  tipos de, 16, 46
  validade das, 104
  veracidade das, 13
  versus provas, 219
  vide, também, suficiência pelo método científico de, 12, 14, 16, 72-73
experiência/conhecimento profissional, 22, 145
  e reflexão profissional, 144
  julgamento, 155
  prática profissional, 146-148
  vide, também especialistas, especialização
experimento/experimentação, 13, 16, 19-21, 26, 34-37, 40, 43, 58, 61, 64-66, 70-72, 76, 115, 135, 137-138, 162-163, 178, 191, 217-218, 223-225
  dificuldades de utilização, 135-140
  vide, também, pesquisa quantitativa, testes controlados randomizados
explicando o comportamento humano, 222-226

falácia da singularidade, 224
Fenstermacher, G., 205, 212
Ferlie, E., 152

Feyerabend, P., 11
Figgis, J., 96
Foray, D., 59
Ford Teaching Project, 184
formuladores de políticas, 46-47, 53, 58, 96, 150
Forness, S., 131, 132, 133
Fowler, P., 144
Freeman, A., 121, 128, 150
Fuchs, D., 131, 132, 135
Furlong, J., 46

Gadamer, H., 164
Gage, N., 61, 62
Gallon, M., 101
generalizações, 146, 157, 196, 199
gerencialismo, 152-156, 183, 226
Gersten, R., 136, 138, 139
Gibbons, M., 165-166, 174
Giddens, A., 163
Gillborn, D., 150
Glass, G., 34, 62
Glasziou, P., 122
GMC, 126
Goldstein, H., 19, 45
Goodman, N., 163
Gough. D., 15. 23, 36, 45, 48, 57, 67, 70, 73, 101, 218
Grahame-Smith, D., 127
Grant, J., 128
Gray, J., 118, 121, 123, 143
Greenhalgh. T., 123, 149
Guyatt, G., 124, 124

Haas, C., 83, 89
Hager, P., 166, 168, 168, 170
Haines, A., 123, 127, 128
Hallahan, D., 131, 133, 135
Hammersley, M., 18, 22, 25, 46, 48, 52, 62, 64, 73, 124, 143, 149, 150, 177, 179
Hanson, N., 163
Harden, A., 36, 60, 64, 67, 85
Hargreaves, D., 17, 25, 52, 54, 59, 61, 98, 145, 146, 178, 179, 181, 182, 183, 184, 189, 194, 195, 196, 197, 199, 201, 202
Havelock, H., 201
Haynes, R., 106, 121, 122, 123, 127, 128
Hedges, L., 35, 36, 65
Heshusius, L., 131, 132, 133, 134, 139
heurística, 17, 22, 109, 212, 213
Hewison, J., 173
Hibble, A., 124
Higgins, S., 92
Hillage, J., 45, 47, 61-62, 161

Hockenbury, J., 131, 133, 135
Hodkinson, P., 16, 22, 25, 46, 52, 156, 161, 166, 169, 171, 228
Holton, G., 11
Honey, P., 173
Howard, G., 21
Humanities Curriculum Project, 184, 190, 196

Iano, R., 139
Iluminismo, 31, 146
imprevisibilidade, 220-222
Improving Quality of Education for All (IQEA), 96, 100
incerteza, 162-9
indicadores de desempenho, 155
  vide, também resultados
informada por evidências versus baseadas em evidências, 93, 144, 177
inspiração, 16, 19
intuição, 10, 16, 19, 126-127
investigação por profissionais, 100

Jackson, G., 62, 66
Joyce, E., 95, 98
julgamentos de valor, 147

Kaufman, J., 131-133, 135
Kavale, K., 131-133
Kerridge, I., 119
Klein, G., 111
Kogan, M., 169
Kolb, D., 173
Kuhn, T., 119, 163
Kulik, J., 35

Lagemann, E., 61
Laurance, J., 126
Lave, L., 166, 168
Leakey, L., 10-11
Levins, R., 16
Lévi-Strauss, C., 13-14
Lilford, R., 127
Lindblom, C., 147
Lipman, T., 123
Llewelyn, H., 105
Lloyd, J., 131, 135, 138. 139
Louis, P., 10, 116
Luntley, M., 221

Macdonald, G., 150
MacIntyre, A., 25, 129, 178, 179, 183, 184, 190
mapeamento da atividade de pesquisa, 70, 83
Matthews, R., 21

Mayne, J., 152
Mays, N., 85
McCall Smith, A., 126
McIntyre, D., 61,172
McMaster University, 105
McSherry, R., 143
Medawar, P. 14, 20
medicina baseada em evidências, 105-107, 117
  fragilidade nas, 123, 127-128, 217
medicina, 17, 19-20, 24, 59, 95, 103-113, 115-128, 144, 146, 162, 217
  diferenças em relação à educação, 143, 145-148
  história da prática baseada em evidências em, 115-117, 143, 145, 146
  política da medicina baseada em evidências, 124-126
  vide, também médicos
médicos, 14, 24, 57-60, 73, 76, 103, 105, 107, 111-113, 118, 121, 219
  e consultas, 109-111
  vide, também conhecimento profissional/experiência, prática
Medwell, J., 92, 94
meta (da educação), 185
metaetnografia, 36, 67
metanálise, 33, 34-35, 66, 67, 68, 82, 107, 218
metas/alvos, 147
  vide, também, gerencialismo, educação baseada em resultados
método científico, 13-14, 26, 36, 131-132, 134, 217
  vide, também, estratégia de busca para a pesquisa experimental, 69
metodologia balintiana, 109, 121
métodos bayesianos, 27, 83, 85, 89, 122
modelo da engenharia, 178, 182, 183
modelo de pesquisa do iluminismo, 178, 183, 195
Morton, S., 35
Mostert, M., 132
Moynihan, R., 125
Muir Gray, J., 124

Nagel, T., 163
Nastasi, B., 85
National College of School Leadership, 55
National Educational Research Forum (NERF), 51
National Educational Research Forum, 48, 51
National Institute of Child Health and Human Development, 59
National Teacher Research Panel, 54-55, 92
National Union of Teachers (NUT), 92
neo-realistas, 163-166
Newman, M., 58, 152

Nicoll, A., 79
No Child Left Behind, 226
Noblit, G., 36
Norris, C., 13
Norris, N., 144
nova gestão pública *vide* gerencialismo
Nove, A., 155
NTRP, *vide* National Teacher Research Panel
Nutley, S., 36, 41, 58

o que funciona, 24-25, 39, 145, 147, 152, 178, 179, 183, 226
   e o que não funciona, 223
O'Neill, O., 22
Oakeshott, M., 22
Oakley, A., 19, 36, 41, 49, 62, 64, 76, 79, 85, 146, 150, 162
objetivos, 191-2
   vide, também resultados
OECD, 48
Oliver, S., 63
opinião de especialistas, 13, 62
Oxman, A., 124

paleoantropologia, 10-12, 13
paradigma agrícola-botânico, 21
Parlett, M., 21
Paterson, B., 67
pedagogia na educação especial, 131-132
Peile, E., 18, 22, 24, 25, 115, 127
pesquisa
   ação, 22, 162, 174, 195, 203-215
   adequação da, 61, 64-5, 72-3
   desenho de, 21, 33, 39, 41, 64, 67, 69, 70, 72, 83, 120, 145, 191, 203, 204
   epidemiológica, 108
   evidências de, 18, 19, 26, 47, 58, 62-64, 104, 108, 145-146
   experimental, *vide* conclusões experimentais e políticas, 168-171
   métodos de, 202
pesquisa quantitativa, 143-145
   questão, 68
   síntese de, 57-76
   usabilidade da, 149-152
   usuários da, 58-60
Peters, R., 184, 186, 187, 188, 189, 190, 191, 192, 194, 196, 199, 200
Petrosino, A., 60
Polanyi, M., 9, 17, 126
políticas, 32, 150-152, 168-171, 181-184
Pollit, C., 152
Popay, J., 36, 41

Poplin, M., 139
positivismo, 74, 149, 177-181, 223
Power, M., 152, 178
prática, 113-114, 146, 166-168
   organizacional, 114
   vide, também prática profissional
práticas organizacionais, 114
Pressley, M., 138
Pring, R., 26, 217, 229
processo das políticas, 51-53
processo de previsão, 48
professores desenvolvendo/usando evidências, 14, 21, 22, 24, 43, 54, 59, 74, 91-102, 105, 130-132, 145, 155, 162, 177-179, 203-215
   vide, também, profissionais, especialistas
profissionais, 59, 95, 106, 114
protocolo de revisão, 68
publicações, *vide* edição, papel da
Putnam, H., 163

qualitativo/quantitativo, falso dualismo, 229
questões filosóficas, 162-169, 218-227

recursos eletrônicos, 101
REEL, *vide* Research Evidence in Education Library
reflexão, 144, 199
   vide, também especialistas, especialização, prática, conhecimento profissional
relação entre pesquisa e prática, 171-173
relativistas, 163-166
Research Development Dissemination Model (RDD), 201, 202
Research Evidence in Education Library (REEL), 41, 79, 80
responsabilização, 152-156
respostismo, 161
resultados, 180, 188
   vide, também metas/alvos, educação baseada em resultados
retórica no debate sobre prática baseada em evidências, 143-5, 150, 215, 229
revisão
   de literatura, 62
   Hillage, 45, 47, 61
   narrativa, 33, 67, 83, 85, 150
   pelos pares, 15-16, 26-28
      vide, também publicação, papel de
   sistemática, 19, 32
      críticas da, 73-74, 148-50
      etapas da, 68-9
      perguntas em, 32
      síntese em, 69
Reynolds, D., 169, 226

Ridgeway, J., 65, 75
Riding, R., 173
Roberts, K., 85
Rorty, R., 163, 164
Rosenberg, W., 118
Russell, B., 12, 127

Sackett, D., 105, 106, 118-122, 143
Sasso, G., 133
Schatzman, L., 22
Schën, D., 22, 120, 201
School Based Research Consortia, 92, 100, 202
Schwandt, T., 74
Sebba, J., 25, 26, 27, 45, 46
setor público, 154
Shahar, E., 144
Shapiro, J., 132
Shavelson, R., 61
Sheldon, T., 124
síntese de pesquisa sistemática, 57-76
Skrtic, T., 139
Slavin, R., 19, 19-20, 21, 70, 72, 226, 228, 229
Smith, A., 60
Smith, J., 25, 46, 161, 167, 228
Smith, M., 35
Social Care Institute of Excellence, 41
Social Exclusion Unit, 170
Southgate, L., 126
SPECTR, 40
Spencer, L. 65
Spiegelhalter, D., 21
Stenhouse, L., 26, 162, 180, 185, 190-200, 202, 213, 227
Straus, S., 118-121
Sure Start, 58
Sweeney, K., 120-121, 128
Sylva, K., 224
Symes, C., 172

tatear, 147
TCRs, *vide* testes controlados randomizados

Teacher Training Agency, *vide* TTA
vide, também, School Based Research Consortia, 91-93, 97-98, 162, 202
teoria da educação, 183-190
testemunho, 13, 27, 64, 134, 213
testes controlados randomizados, 19-21, 24, 36, 40, 82, 105, 107, 117, 120, 144, 150, 158, 189, 224
Thomas, G., 9, 25
Tiner, R., 126
tomada de decisões, 14, 24, 57-60, 73, 76, 103, 105, 107, 110-113, 118, 121, 219
   por naturalização (NDM), 111
Tooley, J., 61, 62
Torrance, H., 22, 26, 201, 203, 205, 211, 212
tradições metodológicas, 11
Trinder, L., 143
TTA (Teacher Training Agency), 91, 92, 95, 97, 98, 100, 101, 162, 179, 201, 202
Tuckett, D., 110

Usher, R., 166
uso de palavras-chave (em síntese), 85

Valentine, J., 65
valores, 227
variabilidade textual, 41, 199, 224
Von Neumann, J., 111

Walker, H., 131-135
Walter, I., 52
Watkins, S., 64
Watts, A., 170
Wax, M., 36
Weick, K., 112
Weinstein, M., 105
Wiliam, D., 52, 94
Winch, P., 163
Winerip, M., 132
Wright Mills, C., 14
Wyatt, J., 127

IMPRESSÃO:

GRÁFICA EDITORA
Pallotti
IMAGEM DE QUALIDADE

Santa Maria - RS - Fone/Fax: (55) 3220.4500
www.pallotti.com.br